새로운 도서, 다양한 자료 동양북스 홈페이지에서 만나보세요!

www.dongyangbooks.com
m.dongyangbooks.com

홈페이지 도서 자료실에서 학습자료 및 MP3 무료 다운로드

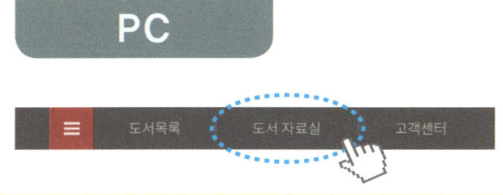

❶ 홈페이지 접속 후 **도서 자료실** 클릭
❷ 하단 **검색 창**에 검색어 입력
❸ MP3, 정답과 해설, 부가자료 등 첨부파일 다운로드
 * 원하는 자료가 없는 경우 '요청하기' 클릭!

* 반드시 '인터넷, Safari, Chrome' App을 이용하여 홈페이지에 접속해주세요. (네이버, 다음 App 이용 시 첨부파일의 확장자명이 변경되어 저장되는 오류가 발생할 수 있습니다.)

❶ 홈페이지 접속 후 ≡ 터치

❷ 도서 자료실 터치

❸ 하단 검색창에 검색어 입력
❹ MP3, 정답과 해설, 부가자료 등 첨부파일 다운로드
 * 압축 해제 방법은 '다운로드 Tip' 참고

미래와 통하는 책

가장 쉬운 독학
일본어 첫걸음
14,000원

버전업! 굿모닝
독학 일본어 첫걸음
14,500원

일단 합격하고 오겠습니다
JLPT 일본어능력시험 N3
26,000원

일본어 100문장 암기하고
왕초보 탈출하기
13,500원

가장 쉬운 독학
중국어 첫걸음
14,000원

가장 쉬운 중국어
첫걸음의 모든 것
14,500원

일단 합격 新HSK
한 권이면 끝! 4급
24,000원

중국어
지금 시작해
14,500원

영어를 해석하지 않고
읽는 법
15,500원

미국식
영작문 수업
14,500원

세상에서 제일 쉬운
10문장 영어회화
13,500원

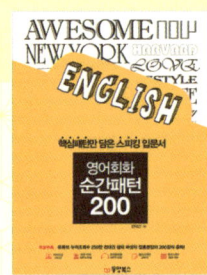
영어회화
순간패턴 200
14,500원

가장 쉬운 독학
베트남어 첫걸음
15,000원

가장 쉬운 독학
프랑스어 첫걸음
16,500원

가장 쉬운 독학
스페인어 첫걸음
15,000원

가장 쉬운 독학
독일어 첫걸음
17,000원

동양북스 베스트 도서

THE
GOAL 1
22,000원

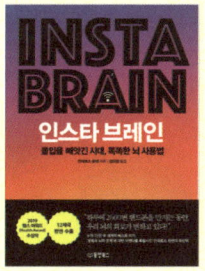
인스타
브레인
15,000원

직장인, 100만 원으로
주식투자 하기
17,500원

당신의 어린 시절이
울고 있다
13,800원

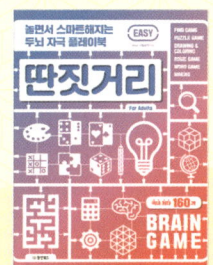
놀면서 스마트해지는 두뇌 자극
플레이북 딴짓거리 EASY
12,500원

죽기 전까지
병원 갈 일 없는 스트레칭
13,500원

가장 쉬운 독학
이세돌 바둑 첫걸음
16,500원

누가 봐도 괜찮은 손글씨 쓰는
법을 하나씩 하나씩 알기 쉽게
13,500원

가장 쉬운 초등 필수 파닉스
하루 한 장의 기적
14,000원

가장 쉬운 알파벳 쓰기
하루 한 장의 기적
12,000원

가장 쉬운 영어 발음기호
하루 한 장의 기적
12,500원

가장 쉬운 초등한자 따라쓰기
하루 한 장의 기적
9,500원

세상에서 제일 쉬운
엄마표 생활영어
12,500원

세상에서 제일 쉬운
엄마표 영어놀이
13,500원

창의쑥쑥 환이맘의
엄마표 놀이육아
14,500원

동양북스
www.dongyangbooks.com
m.dongyangbooks.com

 를 검색하세요

https://www.youtube.com/channel/UC3VPg0Hbtxz7squ78S16i1g

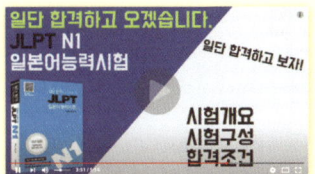  

JLPT
HSK

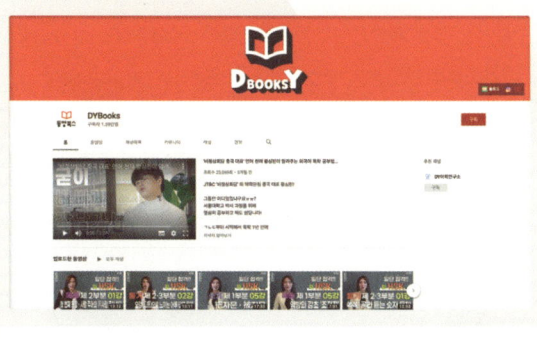

제2 외국어

동양북스는 모든 외국어 강의영상을 무료로 제공하고 있습니다.
동양북스를 구독하시고 여러가지 강의 영상 혜택을 받으세요.

https://m.post.naver.com/my.nhn?memberNo=856655

NAVER 동양북스 포스트
를 팔로잉하세요

동양북스 포스트에서 다양한 도서 이벤트와
흥미로운 콘텐츠를 독자분들에게 제공합니다.

중국어뱅크

탄탄한 중국어 문법책

중국어 문법 기초를 한 권으로 탄탄하게

최재영, 박창수 지음

동양북스

중국어
문법책

초판 4쇄 | 2022년 4월 20일

지은이 | 최재영, 박창수
발행인 | 김태웅
마케팅 | 나재승
제　작 | 현대순
편　집 | 신효정, 양수아
디자인 | 남은혜, 신효선

발행처 | (주)동양북스
등　록 | 제2014-000055호
주　소 | 서울시 마포구 동교로22길 14 (04030)
구입문의 | 전화 (02)337-1737　팩스 (02)334-6624
내용문의 | 전화 (02)337-1762　dybooks2@gmail.com

ISBN 979-11-5768-392-5　13720

ⓒ 최재영·박창수, 2018

▶ 본 책은 저작권법에 의해 보호를 받는 저작물이므로 무단 전재와 복제를 금합니다.
▶ 잘못된 책은 구입처에서 교환해 드립니다.
▶ 도서출판 동양북스에서는 소중한 원고, 새로운 기획을 기다리고 있습니다.
　　http://www.dongyangbooks.com

이 도서의 국립중앙도서관 출판예정도서목록(CIP)은 서지정보유통지원시스템 홈페이지(http://seoji.go.kr)와
국가자료공동목록시스템(http://www.nl.go.kr/kolisnet)에서 이용하실 수 있습니다.
(CIP제어번호:CIP2018013944)

머리말

　1992년 중국과 수교 이후 일기 시작한 중국어 학습 열기에 따라 그동안 다양한 중국어 학습 교재가 꾸준히 출간되었고, 최근에는 한국어를 모국어로 하는 학습자를 위한 교재도 일부 출간되는 등 중국어 학습 교재 시장은 비약적인 발전을 이루었다. 그러나, 의사소통 중심으로 외국어교육이 이루어지면서 중국어 문법 분야 도서는 종류와 깊이 면에서 상대적으로 여전히 많은 발전의 여지를 남겨두고 있다.

　중국어 교육현장 경험과 관련 연구 성과를 통해 필자는 이런 현상을 파악하고 다음과 같은 특징을 살려 본 도서를 집필하게 되었다.

1. 한국과 중국에서 출판된 중국어 문법서와 언어유형론 관련 서적 등을 참고하여 언어유형론적 비교를 통한 한국인의 시각에서 서술하였다.
2. 초급과 중급 수준의 중국어 학습자를 대상으로 한 꼼꼼하고 친절한 설명과 다양한 예문을 제시하였다.
3. 중국어 문법의 모든 내용을 빠짐없이 소개하고 깔끔하게 정리해 말 그대로 '탄탄한' 정통 문법서를 지향하였다.

　현재 많은 학습자가 회화 위주의 중국어 학습을 선호하는 것이 사실이지만, 주지하다시피 중국어의 문장 구조에 대해 정확하고 올바른 지식을 학습하지 않은 상태에서 중국어 실력을 중·고급 단계로 향상하기는 어렵다. 아무쪼록 본 도서가 중국어 학습의 좋은 길라잡이 등불 역할을 하여 여러분의 중국어 실력이 한 단계 성장할 수 있기를 기대해 본다.

　끝으로, 긴 시간 토론과 정리 그리고 여러 번의 퇴고에도 불구하고 우려되는 미흡한 부분이나 오류에 대해서는 독자 여러분의 기탄없는 지적을 부탁드린다. 아울러 기꺼이 출판에 응해 준 동양북스와 여러 차례의 까다로운 수정 요청에도 언제나 성심으로 응대해 준 편집자에게 진심 어린 감사의 말씀을 전한다.

旺山 守愚齋에서 저자

차례

머리말 ·3
이 책의 구성 ·8

PART 1 개론
- UNIT 1 문법 단위 ·10
- UNIT 2 품사와 문장 성분 ·14
- UNIT 3 중국어 문법의 특징 ·16

PART 2 문장 종류

CHAPTER 1. 구조에 따른 분류 ·22
- UNIT 1 동사서술어문 ·23
- UNIT 2 형용사서술어문 ·25
- UNIT 3 명사서술어문 ·27
- UNIT 4 주술서술어문 ·29

CHAPTER 2. 기능에 따른 분류 ·32
- UNIT 1 평서문, 명령문, 감탄문 ·33
- UNIT 2 의문문 ·35

PART 3 문장 성분

CHAPTER 1. 주요 성분 ·44
- UNIT 1 주어 ·45
- UNIT 2 서술어 ·46
- UNIT 3 목적어 ·47

CHAPTER 2. 부가 성분 ·49
- UNIT 1 관형어 ·50
- UNIT 2 부사어 ·51

CHAPTER 3. 보충 성분 ·52
- UNIT 1 결과보어 ·53
- UNIT 2 방향보어 ·57
- UNIT 3 상태보어 ·66
- UNIT 4 정도보어 ·69
- UNIT 5 가능보어 ·72
- UNIT 6 시량보어 ·77
- UNIT 7 동량보어, 차량보어 ·80

12강 완성 학습플랜

강		내용
1강	PART 1 개론	UNIT 1 문법 단위 / UNIT 2 품사와 문장 성분 / UNIT 3 중국어 문법의 특징
2강	PART 2 문장 종류	CHAPTER 1. 구조에 따른 분류 UNIT 1 동사서술어문 / UNIT 2 형용사서술어문 / UNIT 3 명사서술어문 / UNIT 4 주술서술어문 CHAPTER 2. 기능에 따른 분류 UNIT 1 평서문, 명령문, 감탄문 / UNIT 2 의문문
3강	PART 3 문장 성분	CHAPTER 1. 주요 성분 UNIT 1 주어 / UNIT 2 서술어 / UNIT 3 목적어 CHAPTER 2. 부가 성분 UNIT 1 관형어 / UNIT 2 부사어
4강		CHAPTER 3. 보충 성분 UNIT 1 결과보어 / UNIT 2 방향보어 / UNIT 3 상태보어
5강		CHAPTER 3. 보충 성분 UNIT 4 정도보어 / UNIT 5 가능보어 / UNIT 6 시량보어 / UNIT 7 동량보어, 차량보어
6강	PART 4 상(동태)	UNIT 1 완료상 了1 / UNIT 2 완료상 了2 / UNIT 3 경험상 / UNIT 4 지속상 / UNIT 5 진행상 / UNIT 6 임박상 / UNIT 7 기타 상

PART 4 상(동태)

- UNIT 1 완료상 了1 · 88
- UNIT 2 완료상 了2 · 92
- UNIT 3 경험상 · 95
- UNIT 4 지속상 · 98
- UNIT 5 진행상 · 102
- UNIT 6 임박상 · 106
- UNIT 7 기타 상 · 108

PART 5 특수 구문

- UNIT 1 '是' 구문 · 114
- UNIT 2 '是……的' 구문 · 117
- UNIT 3 연동문 · 121
- UNIT 4 겸어문 · 124
- UNIT 5 비교문 · 128
- UNIT 6 존현문 · 134
- UNIT 7 '把' 구문 · 138
- UNIT 8 피동문 · 144

PART 6 품사

- UNIT 1 단어의 분류 · 152
- UNIT 2 명사 · 154
- UNIT 3 동사 · 164
- UNIT 4 조동사 · 174
- UNIT 5 형용사 · 186
- UNIT 6 수사 · 196
- UNIT 7 양사 · 203
- UNIT 8 대체사 · 210
- UNIT 9 부사 · 216
- UNIT 10 전치사 · 223
- UNIT 11 접속사 · 230
- UNIT 12 조사 · 239
- UNIT 13 감탄사 · 247
- UNIT 14 의성사 · 250

부록

1. 탄탄연습 정답 · 256
2. 이합동사 예문 · 260
3. 참고문헌 · 271

7강	PART 5 특수 구문	UNIT 1 '是' 구문 / UNIT 2 '是……的' 구문 / UNIT 3 연동문 / UNIT 4 겸어문
8강		UNIT 5 비교문 / UNIT 6 존현문 / UNIT 7 '把' 구문 / UNIT 8 피동문
9강	PART 6 품사	UNIT 1 단어의 분류 / UNIT 2 명사 / UNIT 3 동사 / UNIT 4 조동사
10강		UNIT 5 형용사 / UNIT 6 수사 / UNIT 7 양사 / UNIT 8 대체사
11강		UNIT 9 부사 / UNIT 10 전치사 / UNIT 11 접속사
12강		UNIT 12 조사 / UNIT 13 감탄사 / UNIT 14 의성사

한눈에 보는 중국어 문법

기본 문장 구조

Adn (的) 관형어 — S 주어 — Adv (地) 부사어 — P (V/A) 술어

기호	영문	한글	기호	설명
S	Subject	주어	S₁	주어₁ (한 문장에서 첫 번째 출현하는 주어)
			S₂	주어₂ (한 문장에서 두 번째 출현하는 주어) ……
V	Verb	동사(때로는 '형용사'를 포함한 개념, 서술어를 지칭하는 것으로 사용하기도 함)	V₁	동사₁ (한 문장에서 첫 번째 출현하는 동사)
			V₂	동사₂ (한 문장에서 두 번째 출현하는 동사) ……
O	Object	목적어	O₁	목적어₁ (한 문장에서 첫 번째 출현하는 목적어)
			O₂	목적어₂ (한 문장에서 두 번째 출현하는 목적어) ……
SVO	주술목	주어+동사+목적어	SP	주술(주어+서술어)구
P	Predicate	서술어	VP	동사구(Verb Phrase)
C	Complement	보어	VC	술보(서술어+보어)구
Adn	adnominal phrase	관형어	C₁	보어₁ (한 문장에서 첫 번째 출현하는 보어-방향보어)
			C₂	보어₂ (한 문장에서 두 번째 출현하는 보어-방향보어 '来, 去')
Adv	adverbial phrase	부사어		
A	Adjective	형용사	AA AABB ABAB AAB ABB	동사와 형용사의 중첩식에서 서로 다른 각 음절을 나타냄
N	Noun	명사 비교 기준(비교문에서) 행위자(피동문에서)		
Pre	preposition	전치사		

- 완료상
- 경험상
- 지속상
- 진행상
- 임박상
- 기타 상

중국어 품사

실사 : 명사, 동사(조동사), 형용사, 수사, 양사, 대체사
허사 : 부사, 전치사, 접속사, 조사, 감탄사, 의성사

(得) 보어

관형어

(的) 목적어

- 결과보어
- 방향보어
- 상태보어
- 정도보어
- 가능보어
- 시량보어
- 동량보어
- 차량보어

특수 구문

- 피동문
- '是'구문
- '把'구문
- '是……的'구문
- 존현문
- 연동문
- 비교문
- 겸어문

이 책의 구성

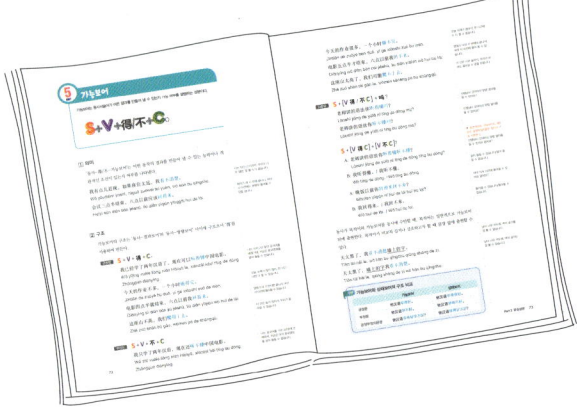

- 문법 특징을 간단한 도식으로 제시하였고, 이를 상세하고 정확하게 설명하여 중국어 문법의 개요와 특징을 개괄하여 이해할 수 있습니다.

- 간단하면서도 특징적인 예문을 제시하여 언어 생활에서 적절하게 중국어 문법을 활용할 수 있습니다.

- 한어병음과 해석은 물론 주의해야 할 점을 제시하여 문법에 집중하여 공부할 수 있습니다.

- 도전 실전 문제를 통해 배운 문법 내용을 확실하게 이해하고 있는지 바로 확인할 수 있습니다.

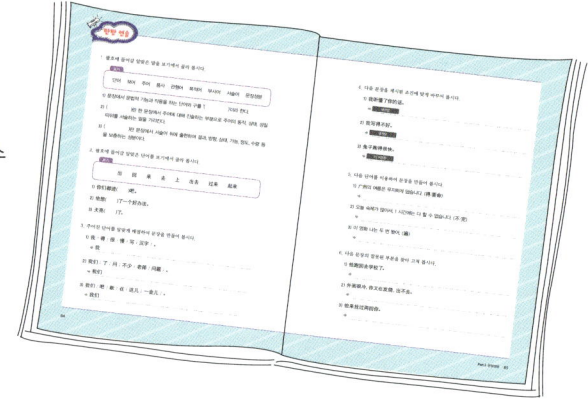

- 탄탄 연습을 통해 핵심 문법을 다시 확인하고 스스로 문법 실력을 탄탄하게 다질 수 있습니다.

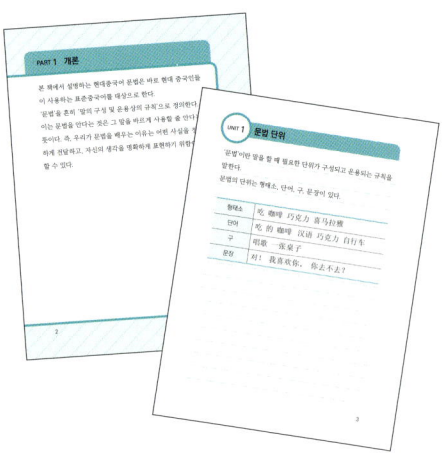

특별부록 다운로드

탄탄한 핸드북은 동양북스 홈페이지에서 무료로 다운받을 수 있습니다. 이 책에는 핵심 문법과 주요 예문을 간추려 놓아 수시로 확인하고 반복 학습할 수 있습니다.

일러두기

한어병음은 《汉语拼音正词法基本规则》, 《出版物上数字用法》에 준하여 표기하였습니다.
중국어 인명, 지명, 서명 등 고유명사는 원칙적으로 한자(간자체)로 표기하였습니다.

개론

중국어는 세계의 언어 중 사용 인구가 가장 많은 언어로, 방대한 사용 지역으로 인해 표준중국어와 함께 다양한 방언이 공존하고 있다. 외국인이 배우는 중국어는 '北京 발음을 표준음으로 하고, 북방방언을 기초방언으로 하며, 모범적인 현대백화문 작품을 문법 규범으로 하는 표준중국어普通话'를 말한다. 본 책에서 설명하는 현대중국어 문법은 바로 현대 중국인들이 사용하는 표준중국어를 대상으로 한다.

'문법'을 흔히 '말의 구성 및 운용상의 규칙'으로 정의한다. 이는 문법을 안다는 것은 그 말을 바르게 사용할 줄 안다는 뜻이다. 즉, 우리가 문법을 배우는 이유는 어떤 사실을 정확하게 전달하고, 자신의 생각을 명확하게 표현하기 위함이라 할 수 있다.

문법 단위

'문법'이란 말을 할 때 필요한 단위가 구성되고 운용되는 규칙을 말한다.
문법의 단위는 형태소, 단어, 구, 문장이 있다.

'문법'이 '말의 구성 및 운용상의 규칙'이라는 말은 달리 표현하면 문법이란 말을 할 때 필요한 단위인 '단어, 구, 문장'은 무엇이며 이러한 단위들이 어떻게 구성되고 운용되는지에 대한 규칙이라고 할 수 있다.
문법에서 다루는 단위에는 형태소语素/词素, 단어词, 구短语, 문장句子가 있다.

1 형태소 morpheme; 语素/词素

'형태소'는 '뜻을 가진 가장 작은 말의 단위'로, 음절 수와 독립성에 따라 다음과 같이 분류할 수 있다.

(1) 음절 수에 따른 분류

중국어 형태소는 음절수에 따라 절대다수를 차지하는 1음절 형태소와 일부 다음절(2음절, 3음절, 4음절 등) 형태소로 분류할 수 있다.

① 1음절 형태소: 글자 하나가 구체적인 뜻을 가짐.

吃 chī 먹다   好 hǎo 좋다   喝 hē 마시다   家 jiā 집   来 lái 오다
人 rén 사람   手 shǒu 손   我 wǒ 나   走 zǒu 걷다

② 2음절 형태소: 글자 둘이 함께 있어야 구체적인 뜻을 가짐.

巴黎 Bālí 파리   咖啡 kāfēi 커피   垃圾 lājī 쓰레기
葡萄 pútao 포도   沙发 shāfā 소파

③ 3음절 형태소: 글자 셋이 함께 있어야 구체적인 뜻을 가짐.

麦克风 màikèfēng 마이크   巧克力 qiǎokèlì 초콜릿

④ 4음절 형태소: 글자 넷이 함께 있어야 구체적인 뜻을 가짐.

奥林匹克 Àolínpǐkè 올림픽   喜马拉雅 Xǐmǎlāyǎ 히말라야

(2) 독립성에 따른 분류

형태소는 다시 단독 사용 가능 여부에 따라 단독으로 사용하는 '자립 형태소成词语素/自由语素'와 단독으로 사용하지 못하는 '의존 형태소不成词语素/黏着语素'로 분류할 수 있다.

① 자립 형태소: 단독으로 단어가 될 수 있으며 다른 형태소와 결합하여 단어를 만들 수 있다. 또한 단독으로 질문에 답할 수 있으며 문장성분을 담당할 수 있다.

1음절 吃 好 喝 家 来 人 手 我 走
2음절 巴黎 咖啡 垃圾 葡萄 沙发
3음절 麦克风 巧克力
4음절 奥林匹克 喜马拉雅

② 의존 형태소: 단독으로 단어가 되지 못하며 문장성분을 담당하지 못한다.

国 化 机 老 吗 们 民 头 者 子

2 단어 word; 词

단어는 분리하여 자립적으로 사용할 수 있는 말로 '자유롭게 운용할 수 있는 가장 작은 언어 단위'이다. 예를 들어 '我学习汉语'라는 말은 '我', '学习', '汉语'라는 3개의 단어로 이루어져 있다.

중국어 단어는 음절 수에 따라 1음절어, 2음절어, 다음절어(3음절 이상의 단어)로 분류할 수 있는데, 2음절어가 가장 많다.

① 1음절어: 하나의 음절로 구성된 단어로, 1음절 형태소이면서 동시에 단독으로 단어가 될 수 있는 것을 말한다.

唱 吃 的 歌 好 喝 家 来
人 事 手 我 新 一 张 走

② 2음절어: 두 개의 음절로 구성된 단어로, 2음절 형태소가 있으며, 1음절 자립 형태소 두 개로 이루어진 것이 있고, 자립 형태소와 의존 형태소가 만나서 구성된 것이 있다.

a. 巴黎 咖啡 垃圾 葡萄 沙发
b. 打扫 干净 汉语 客厅 社会
c. 木头 老公 桌子 昨天 作者

③ 다음절어: 3음절 이상의 것으로 구성된 단어를 말한다. 다음절 형태소는 물론, 자립 형태소와 의존 형태소가 다양하게 결합하여 구성된 것이 있다.

    a. 麦克风   巧克力   奥林匹克   喜马拉雅
    b. 公交车   中国菜   自行车   民主主义
    c. 大众化   会员国   提升机   自由民   工商业者

이때 일부 음절은 단독으로 단어가 될 수 없는데, 이러한 음절은 다른 음절과 결합했을 때만 의미를 가진 단어로 기능한다. 이를 다음절 형태소라 한다.

巴＋黎: 巴黎   咖＋啡: 咖啡   葡＋萄: 葡萄   沙＋发: 沙发
麦＋克＋风: 麦克风   巧＋克＋力: 巧克力
奥＋林＋匹＋克: 奥林匹克

3 구 phrase; 词组/短语

'구'란 '둘 이상의 단어로 조합된 단위'로, 절이나 문장의 일부분을 이룬다.

① 두 개의 단어로 이루어진 구

    唱＋歌 노래를 부르다   新＋社会 신사회(새로운 사회)   打扫＋干净 깨끗이 청소하다

② 세 개의 단어로 이루어진 구

    一＋张＋桌子 탁자 한 개   昨天＋的＋事 어제의 일

4 문장 Sentence; 句子

'문장'이란 '단어와 구로 이루어져 완전한 의미를 나타낼 수 있는 언어 단위'이다. 즉, 말이나 글에서 자신의 생각이나 느낌을 완결된 하나의 내용으로 표현하는 가장 작은 단위가 문장인 것이다. 문장에서는 일반적으로 주어와 서술어가 갖춰져 있지만 때로는 생략될 수도 있다. 또한 모든 문장은 일정한 억양 intonation; 语调을 가지고 있는데, 주로 서술·의문·명령·감탄의 억양을 나타낸다. 그래서 연속해서 말할 때는 문장과 문장 사이에 휴지(,)를 두어 하나의 내용이 완결되었음을 나타내고, 글말에서는 각 문장의 끝에 마침표(。)나 물음표(?) 또는 느낌표(!)를 사용하여 문장이 종결되었음을 표시한다.

对!
我喜欢你。
你去不去?

문법 단위와 문장 간 관계를 다음과 같이 나타낼 수 있다.

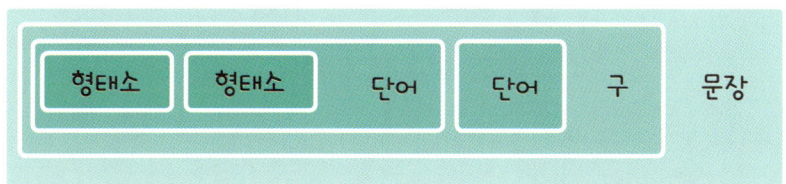

 도전 실전 문제

다음의 구와 문장을 각 문법 단위로 분석해 봅시다.

> **보기**   昨天的事 / 她看电视。

1. 형태소 ➡ _____
2. 단어 ➡ _____
3. 구 ➡ _____
4. 문장 ➡ _____

품사와 문장성분

수많은 단어를 기능이나 의미에 따라 분류해 놓은 것을 '품사'라고 한다.
문장에서 문법적 기능과 작용을 하는 단어와 구를 '문장성분'이라 부른다.

1 품사

수많은 단어를 기능이나 의미에 따라 분류해 놓은 것을 '품사'라고 한다.
단어는 크게 '실사(내용어)实词'와 '허사(기능어)虚词'로 나누는데, 실질적인 의미가 있으며 문장에서 단독으로 문장성분통사성분; 句法成分을 담당할 수 있는 단어를 '실사', 그렇지 못한 단어를 '허사'라고 한다. 중국어에서 실사에 해당하는 품사는 명사名词, 동사动词(조동사 助动词), 형용사形容词, 수사数词, 양사量词, 대체사代词 6가지가 있고, 허사는 부사副词, 전치사介词, 접속사连词, 조사助词, 감탄사叹词/感叹词, 의성사拟声词가 있다.

실사 명사, 동사(조동사), 형용사, 수사, 양사, 대체사
허사 부사, 전치사, 접속사, 조사, 감탄사, 의성사

2 문장성분

앞서 문장을 '단어와 구로 이루어져 있으며 완전한 의미를 나타낼 수 있는 언어 단위'라고 했는데, 여기에서 말하는 '문장을 이루는 단어와 구'가 바로 '문장성분'이다. 즉, 문장에서 문법적 기능과 작용을 하는 단어와 구를 '문장성분'이라 부른다.
중국어의 문장은 일반적으로 6개의 문장성분으로 이루어지는데 주어, 서술어, 목적어, 관형어, 부사어, 보어가 바로 그것이다.

她　看　电视。Tā kàn diànshì.
주어　서술어　목적어

그녀는 TV를 봅니다.

我　很　忙。Wǒ hěn máng.
주어　부사어　서술어

나는 바쁩니다.

(1) 주어 S

한 문장에서 서술어가 진술하는 대상으로, 대표적인 주어로는 서술어가 나

타내는 동작이나 상태의 주체가 되는 말이 있다. 위 문장에서 '她'와 '我'가 주어이다.

(2) 서술어 P

한 문장에서 주어에 대해 진술하는 부분으로 주어의 동작, 상태, 성질 따위를 서술하는 말을 가리킨다. '술어'라고 부르기도 한다. 위 문장에서 동사 '看'과 형용사 '忙'이 서술어이다.

(3) 목적어 O

동사의 후속성분으로 대표적인 목적어로는 타동사가 사용된 문장에서 동작의 대상이 되는 말이 있다. 첫 번째 문장에서 '电视'가 목적어이다.

(4) 관형어 adn

체언(명사, 체언성 대체사) 앞에서 수식하는 성분으로 소유, 성질, 수량 등을 나타낸다. '我们学校(우리 학교)', '新鲜空气(신선한 공기)', '一辆汽车(자동차 한 대)'에서 '我们(소유)', '新鲜(성질)', '一辆(수량)'이 관형어이다.

(5) 부사어 adv

용언(동사, 형용사) 앞에서 수식하는 성분으로 정도, 방식, 시간, 장소, 상태 등을 나타낸다. 위 문장에서 '很(정도)'이 부사어이다.

(6) 보어 C

한 문장에서 서술어(동사, 형용사) 뒤에 있는 보충 성분으로 결과, 방향, 가능, 상태, 정도, 수량 등을 나타낸다. '听懂了(알아 들었다)', '拿出来(꺼내다)', '听得懂(알아들을 수 있다)', '洗得很干净(깨끗하게 씻다)', '好极了(아주 좋다)', '看一遍(한 번 보다)'에서 '懂(결과)', '出来(방향)', '得-懂(가능)', '得-很干净(상태)', '极了(정도)', '一遍(수량)'이 보어이다.

> **Jump** 문장성분에 대해서는 43쪽을 참조하세요

도전 실전 문제

다음 문장을 성분 단위로 나누고, 해당 성분을 적어 봅시다.

1. 她看电视。
   ➡ _____

2. 我很忙。
   ➡ _____

중국어 문법의 특징

세계의 언어는 유형에 따라 각기 다른 특징을 가지고 있는데, 'SVO' 어순 언어에 속하는 중국어는 형태 변화가 없고, 어순과 허사에 의존해서 문장의 의미를 나타내는 특징을 가지고 있다.

1 언어유형적 특징

세계의 제반 언어가 가지고 있는 특징(공통성과 특수성)들을 고찰하는 언어유형론의 연구결과에 따르면 중국어 문법은 다음과 같은 특징을 가지고 있다.

(1) 형태 변화가 없음

중국어는 기본적으로 형태 변화가 결여된 언어이다. 따라서 문장 의미는 주로 어순과 허사에 의존해서 나타내게 된다. 다시 말하면 중국어에 있어서 가장 중요한 두 가지는 '어순'과 '허사'이다.

(2) '주어+동사+목적어' 어순

중국어는 영어를 비롯한 인도-유럽어와 마찬가지로 'SVO' 어순 언어에 속한다.

(3) '전치사+명사' 어순

대부분의 'SVO' 어순을 가지고 있는 언어와 마찬가지로 중국어 역시 '전치사+명사(他在家休息。(그는 집에서 쉽니다.))' 어순을 사용한다.

(4) '수식어+피수식어' 어순

중국어는 다른 'SVO' 어순의 언어들과는 달리 '수식어+피수식어(我的词典 나의 사전)' 어순을 사용한다. 이는 한국어의 어순과 같으므로 한국인이 중국어를 학습하는데 유리하게 작용한다.

(5) 필수 요소 양사

한국어에는 '손님 한 분', '학생 두 명', '책 세 권', '연필 네 자루'와 같이 사람이나 사물을 세는 단위를 나타내는데 사용하는 양사(분류사)가 있는데 모든 명사에 이러한 양사가 있는 것은 아니므로 한국어는 양사가 필수인 언어는 아니다. 그렇지만 중국어에는 이러한 양사가 거의 모든 명사에 필요하다. 또한 어순 역시 '一位客人(손님 한 분)', '两个学生(학생 두 명)', '三本书(책 세 권)', '四支

铅笔(연필 네 자루)'와 같이 '수사＋양사＋명사'의 어순인 점도 주의해야 한다.

2 품사와 문장성분의 대응 관계

(1) 중국어는 품사와 문장성분 사이에 일대일 대응 관계가 존재하지 않는다.

인도-유럽어는 품사와 문장성분 간에 간단한 일대일 대응 관계가 있다. 즉, 동사는 서술어와 대응하고 명사는 주어, 목적어와 대응하며 형용사는 관형어와 대응하고 부사는 부사어와 대응한다.

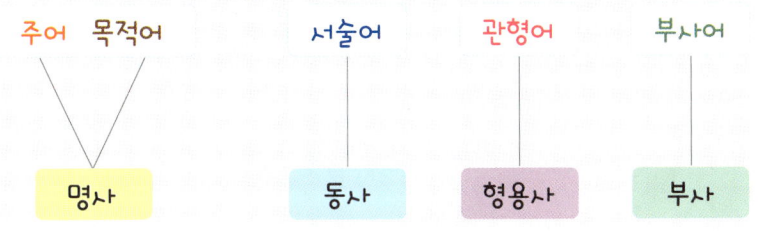

인도-유럽어의 품사-문장성분 간 대응 관계

중국어는 품사와 문장성분의 관계가 복잡하다. 즉, 동사와 형용사가 주어, 목적어가 될 수 있으며 명사가 관형어가 될 수 있다. 형용사는 서술어와 부사어가 될 수도 있으며 명사는 조건이 주어지면 서술어가 될 수도 있다. 이러한 상황은 인도-유럽어에는 없는 특징들이다.

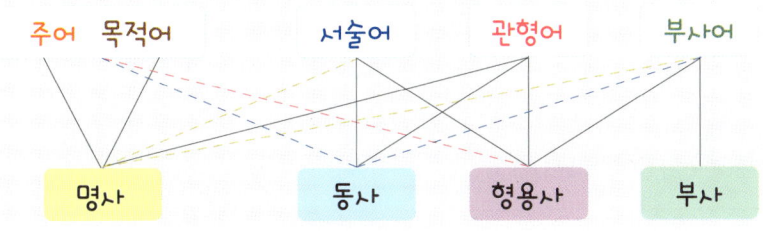

중국어의 품사-문장성분 간 대응 관계

(2) 중국어는 단어, 구, 문장을 구성하는 원칙이 일치한다.

중국어 단어의 내부 구조는 구 또는 문장의 구성구조와 규칙이 동일하다. 이 구성규칙은 일반적으로 중국어의 문장구성규칙인 'SVO' 어순과 '수식어＋피수식어' 어순, '서술어＋보어' 어순과 일치한다.

구성 구조	단어	구	문장
주어 + 서술어	地震	个儿高	我很累。
동사 + 목적어	上课	唱中国歌	有两个孩子。
서술어 + 보어	提高	好极了	吃完了。
수식어 + 피수식어	火车 电动车	中国名茶 特别高兴	再说一遍。
병렬	天地	唱歌、跳舞 今天和明天	又聪明又漂亮。

지진
키가 크다
나는 피곤합니다.

수업하다
중국 노래를 부르다
아이가 둘 있다.

향상시키다
아주 좋다
다 먹었다.

기차 전동차
중국 명차
특히 기분이 좋다
다시 한 번 말씀해 주십시오.

천지
노래하고 춤추다
오늘과 내일
똑똑하고 예쁘다.

도전 실전 문제

다음 단어, 구, 문장을 구조에 따라 분류해 봅시다.

> **보기** 地震   火车   上课   提高   天地   电动车
> 个儿高   好极了   唱中国歌   特别高兴   中国名茶
> 唱歌、跳舞   今天和明天
> 吃完了。 我很累。 再说一遍。 有两个孩子。

1. 주술 구조 ➡
2. 술목 구조 ➡
3. 술보 구조 ➡
4. 수식 구조 ➡
5. 병렬 구조 ➡

1. 괄호에 들어갈 알맞은 말을 보기에서 골라 봅시다.

   > **보기**
   > 구   단어   문장   음절   형태소

   1) '(   )'는 '뜻을 가진 가장 작은 말의 단위'를 말한다.

   2) '(   )'는 분리하여 자립적으로 사용할 수 있는 말로 '자유롭게 운용할 수 있는 가장 작은 언어 단위'이다.

   3) '(   )'이란 '단어와 구로 이루어진 완전한 의미를 나타낼 수 있는 언어 단위'이다.

2. 다음 문장을 성분 단위로 나누고, 해당 성분을 적어 봅시다.

   1) 巧克力很好吃。
      ➡ _____

   2) 我听不懂她的话。
      ➡ _____

   3) 我们学校很大。
      ➡ _____

3. 다음 단어, 구, 문장의 구조를 적어 봅시다.

   1) 地震   ➡ _____
   2) 有两个孩子。 ➡ _____
   3) 再说一遍。   ➡ _____
   4) 天地   ➡ _____
   5) 好极了   ➡ _____
   6) 上课   ➡ _____

문장 종류

일반적으로 문장은 구조에 따라 단문单句과 복문复句으로 나눈다. 단문은 한 개의 주술구 또는 서술어로 구성된 문장을 말하며, 이러한 단문이 두 개 이상 의미상 연관되어 구성된 문장을 복문이라고 한다.

단문 + 단문
복문

我很忙。 + 他不忙。
복문

我感冒了。 + 我不能去上课。
복문

外面下雨。 + 快进来!
복문

CHAPTER 1 구조에 따른 분류
CHAPTER 2 기능에 따른 분류

CHAPTER 1 구조에 따른 분류

하나의 문장은 주어와 서술어로 이루어지는데, 서술어를 담당하는 품사 혹은 문장성분에 따라 문장을 다시 '동사서술어문, 형용사서술어문, 명사서술어문, 주술서술어문'으로 나눈다.

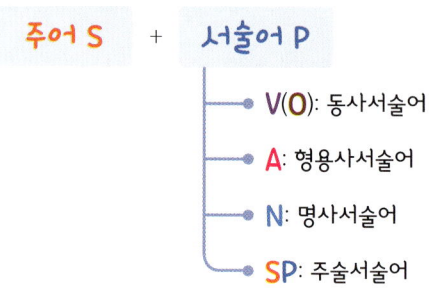

동사서술어문 동사가 서술어를 담당하는 문장.

형용사서술어문 형용사가 서술어를 담당하는 문장.

명사서술어문 명사가 서술어를 담당하는 문장.

주술서술어문 '주어+서술어' 구가 서술어를 담당하는 문장.

동사서술어문

동사가 서술어를 담당하는 문장으로, 목적어와 보어가 있는 문장도 이에 포함된다.

1 의미

동사서술어문动词谓语句이란 동사가 서술어를 담당하는 문장을 말하며, 동사 뒤에 목적어와 보어가 있는 문장도 동사가 중심이 되므로 동사서술어문에 포함된다.

我去。Wǒ qù. 　　　　　　　　나는 갑니다.
我喝咖啡。Wǒ hē kāfēi. 　　　나는 커피를 마십니다.
我听懂了。Wǒ tīngdǒng le. 　나는 알아 들었습니다.

2 구조

긍정문 S + V (+ O)。

부정문 S + 不/没(有) + V (+ O)。

의문문 S + V (+ O) + 吗?
S + V + 不/没 + V (+ O)?

3 부정문

동사서술어문의 부정문은 동사 앞에 부정부사 '不'나 '没(有)'를 사용하여 나타낸다.

我不去。Wǒ bú qù. 　　　　　　나는 가지 않습니다.
我不喝咖啡。Wǒ bù hē kāfēi. 　나는 커피를 마시지 않습니다.
我没去。Wǒ méi qù. 　　　　　나는 가지 않았습니다.
我没喝咖啡。Wǒ méi hē kāfēi. 나는 커피를 마시지 않았습니다.

4 의문문

동사서술어문의 의문문은 문장 끝에 의문을 나타내는 조사 '吗'를 사용하거나, 동사의 긍정형과 부정형을 사용하여 만들 수 있다.

你去吗? Nǐ qù ma? — 갑니까?
你去不去? Nǐ qù bu qù? — 갑니까 안 갑니까?
你去没去? Nǐ qù méi qù? — 갔습니까 안 갔습니까?
你喝咖啡吗? Nǐ hē kāfēi ma? — 커피를 마십니까?
你喝不喝咖啡? Nǐ hē bu hē kāfēi? — 커피를 마십니까 안 마십니까?
你喝没喝咖啡? Nǐ hē méi hē kāfēi? — 커피를 마셨습니까 안 마셨습니까?

 도전 실전 문제

다음 문장을 제시된 조건에 맞게 바꾸어 봅시다.

1. 你去不去?
   ➡ '吗'의문문

2. 我不喝咖啡。
   ➡ 긍정부정의문문

3. 我听懂了。
   ➡ 부정문

UNIT 2 형용사서술어문

형용사가 서술어를 담당하는 문장으로, 주로 부사의 수식을 받는다.

1 의미

형용사서술어문形容词谓语句이란 형용사가 서술어를 담당하는 문장을 말하며, 긍정문의 경우 형용사 앞에 일반적으로 정도부사 '很'을 사용한다. 이때 '很'은 형용사를 강조하는 의미가 없으므로 약하게 읽는다.

我很累。Wǒ hěn lèi.   나는 피곤합니다.
我今天很忙。Wǒ jīntiān hěn máng.   나는 오늘 바쁩니다.
这个苹果很甜。Zhège píngguǒ hěn tián.   이 사과는 답니다.

형용사서술어문에 '很(非常, 挺)'과 같은 정도부사가 없으면 비교나 대조의 의미를 지닌다.

这个房间很大。Zhège fángjiān hěn dà.   이 방은 큽니다.
这个房间大，那个房间小。Zhège fángjiān dà, nàge fángjiān xiǎo.   이 방은 큰데, 저 방은 작습니다.
外面很冷。Wàimiàn hěn lěng.   밖은 춥습니다.
屋里热，外面冷。Wūli rè, wàimiàn lěng.   집안은 덥고, 밖은 춥습니다.

2 구조

긍정문 S + 很 + A。
부정문 S + 不 + A。
의문문 S + A + 吗?
S + A + 不 + A?

3 부정문

형용사서술어문의 부정문은 형용사 앞에 부정부사 '不'를 사용하여 나타낸다.

我不累。Wǒ bú lèi.　　　　　　　　　　　나는 피곤하지 않습니다.

我今天不忙。Wǒ jīntiān bù máng.　　　　나는 오늘 바쁘지 않습니다.

这个苹果不甜。Zhège píngguǒ bù tián.　이 사과는 달지 않습니다.

4 의문문

형용사서술어문의 의문문은 문장 끝에 의문을 나타내는 조사 '吗'를 덧붙이거나 형용사의 긍정형과 부정형을 사용하여 만들 수 있다.

你累吗？Nǐ lèi ma?　　　　　　　　　　　피곤합니까?

你累不累？Nǐ lèi bu lèi?　　　　　　　　피곤합니까 피곤하지 않습니까?

你今天忙吗？Nǐ jīntiān máng ma?　　　오늘 바쁩니까?

你今天忙不忙？Nǐ jīntiān máng bu máng?　오늘 바쁩니까 안 바쁩니까?

这个苹果甜吗？Zhège píngguǒ tián ma?　이 사과는 답니까?

这个苹果甜不甜？Zhège píngguǒ tián bu tián?　이 사과는 답니까 달지 않습니까?

도전 실전 문제

다음 문장을 제시된 조건에 맞게 바꾸어 봅시다.

1. 我很累。
   ➡ '吗'의문문

2. 这个房间很大。
   ➡ 긍정부정의문문

3. 这个苹果很甜。
   ➡ 부정문

UNIT 3 명사서술어문

명사가 서술어를 담당하는 문장으로, 주로 '시간, 날짜, 가격, 나이, 절기, 날씨, 고향(본적), 국적' 등을 표현할 때만 제한적으로 사용한다.

1 의미

명사서술어문名词谓语句이란 명사(구)가 서술어를 담당하는 문장을 말한다. 명사서술어문의 서술어는 주로 '시간, 날짜(년, 월, 일, 요일 등), 가격, 나이' 등 숫자와 관련한 표현이나 '절기, 날씨, 고향(본적), 국적'과 같은 표현으로, 쓰임이 제한적이다.

시간	现在下午三点。Xiànzài xiàwǔ sān diǎn.	현재 오후 세 시입니다.
요일	今天星期五。Jīntiān xīngqīwǔ.	오늘은 금요일입니다.
가격	一斤香蕉5元。Yì jīn xiāngjiāo wǔ yuán.	바나나 한 근에 5위안입니다.
나이	我儿子今年两岁。Wǒ érzi jīnnián liǎng suì.	우리 아들은 올해 두 살입니다.
절기	今天清明节。Jīntiān Qīngmíngjié.	오늘은 청명(절)입니다.
날씨	今天晴天。Jīntiān qíngtiān.	오늘은 (날씨가) 맑습니다.
고향	他上海人。Tā Shànghǎirén.	그는 上海 사람입니다.

2 구조

- **긍정문** S + N。
- **부정문** S + 不是 + N。
- **의문문** S + 是 + N + 吗?

3 부정문

명사서술어문의 부정문은 서술어 앞에 부정부사 '不'와 동사 '是'를 사용하여 나타낸다.

现在不是下午三点。Xiànzài bú shì xiàwǔ sān diǎn.   현재 오후 세 시가 아닙니다.

今天不是星期五。Jīntiān bú shì xīngqīwǔ.   오늘은 금요일이 아닙니다.

他不是上海人。Tā bú shì Shànghǎirén.   그는 上海 사람이 아닙니다.

4 의문문

명사서술어문의 의문문은 문장 끝에 의문을 나타내는 조사 '吗'를 사용하여 나타내는데, 동사 '是'를 써야 한다.

现在是下午三点吗? Xiànzài shì xiàwǔ sān diǎn ma?   현재 오후 세 시입니까?

今天是星期五吗? Jīntiān shì xīngqīwǔ ma?   오늘은 금요일입니까?

他是上海人吗? Tā shì Shànghǎirén ma?   그는 上海 사람입니까?

도전 실전 문제

다음 문장을 제시된 조건에 맞게 바꾸어 봅시다.

1. 现在下午三点。
   ➡ 부정문

2. 今天不是星期五。
   ➡ 긍정부정의문문

3. 他上海人。
   ➡ '吗'의문문

UNIT 4 주술서술어문

주어와 서술어가 함께 서술어를 담당하는 문장으로, 한국어의 이중주어문과 비슷하다.

SSP。

1 의미

주술서술어문主谓谓语句이란 주어와 서술어가 서술어 부분을 담당하는 문장을 말한다. 한국어의 이중주어문과 비슷한 구조로, '나는 [머리가 아프다]'로 이해하면 쉽다.

我	头	很疼。	Wǒ tóu hěn téng.	나는 머리가 아픕니다.
我爸爸	工作	很忙。	Wǒ bàba gōngzuò hěn máng.	우리 아버지는 일이 바쁩니다.
他	手机	坏了。	Tā shǒujī huài le.	그는 휴대폰이 고장났습니다.
这儿	夏天	凉快，	Zhèr xiàtiān liángkuai,	여기는 여름엔 시원하고, 겨울엔 따듯합니다.
	冬天	暖和。	dōngtiān nuǎnhuo.	
地铁站	人	非常多。	Dìtiězhàn rén fēicháng duō.	지하철역에는 사람이 대단히 많습니다.

주어부 S_1 / 주어 S_2 / 서술어 P_2 / 서술어부 P_1

2 구조

- **긍정문** $S_1 + [S_2 + P_2]$。
- **부정문** $S_1 + [S_2 + 不/没(有) + P_2]$。
- **의문문** $S_1 + [S_2 + P_2] + 吗?$
  $S_1 + [S_2 + P_2 + 不/没 + P_2]?$

3 부정문

주술서술어문의 부정문은 서술어 부분의 동사나 형용사 앞에 부정부사 '不'나 '没(有)'를 사용하여 나타낸다.

我头不疼。Wǒ tóu bù téng.

我爸爸工作不忙。Wǒ bàba gōngzuò bù máng.

他手机没(有)坏。Tā shǒujī méi(yǒu) huài.

这儿夏天不凉快，冬天不暖和。
Zhèr xiàtiān bù liángkuai, dōngtiān bù nuǎnhuo.

地铁站人不多。Dìtiězhàn rén bù duō.

나는 머리가 아프지 않습니다.

우리 아버지는 일이 바쁘지 않습니다.

그는 휴대폰이 고장나지 않았습니다.

여긴 여름에 시원하지 않고, 겨울에 따뜻하지 않습니다.

지하철역에는 사람이 많지 않습니다.

4 의문문

주술서술어문의 의문문은 문장 끝에 의문을 나타내는 조사 '吗'를 사용하여 만들거나, P_2를 담당하는 동사나 형용사의 긍정부정 형식을 사용하여 만들 수 있다.

你头疼吗？Nǐ tóu téng ma?

你头疼不疼？Nǐ tóu téng bu téng?

你爸爸工作忙吗？Nǐ bàba gōngzuò máng ma?

你爸爸工作忙不忙？Nǐ bàba gōngzuò máng bu máng?

他手机坏了吗？Tā shǒujī huài le ma?

他手机坏没坏？Tā shǒujī huài méi huài?

머리가 아픕니까?

머리가 아픕니까 아프지 않습니까?

당신 아버지는 일이 바쁩니까?

당신 아버지는 일이 바쁩니까 안 바쁩니까?

그는 휴대폰이 고장 났습니까?

그는 휴대폰이 고장 났습니까 고장나지 않았습니까?

5 기타

중국어는 서술어를 담당하는 품사나 성분에 따라 문장을 구분하기도 하지만, 주어의 유무에 따라 문장을 구분하기도 한다.

일반적으로 문장은 주어와 서술어로 이루어졌고, 이를 모두 갖춘 문장을 주술문主谓句이라고 한다. 위에서 살펴본 대부분의 문장은 주술문에 해당한다.

일부 문장은 주어가 출현하지 않기도 하는데, 이런 문장을 비주술문非主谓句이라고 한다. 즉, 어떤 한 문장이 주술 구조가 아니고 구나 단어로만 이루어진 단문을 말한다.

주술문 请的人 都来了。Qǐng de rén dōu lái le.
　　　　　주어　서술어

초청한 사람은 다 왔습니다.

비주술문 ▯ 下雨了。Xià yǔ le.
　　　　　주어　서술어

비가 왔습니다/비가 옵니다.

다음 문장을 제시된 조건에 맞게 바꾸어 봅시다.

1. 我头很疼。
   ➡ 부정문

2. 我爸爸工作不忙。
   ➡ '吗'의문문

3. 他手机坏了。
   ➡ 긍정부정의문문

CHAPTER 2 기능에 따른 분류

중국어의 문장은 기능과 작용에 따라 평서문, 의문문, 명령문, 감탄문으로 나뉜다.

평서문 객관적으로 서술하는 문장.
我喜欢春天。 Wǒ xǐhuan chūntiān. 나는 봄을 좋아합니다.

명령문 명령하는 의미를 나타내는 문장.
快走! Kuài zǒu! 빨리 가요!

감탄문 느낌이나 감정을 나타내는 문장.
今天天气真好! Jīntiān tiānqì zhēn hǎo! 오늘 날씨 참 좋군요!

의문문 의문을 나타내는 문장.
你累吗? Nǐ lèi ma? 피곤합니까?

평서문, 명령문, 감탄문

평서문은 '객관적으로 서술하는 문장'을 이르며, 명령문은 '명령하는 의미를 나타내는 문장'을 말하며, 감탄문은 '느낌이나 감정을 나타내는 문장'을 말한다.

1 평서문 陈述句

평서문이란 일, 사건의 내용을 객관적으로 서술하고 사물에 대해 설명, 묘사하는 문장을 말한다. 문장 끝에 마침표(。)를 사용한다.

我喜欢春天。 Wǒ xǐhuan chūntiān.   나는 봄을 좋아합니다.
北京是中国的首都。 Běijīng shì Zhōngguó de shǒudū.   北京은 중국의 수도입니다.

2 명령문 祈使句

명령문이란 말하는 사람이 듣는 사람에게 무엇을 시키거나 요구하는 문장을 말한다. 명령, 요청, 권고, 금지, 만류를 표현할 때 사용한다.

- **명령**   快走! Kuài zǒu!   빨리 가요!
- **요청**   请进! Qǐng jìn!   들어오세요!
- **권고**   你先回家吧。 Nǐ xiān huí jiā ba.   당신 먼저 집에 가세요.
- **금지**   请勿吸烟! Qǐng wù xī yān!   흡연금지(금연)!
- **만류**   你别喝了。 Nǐ bié hē le.   이제 그만 마시세요.

상대방에게 동작을 요구하는 것이므로 동사가 서술어로 쓰이며, 주어는 주로 생략된다. 청유형의 문장에는 동사 '请'이 사용된다.

- **명령**   (你们)快走! Kuài zǒu!   빨리 가요!
- **요청**   (您)请进! Qǐng jìn!   들어오세요!

3 감탄문 (感)叹句

말하는 사람이 자신의 느낌이나 감정을 표현하는 문장을 말한다. 문장 속에는 주로 감탄을 나타내는 부사나 조사가 함께 나오며, 문장 끝에 감탄을 나타내는 느낌표(!)를 사용한다.

今天天气真好! Jīntiān tiānqì zhēn hǎo!   오늘 날씨 참 좋군요!

太贵了! Tài guì le!   너무 비쌉니다!

4 기타

이 밖에 현대중국어에는 특수구문의 형태로 '是' 구문, '是……的' 구문, 연동문, 겸어문, 비교문, 존현문, '把' 구문, 피동문 등이 있다.

 특수구문에 대해서는 113쪽을 참조하세요.

도전 실전 문제

다음 문장을 기능에 따라 분류해 봅시다.

1. 你先回家吧。 ➡ _____

2. 今天天气真好! ➡ _____

3. 北京是中国的首都。 ➡ _____

UNIT 2 의문문

상대방에게 질문하여 대답을 요구하는 문장으로, 문장 끝에 물음표를 사용한다.

의문문疑问句이란 말하는 사람이 듣는 사람에게 질문하고 대답을 요구하는 문장으로, 일반적으로 문장 끝에 물음표(?)를 사용한다.

1 ~吗

의문을 나타내는 어기조사 '吗'를 사용한 의문문이다.

A: 你累吗? Nǐ lèi ma? — 피곤합니까?
B: 不，我不累。Bù, wǒ bú lèi. — 아니요, 피곤하지 않습니다.
A: 你学汉语吗? Nǐ xué Hànyǔ ma? — 중국어를 배웁니까?
B: 对，我学汉语。Duì, wǒ xué Hànyǔ. — 맞아요, 중국어를 배웁니다.

2 什么/几/谁…

의문대체사를 사용한 의문문이다.

A: 这是什么? Zhè shì shénme? — 이것은 무엇입니까?
B: 这是饺子。Zhè shì jiǎozi. — 이것은 만두(饺子)입니다.
A: 你是哪国人? Nǐ shì nǎ guó rén? — 당신은 어느 나라 사람입니까?
B: 我是韩国人。Wǒ shì Hánguórén. — 나는 한국 사람입니다.
A: 现在几点? Xiànzài jǐ diǎn? — 지금 몇 시입니까?
B: 现在九点半。Xiànzài jiǔ diǎn bàn. — 지금 아홉시 반입니다.
A: 谁爱我? Shéi ài wǒ? — 누가 나를 사랑합니까?
B: 我爱你。Wǒ ài nǐ. — 내가 당신을 사랑합니다.

3 **긍정형+부정형**

서술어의 긍정과 부정형식을 사용하는 의문문이다.

(1) **S + V + 不/没(有) + V(+ O)?**

    A: 你吃不吃(饺子)? Nǐ chī bu chī (jiǎozi)?   당신은 (만두를) 먹습니까 안 먹습니까?
    B: 我不吃(饺子)。Wǒ bù chī (jiǎozi).   나는 (만두를) 먹지 않습니다.

    A: 你是不是中国人? Nǐ shì bu shì Zhōngguórén?   당신은 중국인입니까 아닙니까?
    B: 我是中国人。Wǒ shì Zhōngguórén.   나는 중국인입니다.

    A: 你有没有地图? Nǐ yǒu méiyǒu dìtú?   당신은 지도가 있습니까 없습니까?
    B: 我有一张地图。Wǒ yǒu yì zhāng dìtú.   나는 지도가 한 장 있습니다.

    A: 你看没看今天的报纸? Nǐ kàn méi kàn jīntiān de bàozhǐ?   당신은 오늘 신문 봤습니까, 보지 않았습니까?
    B: 我看了今天的报纸。Wǒ kàn le jīntiān de bàozhǐ.   나는 오늘 신문을 봤습니다.

(2) **S + V + O + 不/没有?**

    你是学生不(是)? Nǐ shì xuésheng bú shì?   당신은 학생입니까?
    你吃饭了没有? Nǐ chī fàn le méiyǒu?   당신은 밥을 먹었습니까?
    你去过上海没有? Nǐ qù guo Shànghǎi méiyǒu?   上海에 가본 적 있습니까?

(3) **S + A + 不 + A ?**

    A: 汉语难不难? Hànyǔ nán bu nán?   중국어는 어렵습니까 어렵지 않습니까?
    B: 汉语很难。Hànyǔ hěn nán.   중국어는 어렵습니다.

4 **~ 还是 ~**

선택을 나타내는 접속사 '还是'를 사용하는 의문문으로, 선택 가능한 상황을 '还是' 앞뒤에 나란히 둔다.

    A: 你去还是他去? Nǐ qù háishi tā qù?   당신이 갑니까, 아니면 그 사람이 갑니까?
    B: 我去。Wǒ qù.   내가 갑니다.

    A: 你吃饺子还是包子? Nǐ chī jiǎozi háishi bāozi?   당신은 만두(饺子)를 먹을 겁니까, 아니면 찐만두(包子)를 먹을 겁니까?
    B: 我吃包子。Wǒ chī bāozi.   나는 찐만두(包子)를 먹을 겁니다.

A: 今天星期二还是星期三？Jīntiān xīngqī'èr háishi xīngqīsān?
B: 今天星期二。Jīntiān xīngqī'èr.

오늘은 화요일입니까, 아니면 수요일입니까?
오늘은 화요일입니다.

5 怎(么)样

'怎(么)样'을 사용하는 의문문으로, 성질, 상황, 방식에 대해 물을 때 사용한다.

你最近身体怎么样？Nǐ zuìjìn shēntǐ zěnmeyàng?
以后打算怎么样？Yǐhòu dǎsuan zěnmeyàng?

요즘 건강이 어떻습니까?
앞으로 어떻게 할 예정(생각/계획)입니까?

다른 사람의 의견을 물을 때도 사용한다.

这个怎么样？Zhège zěnmeyàng?
他怎么样？Tā zěnmeyàng?

이거 어떤가요?
그는 어때요?

6 好不好 / 好吗 / 行不行 / 行吗 / 怎么样

문장 끝에 '好不好 / 好吗 / 行不行 / 行吗 / 怎么样' 등을 사용하는 의문문으로, 상대방의 의견을 묻거나 동의를 구할 때 사용한다.

今天下课以后咱们一起去看电影，好不好 / 好吗？
Jīntiān xiàkè yǐhòu zánmen yìqǐ qù kàn diànyǐng, hǎo bu hǎo/hǎo ma?
我们明天晚上一起吃饭，怎么样？
Wǒmen míngtiān wǎnshang yìqǐ chī fàn, zěnmeyàng?

오늘 수업 끝난 뒤 우리 함께 영화보러 가는 거, 어때요?

우리 내일 저녁 함께 식사해요, 어때요?

7 ~呢

의문을 나타내는 어기조사 '呢'는 명사성 성분 뒤에 위치하여 의문문을 만드는데 다음 두 가지 유형으로 분류할 수 있다.

(1) 맥락(앞 문장)이 없을 때

주어가 위치한 장소에 대한 질문이다.

我的书呢？Wǒ de shū ne?
(=我的书在哪儿？Wǒ de shū zài nǎr?)

大卫呢？Dàwèi ne?
(=大卫在哪儿？Dàwèi zài nǎr?)

내 책은요?
▶ 내 책 어디에 있나요?

데이빗은?
▶ 데이빗은 어디에 있나요?

Part 2 문장 종류

(2) 맥락(앞 문장)이 있을 때

앞 문장의 술어 부분을 되묻는 것이다.

A: 大卫是哪国人? Dàwèi shì nǎ guó rén?
B: 他是法国人。Tā shì Fǎguórén.
A: 马丁呢? Mǎdīng ne?
  (=马丁是哪国人? Mǎdīng shì nǎ guó rén?)

A: 你喝什么? Nǐ hē shénme?
B: 我喝茶。你呢? Wǒ hē chá. Nǐ ne?
  (=你喝什么? Nǐ hē shénme?)
A: 我喝咖啡。Wǒ hē kāfēi.

데이빗은 어느 나라 사람입니까?
그는 프랑스 사람입니다.
마틴은요?
▶ 마틴은 어느 나라 사람입니까?

뭐 마셔요?
차 마셔요. 당신은요?
▶ 당신은 뭐 마시세요?
나는 커피 마셔요.

8 ~吧

의문문에 사용된 '吧'는 추측(확인성 질문)의 느낌을 나타낸다.

你是中国人吧? Nǐ shì Zhōngguórén ba?
韩国人爱吃辣的吧? Hánguórén ài chī là de ba?

당신 중국인이죠?
한국 사람은 매운 거 먹는 것을 좋아하죠?

9 多+형용사

정도, 수량을 묻는 경우에 사용되는데 '多' 뒤에는 주로 긍정적인 의미의 형용사가 온다.

这孩子多大了? Zhè háizi duō dà le?
他多大年纪? Tā duō dà niánjì?
这座山有多高? Zhè zuò shān yǒu duō gāo?
你的行李多重? Nǐ de xíngli duō zhòng?

이 아이는 나이가 몇 입니까?
그는 연세가 얼마입니까/어떻게 되십니까?
이 산은 얼마나 높습니까?
당신 짐은 얼마나 무겁습니까?

> **TIP** 형용사의 분류
>
> | 긍정积极의미 형용사 | 大 | 长 | 高 | 远 | 深 | 粗 | 宽 | 厚 |
> |---|---|---|---|---|---|---|---|---|
> | 부정消极의미 형용사 | 小 | 短 | 低/矮 | 近 | 浅 | 细 | 窄 | 薄 |

10 ~ 是不是 ~

물어보는 사람이 어떤 일에 대해 이미 비교적 확신이 있어 확인을 얻고 싶을 때 '是不是'를 사용하는데, 서술어 앞·문장 끝·문장 앞에 위치한다.

A: 你是不是住301号房间? 　　　　　　　　　　　당신은 301호에 사시는 거죠?
　　Nǐ shì bu shì zhù sān-líng-yāo hào fángjiān?

　= 你住301号房间，是不是?
　　Nǐ zhù sān-líng-yāo hào fángjiān, shì bu shì?

　= 是不是你住301号房间? Shì bu shì nǐ zhù sān-líng-yāo hào fángjiān?

B: 是，我住301号房间。Shì, wǒ zhù sān-líng-yāo hào fángjiān. 　예, 저는 301호에 삽니다.
　　不(是)，我住303号房间。Bù (shì), wǒ zhù sān-líng-sān hào fángjiān. 　아니요, 저는 303호에 삽니다.

11 문장의 억양

평서문이라도 문장 끝을 올려 말하여 의문을 표시할 수 있다.

你也喜欢? ↗ Nǐ yě xǐhuan? 　　　　　　　　　　당신도 좋아합니까?

你去? ↗ 那我不去。Nǐ qù? Nà wǒ bú qù. 　　　당신은 갑니까? 그럼 나는 안 가겠습니다.

你不认识他? ↗ Nǐ bú rènshi tā? 　　　　　　　그를 모른다고요?

도전 실전 문제

괄호 안에 알맞은 의문대체사를 넣어 봅시다.

1. A: 这是(　　　)?
　 B: 这是饺子。

2. A: 你是(　　　)国人?
　 B: 我是韩国人。

3. A: 现在(　　　)点?
　 B: 现在九点半。

4. A: (　　　)爱我?
　 B: 我爱你。

1. 괄호에 들어갈 알맞은 말을 보기에서 골라 봅시다.

   보기

   명령문   의문문   평서문   동사서술어문   주술서술어문   형용사서술어문

   1) (   )이란 동사가 서술어를 담당하는 문장을 말한다.

   2) (   )이란 '주어+서술어'구가 서술어를 담당하는 문장을 말한다.

   3) (   )이란 일, 사건의 내용을 객관적으로 서술하고 사물에 대해 설명, 묘사하는 문장을 말한다.

2. 괄호에 들어갈 알맞은 단어를 보기에서 골라 봅시다.

   보기

   别   大   很   吗   请   是   什么   怎么

   1) 我今天(   )忙。

   2) (   )勿吸烟!

   3) 这是(   )?

3. 주어진 단어를 알맞게 배열하여 문장을 만들어 봅시다.

   1) 这 / 个 / 很 / 甜 / 苹果 / 。

   ➡ 这 _____

   2) 现在 / 吗 / 是 / 三点 / 下午 / ?

   ➡ 现在 _____

   3) 你 / 的 / 看 / 看 / 没 / 报纸 / 今天 / ?

   ➡ 你 _____

4. 다음 문장을 제시된 조건에 맞게 바꾸어 봅시다.

   1) 我喝了一杯咖啡。
      ➡ 부정문

   2) 她爸爸工作忙不忙?
      ➡ 긍정문

   3) 他不吃饺子。
      ➡ 긍정부정의문문

5. 다음 단어를 이용하여 문장을 만들어 봅시다.

   1) 당신이 갑니까, 아니면 그 사람이 갑니까? (还是)
      ➡

   2) 한국 사람은 매운 거 먹는 것을 좋아하죠? (吧)
      ➡

   3) 여기는 여름엔 시원하지 않고, 겨울엔 따뜻하지 않습니다. (不)
      ➡

6. 다음 문장의 잘못된 부분을 찾아 고쳐 봅시다.

   1) 我儿子是今年两岁。
      ➡

   2) 地铁站非常多人。
      ➡

   3) 这个房间大。
      ➡

문장성분

문장성분句子成分이란 문장 내에서 문법적 기능과 작용을 하는 단어와 구를 일컫는 말로 중국어에는 6개의 문장성분이 있다.

S + V + O

관형어(的)**주어**　부사어(地)**서술어 – 동사**(得)**보어**　관형어(的)**목적어**

(我的) **朋友们** [都] **写** <完> (今天的) **作业了**。

내 친구들은 모두 오늘 숙제를 다 했습니다.

중국어의 문장성분 중 주어主语, 서술어谓语, 목적어宾语는 주요 성분으로, 관형어定语, 부사어状语는 부가 성분으로, 보어补语는 보충 성분으로 분류한다.

CHAPTER 1　주요 성분: 주어, 서술어, 목적어
CHAPTER 2　부가 성분: 관형어, 부사어
CHAPTER 3　보충 성분: 보어

CHAPTER 1 주요 성분: 주어. 서술어. 목적어

중국어에서 대다수의 문장은 주어와 서술어 부분으로 이루어져 있다. 서술어가 동사인 경우, 서술어 부분은 다시 동사와 목적어로 구성되기도 한다.

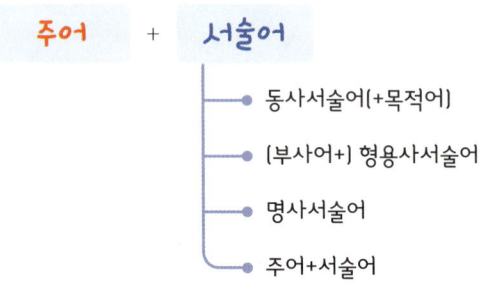

주어 한 문장에서 서술어가 진술하는 대상.
老师喜欢我们。 Lǎoshī xǐhuan wǒmen. 선생님은 우리를 좋아합니다.

서술어 한 문장에서 주어에 대해 동작, 상태, 성질을 서술하는 부분
她是我姐姐。 Tā shì wǒ jiějie. 그녀는 우리 언니/누나입니다.

목적어 한 문장에서 동작의 대상이 되는 부분
我吃苹果。 Wǒ chī píngguǒ. 나는 사과를 먹습니다.

UNIT 1 주어

주어는 문장에서 서술어가 진술하는 대상이다.

한 문장에서 서술어가 진술하는 대상을 말하며, 주로 체언성 단어(구)가 담당하지만, 용언성 단어(구)가 주어의 역할을 하는 경우도 있다.

1 의미

주어란 한 문장에서 서술어가 진술하는 대상으로, 대표적인 주어에는 서술어가 나타내는 동작이나 상태의 주체가 있다. 주어는 주로 체언성 단어나 구가 담당하지만, 용언성 단어나 구가 주어가 되기도 한다.

명사-체언성 단어	老师喜欢我们。Lǎoshī xǐhuan wǒmen.	선생님은 우리를 좋아합니다.
의문대체사-체언성 단어	谁叫我? Shéi jiào wǒ?	누가 날 부르지요?
지시대체사-체언성 단어	这是什么? Zhè shì shénme?	이건 뭔가요?
동사-용언성 단어	迟到比不来好。Chídào bǐ bù lái hǎo.	지각하는 건 안 오는 것보다 좋습니다.
술목구-용언성 구	学习汉语不容易。Xuéxí Hànyǔ bù róngyì.	중국어를 배우는 건 쉽지 않습니다.

이밖에 장소, 시간, 도구, 수동자 등도 주어가 될 수 있다.  자세한 내용은 134쪽 존현문, 144쪽 피동문을 참조하세요.

도전 실전 문제

주어진 단어를 알맞게 배열하여 문장을 만들어 봅시다.

1. 老师 / 我们 / 喜欢 / 。 ➡
2. 这 / 是 / 什么 / ? ➡
3. 不 / 汉语 / 容易 / 学习 / 。 ➡

 서술어

서술어는 '술어'라고 부르기도 하며, 문장에서 주어에 대해 진술하는 부분이다.

한 문장에서 주어에 대해 진술하는 성분을 말한다. 주로 동사와 형용사가 서술어를 담당한다.

1 의미

'술어'라고 부르기도 한다. 한 문장에서 주어에 대해 진술하는 부분으로, 주어의 동작·상태·성질 따위를 서술하는 말을 가리킨다. 중국어에서는 주로 동사와 형용사가 서술어를 담당하며 간혹 명사나 주술구가 서술어가 되기도 한다.

동사-동사서술어문	她是我姐姐。Tā shì wǒ jiějie.	그녀는 우리 언니/누나입니다.
형용사-형용사서술어문	我很忙。Wǒ hěn máng.	나는 바쁩니다.
명사-명사서술어문	这件毛衣五百块。Zhè jiàn máoyī wǔbǎi kuài.	이 스웨터는 500위안입니다.
주술구-주술서술어문	他眼睛很大。Tā yǎnjing hěn dà.	그는 눈이 큽니다.

 서술어에 따른 문장 종류에 대해서는 22쪽 구조에 따른 분류를 참조하세요.

도전 실전 문제

주어진 단어를 알맞게 배열하여 문장을 만들어 봅시다.

1. 是 / 她 / 我 / 姐姐 / 。
   ➡ _____

2. 件 / 这 / 块钱 / 毛衣 / 五百 / 。
   ➡ _____

3. 大 / 很 / 他 / 眼睛 / 。
   ➡ _____

UNIT 3 목적어

목적어는 문장에서 동작의 대상이 되는 동사의 후속 성분으로 동사와 함께 서술어부를 구성한다.

동사가 서술어를 담당할 때 동작의 대상이 되는 성분을 말한다. 주로 체언성 단어(구)가 목적어를 담당하지만, 동사(구)가 목적어 역할을 하기도 한다.

1 의미

동사의 후속 성분으로 대표적인 목적어는 타동사가 사용된 문장에서 동작의 대상이 되는 말이 있다. 주로 체언성 단어나 구가 목적어를 담당하며 용언성 단어나 구가 목적어가 되기도 한다.

명사-체언성 단어 我吃苹果。Wǒ chī píngguǒ.
나는 사과를 먹습니다/난 사과를 먹겠습니다.

대체사-체언성 단어 你喝什么? Nǐ hē shénme?
당신은 무엇을 마십니까?/뭐 마실래요?

동사-용언성 단어 我女朋友喜欢跳舞。Wǒ nǚpéngyou xǐhuan tiàowǔ.
내 여자친구는 춤 추는 것을 좋아합니다.

2 이중목적어

일부 동사는 '王老师教我们汉语口语'의 '我们'과 '汉语口语'처럼 동사 하나가 2개의 목적어를 가지기도 한다. 이중목적어를 수반하는 동사는 목적어의 생략 가능성에 따라 다음 네 가지로 분류할 수 있다.

(1) 请, 问, 给, 还

S + V + O₁ + O₂。

S + V + O₁。

S + V + O₂。

▶ O₁이나 O₂ 생략 가능.

我们问了老师不少问题。Wǒmen wènle lǎoshī bù shǎo wèntí.
우리는 선생님께 질문을 많이 했습니다.

我们问老师。Wǒmen wèn lǎoshī.
우리는 선생님께 여쭙습니다.

我们问问题。Wǒmen wèn wèntí.
우리는 질문을 합니다.

(2) 告诉, 通知

$S + V + O_1 + O_2$。

$S + V + O_1$。

小李告诉小张一件事。Xiǎo Lǐ gàosu Xiǎo Zhāng yí jiàn shì.

小李告诉小张。Xiǎo Lǐ gàosu Xiǎo Zhāng.

* 小李告诉一件事。

▶ O_2는 생략 가능.

小李가 小张에게 소식을 하나 알려줍니다.

小李가 小张에게 알려줍니다.

▶ O_1은 생략 불가능.

(3) 借

$S + V + O_1 + O_2$。

$S + V + O_2$。

我借了他不少钱。Wǒ jièle tā bù shǎo qián.

我借了不少钱。Wǒ jièle bù shǎo qián.

* 我借了他。

▶ O_1은 생략 가능.
나는 그에게 많은 돈을 빌렸습니다/빌려주었습니다.

나는 많은 돈을 빌렸습니다.

▶ O_2는 생략 불가능.

(4) 叫, 称

$S + V + O_1 + O_2$。

我们都叫他王叔叔。Wǒmen dōu jiào tā Wáng shūshu.

▶ O_1이나 O_2 생략 불가능.

우리는 다 그를 王씨 삼촌이라고 부릅니다.

도전 실전 문제

주어진 단어를 알맞게 배열하여 문장을 만들어 봅시다.

1. 吃 / 我 / 苹果 / 。　➡

2. 喝 / 你 / 什么 / ?　➡

3. 我 / 跳舞 / 喜欢 / 女朋友 / 。　➡

4. 教 / 我们 / 王老师 / 汉语口语 / 。　➡

5. 不少 / 老师 / 问了 / 问题 / 我们 / 。　➡

6. 事 / 告诉 / 小李 / 小张 / 一件 / 。　➡

7. 钱 / 他 / 我 / 不少 / 借了 / 。　➡

8. 都 / 叫 / 他 / 我们 / 王叔叔 / 。　➡

CHAPTER 2 부가 성분: 관형어, 부사어

중심 성분을 한정하거나 수식하여 표현을 풍부하게 해 주는 성분이 바로 관형어와 부사어이다. 부가 성분은 문장을 구성할 때 꼭 필요한 요소는 아니다.

관형어 체언(명사, 체언성 대체사)을 수식하는 성분.
　　　国家足球队 guójiā zúqiúduì 국가대표 축구팀

부사어 용언(동사, 형용사)을 수식하는 성분.
　　　我很喜欢你。Wǒ hěn xǐhuan nǐ. 나는 당신을 매우 좋아합니다.

 관형어

관형어는 체언 앞에서 체언을 수식하는 성분을 말한다.
예전에 갓을 써서 신분을 나타냈듯이, 관형어는 체언의 성격을 규정하는 역할을 한다.

Adn

1 의미

체언(명사, 체언성 대체사) 앞에서 성질, 수량, 소유 등을 나타내는 수식 성분이다. 명사, 대체사, 형용사, 수량사 등이 관형어가 될 수 있다.

소속-명사	国家足球队 guójiā zúqiúduì	국가대표 축구팀
소유-인칭대체사	我妈妈 wǒ māma	우리 엄마/어머니
성질-형용사	新手机 xīn shǒujī	새 휴대폰
수량-수량사	三个包子 sān ge bāozi	찐만두(包子) 세 개

 도전 실전 문제

주어진 단어를 알맞게 배열하여 문장을 만들어 봅시다.

1. 我 / 是 / 老师 / 妈妈 / 。
   ➡ 我 _____

2. 我 / 新 / 买了 / 手机 / 。
   ➡ 我 _____

3. 我 / 包子 / 吃了 / 三个 / 。
   ➡ 我 _____

UNIT 2 부사어

부사어는 용언 앞에서 용언을 수식하는 성분을 말한다.

1 의미

용언(동사, 형용사) 앞에서 정도, 방식, 시간, 장소, 상태 등을 나타내는 수식 성분이다. 형용사, 부사, 시간명사, 전치사구 등이 부사어가 될 수 있다.

정도-정도부사	我很喜欢你。Wǒ hěn xǐhuan nǐ.	나는 당신을 매우 좋아합니다.
상태-형용사	你仔细看。Nǐ zǐxì kàn.	자세히 보세요.
시간-시간명사	我今天休息。Wǒ jīntiān xiūxi.	나는 오늘 쉽니다.
장소-전치사구	我们在这儿歇一会儿。Wǒmen zài zhèr xiē yíhuìr.	우리는 여기에서 잠시 쉽니다.

도전 실전 문제

주어진 단어를 알맞게 배열하여 문장을 만들어 봅시다.

1. 我们 / 歇 / 一会儿 / 在这儿 / 。
   ➡ 我们 _____

2. 他 / 看 / 新 / 手机 / 仔细 / 。
   ➡ 他 _____

3. 我 / 今天 / 休息 / 。
   ➡ _____

CHAPTER 3 보충 성분: 보어

보어는 문장에서 서술어(동사, 형용사) 뒤에 출현하여 결과, 방향, 상태, 정도, 가능, 수량(시량, 동량, 차량) 등을 보충 설명하는 성분이다.

결과보어 동사서술어의 결과를 설명하는 성분.
我吃饱了。 Wǒ chībǎo le. 나는 배불리 먹었습니다(배가 부릅니다).

방향보어 동사서술어의 이동 방향을 설명하는 성분.
他出去了。 Tā chūqu le. 그는 나갔습니다/외출했습니다.

상태보어 서술어의 동작 또는 상태를 평가, 묘사하는 성분.
他跑得很快。 Tā pǎo de hěn kuài. 그는 빨리 달립니다(달리기를 잘 합니다).

정도보어 사물의 상태나 화자, 주어의 심리 상태가 도달한 정도를 설명하는 성분.
今天热极了。 Jīntiān rè jí le. 오늘 엄청 덥습니다.

가능보어 동사서술어가 어떤 동작의 결과를 만들어 낼 수 있는지 가능 여부를 설명하는 성분.
今天做不完。 Jīntiān zuò bu wán. 오늘 다 할 수 없습니다.

시량보어 서술어의 동작, 상태가 지속된 길이를 설명하는 성분.
我睡了八个小时。 Wǒ shuìle bā ge xiǎoshí. 나는 여덟시간 잤습니다.

동량보어 동사서술어의 동작, 행위의 횟수를 설명하는 성분.
我去过两次中国。 Wǒ qùguo liǎng cì Zhōngguó.
나는 중국에 두 번 가봤습니다.

차량보어 사물간 수량이나 정도의 차이를 비교, 묘사하는 성분.
我比她大三岁。 Wǒ bǐ tā dà sān suì. 나는 그녀보다 세 살 많습니다.

 결과보어

결과보어는 동사서술어의 결과를 설명하는 성분을 말한다.

1 의미

동사서술어 뒤에서 동작 또는 행위가 발생한 이후의 결과를 설명하는 성분(동사 또는 형용사)을 결과보어라고 한다.

2 구조

긍정문　S + V C + O。

부정문　S + 没/不 + V C + O。

의문문　S + V C + O + 吗?
　　　　　S + V C + O + 没有?
　　　　　S + V + 没 + V C + O?

(1) 긍정문

'동사-결과보어'는 일반적으로 이미 발생한 동작을 나타내므로 종종 완료를 나타내는 상조사 '了'가 함께 사용된다.

我听懂了你的话。 Wǒ tīngdǒng le nǐ de huà.

나는 당신 말을 알아들었습니다.

(2) 부정문

이미 발생한 동작의 부정이므로 부정부사 '没(有)'를 사용한다. 가정을 나타내는 문장처럼 아직 발생하지 않은 동작 행위를 나타내는 문장에서는 동사-결과보어 구조에 '不'를 사용할 수 있다.

我没听懂你的话。 Wǒ méi tīngdǒng nǐ de huà.

你不说清楚，我也不能帮助你。
Nǐ bù shuō qīngchu, wǒ yě bù néng bāngzhù nǐ.

나는 당신 말을 알아 듣지 못했습니다.

당신이 확실하게 말하지 않으면 나도 당신을 도울 수가 없습니다.

(3) 의문문

의문조사 '吗'를 사용하여 의문문을 만들 수 있다. 이미 발생한 동작이므로 '没(有)'를 사용하여 긍정부정의문문을 만들 수도 있다.

'吗'의문문	你听懂了我的话吗?
	Nǐ tīngdǒng le wǒ de huà ma?
긍정부정의문문①	你听懂了我的话没有?
	Nǐ tīngdǒng le wǒ de huà méiyou?
긍정부정의문문②	你听没听懂我的话?
	Nǐ tīng méi tīngdǒng wǒ de huà?

내 말을 알아들었나요?

내 말을 알아들었나요 알아듣지 못했나요?

3 특징

(1) 형용사와 동사

의미상 동작 결과를 설명할 수 있는 형용사와 동사는 결과보어로 사용할 수 있다.

		결과보어
동사	형용사	对 错 好 坏 大 早 晚 快 慢 光 胖 瘦 惯 烂 清楚 干净 등
	동사	完 见 开 住 会 懂 到 着zháo 倒 断 掉 走 死 通 成 给 遍 등

(2) 상조사와 목적어의 위치

결과보어와 서술어는 결합이 아주 긴밀해서 사이에 다른 성분을 넣을 수 없다. 상조사 '了'와 '过', 목적어는 동사-결과보어 뒤에 위치한다.

S + V C + 了/过 + O。

今天的考试我做错了不少题。
Jīntiān de kǎoshì wǒ zuòcuò le bù shǎo tí.

他从来没打断过别人的发言。
Tā cónglái méi dǎduàn guo biérén de fāyán.

我刚考完HSK。Wǒ gāng kǎowán HSK.

오늘 시험은 여러 문제를 잘못 풀었습니다.

그는 한 번도 다른 사람의 발언을 끊은 적이 없습니다.

나는 막 HSK시험을 마쳤습니다.

(3) 상조사 '着'

상조사 '着zhe'는 동작 또는 행위의 지속을 나타내므로 결과보어와는 함께 사용할 수 없다.

* 我已经看完着那本书。

4 결과보어와 상조사 '了'

결과보어는 동작 또는 행위를 통해 발생하는 결과를 나타낸다. 이에 반해 완료를 나타내는 상조사 '了'는 동작 또는 행위의 완료만을 나타낼 뿐 그 결과에 대해서는 표현하지 못한다. 즉, 동작이나 행위의 결과를 표현하고자 할 때는 동사와 함께 결과보어를 사용해야 한다.

V (동작·행위 발생) + **C** (결과가 어떠함) + **了** (완료 여부)

구조	예
V	我吃。 → 현재 '吃'가 발생 중이거나 앞으로 발생할 것임을 나타냄.
V+了	我吃了。 → '吃'를 완료하였음을 나타냄.
V+C+了	我吃饱了。 → '吃'의 결과 '饱'함을 나타냄.

나는 먹는다/나는 먹을 것이다.

나는 먹었다.

나는 배불리 먹었다(배부르다).

这个问题麦克和玛丽都回答了。
Zhège wèntí Màikè hé Mǎlì dōu huídá le.

이 문제는 마이크와 메리가 모두 대답했습니다.
▶ '麦克'와 '玛丽'가 '回答'를 완료하였음만 나타냄.

这个问题麦克回答对了。
Zhège wèntí Màikè huídá duì le.

이 문제는 마이크가 맞혔습니다.
▶ '麦克'의 '回答'의 결과가 '对'임을 나타냄.

这个问题玛丽回答错了。
Zhège wèntí Mǎlì huídá cuò le.

이 문제는 메리가 틀렸습니다.
▶ '玛丽'의 '回答'의 결과가 '错'임을 나타냄.

* 今天学的生词很多，但我都记了。

▶ 결과보어가 없는 경우 동작만 완료했다는 의미로 모두 암기했다는 결과까지 표현하지 않음.

今天学的生词很多，但我都记住了。
Jīntiān xué de shēngcí hěn duō, dàn wǒ dōu jìzhù le.

오늘 배운 새 단어가 많지만, 나는 모두 다 외웠습니다.
▶ 결과보어 '住'를 사용함으로써 '记(기억하다)'의 발생 후 '住(남김=기억하게 되었음)'을 나타냄.

도전 실전 문제

주어진 단어를 배열하여 문장을 만들어 봅시다.

1. 我 / 刚 / 考 / 完 / HSK / 。
   ➡ 我 _____

2. 你 / 懂 / 了 / 听 / 没有 / 我的话 / ?
   ➡ 你 _____

3. 今天的考试 / 错 / 了 / 我 / 做 / 不少题 / 。
   ➡ 今天的考试 _____

4. 我 / 懂 / 没 / 听 / 你的话 / 。
   ➡ 我 _____

5. 你 / 懂 / 没 / 听 / 听 / 我的话 / ?
   ➡ 你 _____

 방향보어

방향보어는 동사서술어의 이동 방향을 설명하는 성분을 말한다.

1 의미

동사서술어 뒤에서 동작 발생에 따른 이동 방향을 설명하는 성분(이동동사)을 방향보어라고 한다.

2 구조

이동동사는 단순이동동사와 복합이동동사가 있는데 복합이동동사는 단순이동동사의 조합으로 이루어진다.

단순이동동사		복합이동동사
B유형 上 下 进 出 回 过 起	A유형 来 去	B+A 上来 上去 下来 下去 进来 进去 出来 出去 回来 回去 过来 过去 起来

'동사-방향보어'는 방향보어를 담당하는 이동동사의 종류에 따라 '동사-단순방향보어'와 '동사-복합방향보어'로 나눌 수 있다. 즉 단순이동동사는 단순방향보어로, 복합이동동사는 복합방향보어로 쓰이며, 동작의 방향을 설명한다.

동사-단순방향보어	① 이동동사(上/下/进/出/回/过/起)+来/去 　　　　　V　　　　　　　　　　　　C ② 일반동사+来/去/上/下/进/出/回/过/起 　　V　　　　　　　C
동사-복합방향보어	일반동사+上/下/进/出/回/过/起+来/去 　V　　　　　　C$_1$　　　　　C$_2$

▶ 일반적으로 단순방향보어로는 来/去가 많이 사용됨.

▶ '起去'는 없음.

他上来了。Tā shànglai le.

他下去了。Tā xiàqu le.

他进来了。Tā jìnlai le.

他出去了。Tā chūqu le.

他给我寄来一张生日卡。Tā gěi wǒ jìlai yìzhāng shēngrìkǎ.

你给他带一些水果去吧。Nǐ gěi tā dài yìxiē shuǐguǒ qù ba.

老师刚走进了教室。Lǎoshī gāng zǒujin le jiàoshì.

孩子跑上楼了。Háizi pǎoshang lóu le.

그는 올라왔습니다.

그는 내려갔습니다.

그는 들어왔습니다.

그는 나갔습니다.

그가 나에게 생일카드를 한 장 보내 왔습니다(부쳐왔습니다).

그에게 과일 좀 가지고 가세요.

선생님이 막 교실로 걸어들어오셨습니다.

아이가 위층으로 뛰어 올라갔습니다.

3 특징

(1) '来'와 '去'의 쓰임

'来'와 '去'는 동작의 방향을 나타내는 단순방향보어로 쓰이며 B유형의 단순이동동사(上/下/进/出/回/过/起)와 결합한 후 동작의 이동 방향을 나타내는 복합방향보어를 구성한다. 이 경우 '来'는 동작이 화자·서술 대상의 방향으로 진행됨을 나타내며, '去'는 동작이 화자·서술 대상의 방향과는 반대로 진행됨을 나타낸다. 방향보어로 사용하는 '来'와 '去'는 약하게 읽는다.

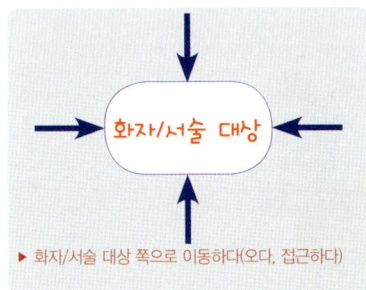

来의 방향성　　去의 방향성

① 단순방향보어로 쓰이는 경우

他向我这儿跑来了。
Tā xiàng wǒ zhèr pǎolai le.

山上的风景很美，你们快点儿上来吧。
Shān shang de fēngjǐng hěn měi, nǐmen kuài diǎnr shànglai ba.

我搬新家了，欢迎你们过来玩儿。
Wǒ bān xīnjiā le, huānyíng nǐmen guòlai wánr.

屋里太闷了，我们出去吧。
Wū li tài mēn le, wǒmen chūqu ba.

그가 내게로 뛰어왔습니다.

산 위의 풍경이 아름다워요. 어서 올라오세요.

나는 새 집으로 이사했어요. 놀러오세요.

집안은 너무 답답하네요. 우리 나가요.

他们已经到山下了，咱们快点儿下去吧。
Tāmen yǐjīng dào shān xià le, zánmen kuài diǎnr xiàqu ba.

그들은 이미 산 아래에 도착했어요. 우리도 어서 내려가요.

② 복합방향보어로 쓰이는 경우

快爬上来吧，上面风景可美了。
Kuài pá shànglai ba, shàngmiàn fēngjǐng kě měi le.

빨리 올라와요. 위쪽은 경치가 정말 아름답습니다.

还有时间，咱们慢慢走过去吧。
Hái yǒu shíjiān, zánmen mànmàn zǒu guòqù ba.

아직 시간 있어요. 우리 천천히 걸어가요.

> **TIP 来의 방향성**
>
> 일상생활에서 자주 사용되는 말 중에 화자가 있었던 장소를 떠나서 상대방 쪽으로 이동하는 상황에서도 '来'를 사용하는 경우가 종종 있는데 이는 상대방을 존중하는 의미에서 상대방을 중심으로 말을 한 것이기 때문이다.
>
> 来了! (손님에게 주문한 음식을 가져다 주면서) "갑니다". (문 밖에 찾아온 손님을 향해 이동하면서) "나갑니다!"
>
> 我马上过来。(상대방이 있는 곳으로 곧 가겠다는 의미로) "금방 갈게".

▶ 영어에서도 'comming(나갑니다)'을 사용한다.

(2) 목적어의 위치①

'来'와 '去'가 방향보어로 쓰이는 문장에서 주요 동사는 목적어를 가질 수 있는데, 만약 목적어가 장소명사이면 목적어는 동작 발생의 시간에 관계없이 일반적으로 동사 뒤, '来, 去' 앞에 위치한다.

S + V + O장소 **+ C**：来/去。

他刚回家来。　　　　　　　　　　＊他刚回来家。
Tā gāng huí jiā lái.

그는 막 집에 돌아왔습니다.

他回中国去了。　　　　　　　　　＊他回去中国了。
Tā huí Zhōngguó qù le.

그는 중국에 돌아갔습니다.

S + V + C₁：上/下/进/出/回/过/起 **+ O**장소 **+ C₂**：来/去。

他已经飞回中国去了。　　　　　　＊他已经飞回去中国了。
Tā yǐjīng fēi huí Zhōngguó qù le.

그는 이미 (비행기로) 중국으로 돌아갔습니다.

太晚了，我要回家去。　　　　　　＊太晚了，我要回去家。
Tài wǎn le, wǒ yào huí jiā qù.

너무 늦어서, 나는 집으로 돌아갈 거예요.

(3) 목적어의 위치②

목적어가 만약 사람이나 사물을 나타내는 명사이면 목적어는 '来, 去' 앞이나 뒤에 올 수 있다. 단, 발생하지 않은 사건일 경우 일반적으로 '来, 去' 앞에 출현한다.

S + **V** + **C**:来/去 + **O**사람/사물

S + **V** + **O**사람/사물 + **C**:来/去。

他买来一本书。(= 他买一本书来。)
Tā mǎilai yì běn shū.

그는 책을 한 권 사왔습니다.

S + **V** + **C₁**:上/下/进/出/回/过/起 + **C₂**:来/去 + **O**사람/사물。

S + **V** + **C₁**:上/下/进/出/回/过/起 + **O**사람/사물 + **C₂**:来/去。

▶ '起去'는 없음.

他从书架上拿下来一本书。(= 他从书架上拿下一本书来。)
Tā cóng shūjià shang ná xiàlai yì běn shū.

그는 서가에서 책을 한 권 꺼냈습니다.

我想给妈妈寄回两张照片去。
Wǒ xiǎng gěi māma jì huí liǎng zhāng zhàopiàn qù.

나는 어머니에게 사진을 두 장 부쳐드리고 싶습니다.

(4) '了' 추가

발생 후의 완료를 강조하고자 하는 경우, 상조사 '了'를 추가할 수 있다.

他买来了一本书。(= 他买了一本书来。)
Tā mǎilai le yì běn shū.

그는 책을 한 권 사왔습니다.

他从书架上拿下来了一本书。(= 他从书架上拿下了一本书来。)
Tā cóng shūjià shang ná xiàlái le yì běn shū.

그는 서가에서 책을 한 권 꺼냈습니다.

我给妈妈寄回去了两张照片。.(= 我给妈妈寄回了两张照片去。)
Wǒ gěi māma jì huíqù le liǎng zhāng zhàopiàn.

나는 어머니에게 사진을 두 장 부쳐드렸습니다.

(5) 목적어의 위치③

명령문에 사용되는 경우, 목적어는 '来, 去' 앞에만 출현할 수 있다.

买一本《汉语词典》来!
Mǎi yì běn 《Hànyǔ Cídiǎn》 lái!

汉语词典(중국어사전) 한 권 사 오세요!

明天你带一部照相机来!
Míngtiān nǐ dài yí bù zhàoxiàngjī lái

내일 네가 사진기 하나 가지고 오렴.

(6) 목적어의 위치④

복합방향보어가 결과 의미 또는 동작 / 상태의 시작 · 출현 · 계속 · 정지 등을 나타낼 경우 목적어는 일반적으로 '来, 去' 사이에 출현한다.

外面突然下起雨来了。　　　　　　＊外面突然下起来雨了。
Wàimiàn tūrán xià qǐ yǔ lái le.

밖에 갑자기 비가 오기 시작합니다.

两个人刚坐下，就谈起工作来了。
Liǎng ge rén gāng zuòxià, jiù tán qǐ gōngzuò lái le.
　　　　　　　　＊两个人刚坐下，就谈起来工作了。

두 사람은 자리에 앉자마자 일 이야기를 하기 시작했습니다.

他转过身来看着我。
Tā zhuǎn guò shēn lái kàn zhe wǒ.

그는 몸을 돌려 나를 바라봅니다.

她害羞地转过身去，不看我。
Tā hàixiū de zhuǎn guò shēn qù, bú kàn wǒ.

그녀는 부끄러워하며 몸을 돌려 나를 보지 않습니다.

TIP 목적어에 따른 방향보어의 어순 정리

단순 방향 보어	장소목적어(O장소)	V + O장소 + C来/去
	비장소목적어(O)	V + O + C来/去
		V + C来/去 + O
	모든 목적어(O)	V + C 上/下/进/出/回/过/起 + O
복합 방향 보어	장소목적어(O장소)	V + C₁ 上/下/进/出/回/过/起 + O장소 + C₂来/去
	비장소목적어(O)	V + C₁ 上/下/进/出/回/过/起 + O + C₂来/去
		V + C₁ 上/下/进/出/回/过/起 + C₂来/去 + O

단순방향보어

- 장소목적어　他回学校去了。Tā huí xuéxiào qù le.
- 비장소목적어　他买来了两瓶可乐。Tā mǎilaile liǎng píng kělè.
　　　　　　你买两瓶可乐来吧。Nǐ mǎi liǎng píng kělè lái ba.
- 모든 목적어　他跑进了教室。Tā pǎojìnle jiàoshì.
　　　　　　我们想出了好办法。Wǒmen xiǎngchū le hǎo bànfǎ.

복합방향보어

- 장소목적어　他跑回学校去了。Tā pǎo huí xuéxiào qù le.
- 비장소목적어　他买回两瓶可乐来了。Tā mǎi huí liǎng píng kělè lái le.
　　　　　　他买回来了两瓶可乐。Tā mǎi huílái le liǎng píng kělè.

그가 학교로 돌아갔습니다.
그가 콜라를 두 병 사왔습니다.
콜라 두 병 사오세요.
그가 교실로 뛰어들어왔습니다.
우리가 좋은 방법을 생각해냈습니다.

그가 학교로 뛰어 돌아갔습니다.
그가 콜라를 두 병 사서 돌아왔습니다.
그가 콜라를 두 병 사서 돌아왔습니다.

4 방향보어의 기본 의미

来	화자 방향으로 이동	你们都进来吧。 Nǐmen dōu jìnlai ba.
去	화자에서 멀어짐	我们出去吃饭吧。 Wǒmen chūqu chī fàn ba.
上	아래에서 위로 이동	他们爬上了山顶。 Tāmen páshàngle shāndǐng.

모두 다 들어오세요.

우리 밥 먹으러 나갑시다.

그들은 산 정상에 올라갔습니다.

下	위에서 아래로 이동	他吃下了一个橘子。 Tā chīxià le yí ge júzi.	그는 귤을 하나 먹었습니다.
进	밖에서 안으로 이동	老师走进了教室。 Lǎoshī zǒujìn le jiàoshì.	선생님이 교실로 걸어 들어갔습니다/들어왔습니다.
出	안에서 밖으로 이동	从书包里拿出本子。 Cóng shūbāo li náchū běnzi.	책가방 안에서 공책을 꺼냈습니다.
回	원래 자리로 되돌아옴	他走回宿舍了。 Tā zǒuhuí sùshè le.	그는 기숙사로 걸어서 돌아갔습니다/돌아왔습니다.
过	건너가거나 지나감	穿过马路就到了。 Chuānguò mǎlù jiù dào le.	큰 길을 가로질러 건너면 바로 도착합니다.
起	낮은 곳에서 높은 곳으로 이동(장소명사를 목적어로 취하지 못함)	请抬起头看黑板。 Qǐng táiqǐ tóu kàn hēibǎn.	고개를 들어 칠판을 보세요.
上来	아래에서 위의 화자 있는 쪽으로 이동	爸爸从楼下走上来。 Bàba cóng lóu xia zǒu shànglái.	아버지가 아래층에서 걸어 올라왔습니다.
上去	아래에서 위로 이동하여 화자에서 멀어짐	哥哥从楼下跑上去。 Gēge cóng lóu xia pǎo shàngqù.	오빠가/형이 아래층에서 뛰어 올라갔습니다.
下来	위에서 아래의 화자 있는 쪽으로 이동	弟弟从楼上跑下来了。 Dìdi cóng lóu shang pǎo xiàlái le.	남동생이 위층에서 뛰어내려왔습니다.
下去	위에서 아래로 이동하여 화자에서 멀어짐	妈妈从楼上走下去了。 Māma cóng lóu shang zǒu xiàqù le.	어머니가 위층에서 걸어내려갔습니다.
进来	밖에서 안의 화자 있는 쪽으로 이동	老师从外面走进来。 Lǎoshī cóng wàimiàn zǒu jìnlái.	선생님이 밖에서 걸어 들어왔습니다.
进去	밖에서 안으로 이동하여 화자에서 멀어짐	男生走进食堂去了。 Nánshēng zǒujìn shítáng qù le.	남학생이 식당으로 걸어 들어갔습니다.
出来	안에서 밖의 화자 있는 쪽으로 이동	女生走出食堂来了。 Nǚshēng zǒuchū shítáng lái le.	여학생이 식당에서 걸어 나왔습니다.
出去	안에서 밖으로 이동하여 화자에서 멀어짐	学生们从教室走出去。 Xuéshengmen cóng jiàoshì zǒu chūqù.	학생들이 교실에서 걸어나갔습니다.
回来	화자가 있는 원래 자리로 되돌아옴	他带回来几本杂志。 Tā dài huílái jǐ běn zázhì.	그가 잡지를 몇 권 가지고 돌아왔습니다.
回去	원래 자리로 되돌아가서 화자에서 멀어짐	你带回这本杂志去吧。 Nǐ dài huí zhè běn zázhì qù ba.	이 잡지를 가지고 가세요.
过来	건너가거나 지나가서 화자 있는 쪽으로 이동	我在这儿等你，你跑过来吧。 Wǒ zài zhèr děng nǐ, nǐ pǎo guòlái ba.	내가 여기서 기다릴 테니, 당신이 뛰어/달려오세요.
过去	건너가거나 지나가서 화자에서 멀어짐	你在那儿等我，我跑过去吧。 Nǐ zài nàr děng wǒ, wǒ pǎo guòqù ba.	당신이 거기서 기다리세요. 내가 뛰어/달려 가겠습니다.
起来	낮은 곳에서 높은 곳으로 이동(장소명사를 목적어로 취하지 못함)	请站起来一下。 Qǐng zhàn qǐlái yíxià.	좀 일어서세요.

5 방향보어의 파생 의미

'进', '回'와 '进来', '进去', '出去', '回来', '回去'를 제외한 방향보어는 기본의미 외에 다음과 같은 파생 의미도 가지고 있다.

上	분리에서 결합	太冷了，把窗户关上吧。 Tài lěng le, bǎ chuānghu guānshàng ba.	너무 추워요. 창문을 닫아 주세요.
	동작의 결과	她考上了北京大学。 Tā kǎoshàng le Běijīng Dàxué.	그녀는 북경대학에 합격했습니다.
	동작의 시작과 지속	麦克爱上了玛丽。 Màikè àishàng le Mǎlì.	마이크는 메리를 사랑하게 되었습니다.
下	분리와 이탈	我从墙上拿下了全家福。 Wǒ cóng qiáng shàng náxià le quánjiāfú.	나는 벽에서 가족사진을 뗐습니다.
	허용	这个会议室能坐下五十个人。 Zhège huìyìshì néng zuòxià wǔshí ge rén.	이 회의실은 50명이 앉을 수 있습니다.
	고정	我记下了他的电话号码。 Wǒ jìxià le tā de diànhuà hàomǎ.	나는 그의 전화번호를 적어 두었습니다.
出	안에서 밖으로	她终于说出了心里话。 Tā zhōngyú shuōchū le xīnlǐhuà.	그녀는 마침내 마음 속에 있는 말을 털어놓았습니다.
	무에서 유로	他想出了一个好办法。 Tā xiǎngchū le yí ge hǎo bànfǎ.	그는 좋은 방법을 하나 생각해 냈습니다.
	드러남	他露出了开心的笑容。 Tā lùchū le kāixīn de xiàoróng.	그는 환하게 웃는 얼굴을 드러냈습니다.
起	시작	我们建立起了深厚的友谊。 Wǒmen jiànlì qǐ le shēnhòu de yǒuyì. 大家跳起了舞。 Dàjiā tiàoqǐ le wǔ.	우리는 깊고 두터운 우의를 다졌습니다. 모두가 춤을 추기 시작했습니다.
起	경제적 여력	宾馆这么贵，我们怎么住得起？ Bīnguǎn zhème guì, wǒmen zěnme zhù de qǐ?	호텔이 이렇게 비싼데, 우리가 어떻게 묵을 수 있을까요?
上来	아래에서 위로	请大家把作业交上来。 Qǐng dàjiā bǎ zuòyè jiāo shànglái.	여러분 숙제를 제출해주세요.
	아래에서 위로 (추상적인 방향)	我回答不上来这个问题。 Wǒ huídá bú shànglái zhè ge wèntí.	나는 이 문제에 대답할 수 없습니다.
上去	아래에서 위로 (추상적인 방향)	你快把作业交上去吧。 Nǐ kuài bǎ zuòyè jiāo shàngqù ba. 他下了决心，这个学期要把成绩提高上去。 Tā xiàle juéxīn, zhè ge xuéqī yào bǎ chéngjì tígāo shàngqù.	빨리 숙제를 제출하세요. 그는 이번 학기에 성적을 끌어올려야겠다고, 결심했습니다.
	추가나 결합	能不能把我的名字也加上去？ Néng bu néng bǎ wǒ de míngzi yě jiā shàngqù?	내 이름도 넣어줄 수 있나요?

下来	상태의 출현과 지속 발전	别说话了，请安静下来。 Bié shuōhuà le, qǐng ānjìng xiàlái.	그만 말해요. 조용히 해주세요.
	동작의 지속과 완료	你今天就在我家住下来吧。 Nǐ jīntiān jiù zài wǒ jiā zhù xiàlái ba. 这句话很重要，请大家在本子上记下来。 Zhè jù huà hěn zhòngyào, qǐng dàjiā zài běnzi shang jì xiàlái.	오늘은 그냥 우리집에서 묵으세요. 이 말은 아주 중요합니다. 여러분 공책에 적어두세요.
	분리 · 이탈	如果觉得热，就脱下大衣来吧。 Rúguǒ juéde rè, jiù tuō xià dàyī lái ba.	만약 더우면. 외투를 벗어버리십시오.
下去	동작의 계속적 진행	坚持下去，就是胜利。 Jiānchí xiàqù, jiùshì shènglì.	(현재의 상태나 행위를) 계속 유지하는 것이, 바로 승리하는 것입니다. 계속상 '下去'의 용법은 108쪽을 참조하세요.
	상태의 지속 발전	我真不希望一直这样胖下去。 Wǒ zhēn bù xīwàng yìzhí zhèyàng pàng xiàqù.	나는 이렇게 계속 뚱뚱해지는 걸 정말이지 바라지 않습니다.
出来	어떤 결과의 획득	自动翻译机也许很快就能发明出来了。 Zìdòng fānyìjī yěxǔ hěn kuài jiù néng fāmíng chūlái le.	자동번역기는 아마도 곧 발명될 수 있을 겁니다.
	구별해냄	我吃出来了，这是牛奶巧克力。 Wǒ chī chūlái le, zhè shì niúnǎi qiǎokèlì.	나는 (먹어보고) 알아냈어요. 이것은 밀크초콜릿입니다.
	드러냄	他露出来了开心的笑容。 Tā lù chūlái le kāixīn de xiàoróng.	그는 환하게 웃는 얼굴을 드러냈습니다.
过来	방향 전환	他转过身来看着我。 Tā zhuǎn guò shēn lái kànzhe wǒ. "甲"倒过来看是"由"。 'Jiǎ' dào guòlái kàn shì 'yóu'.	그는 몸을 돌려 나를 봅니다. '甲'를 거꾸로해서 보면 '由'입니다.
	원래 정상적인 상태로 되돌아옴	你终于醒过来了，现在已经10点了。 Nǐ zhōngyú xǐng guòlái le, xiànzài yǐjīng shí diǎn le.	마침내 깨어났군요. 지금은 이미 열 시예요.
	견딤	留学生活那么辛苦，你竟然坚持过来了? Liúxué shēnghuó nàme xīnkǔ, nǐ jìngrán jiānchí guòlái le?	유학생활이 그토록 힘들었지만. 당신은 견디어냈잖아요?
过去	원래의 정상적인 상태를 잃어버림	他中暑了，突然昏过去了。 Tā zhòngshǔ le, tūrán hūn guòqù le.	그는 더위를 먹어, 갑자기 기절했습니다/정신을 잃었습니다.
	방향 전환	她害羞地转过身去，不看我。 Tā hàixiū de zhuǎn guò shēn qù, bú kàn wǒ.	그녀는 부끄러워하며 몸을 돌려, 나를 보지 않습니다.
	행위의 목적 달성	他把警察都骗过去了。 Tā bǎ jǐngchá dōu piàn guòqù le.	그는 경찰도 속여넘겼습니다.

> Jump 시작상 '起来'의 용법은 108쪽을 참조하세요.

起来	시작과 지속	孩子们高兴地唱起歌来，跳起舞来。 Háizimen gāoxìng de chàngqǐ gē lái, tiàoqǐ wǔ lái. 她看见了一只蟑螂，吓得叫了起来。 Tā kànjiàn le yì zhī zhāngláng, xià de jiàole qǐlái.	아이들은 즐겁게 노래도 부르고 춤도 추기 시작했습니다. 그녀는 바퀴벌레를 보더니 놀라서 소리를 지르기 시작했습니다.
	상태의 출현, 가중	天亮起来了。 Tiān liàng qǐlái le. 明洞到了中午就热闹起来。 Míngdòng dàole zhōngwǔ jiù rènao qǐlái.	날이 밝아왔습니다. 명동은 점심때가 되면 시끌벅적해집니다.
	낮은 곳에서 높은 곳으로	小孩儿生气得噘起嘴来。 Xiǎohái'r shēngqì de juēqǐ zuǐ lái.	어린아이가 화가 나서 입을 삐죽 내밀었습니다.
	결과가 생김	想了半天，终于想起来了。 Xiǎngle bàntiān, zhōngyú xiǎng qǐlái le.	한참을 생각하고서야, 마침내 생각해냈습니다.
	가설	人们常说："说起来容易，做起来难。" Rénmen cháng shuō: "Shuō qǐlái róngyì, zuò qǐlái nán."	사람들은 늘 '말하기는 쉬운데, 실천하기는 어렵다'고 말합니다.

도전 실전 문제

다음 문장의 잘못된 부분을 찾아 고쳐 봅시다.

1. 他刚回来家。

    ➡ _____

2. 她回去中国了。

    ➡ _____

3. 外面突然下雨起来了。

    ➡ _____

4. 他转过来身看着我。

    ➡ _____

5. 孩子们高兴地唱歌起来, 跳舞起来。

    ➡ _____

 상태보어

상태보어는 서술어의 동작, 상태를 평가, 묘사하는 성분이다.

동사서술어나 형용사서술어 뒤에 쓰여, 발생한 혹은 발생 중인 동작·상태에 대해 평가하거나 묘사하는 성분을 상태보어라고 한다.

1 의미

상태보어는 주로 발생한, 혹은 발생 중인 동작·상태를 평가하거나 묘사한다.

(1) 평가 의미

서술어는 동사가 주로 담당하며, 보어는 형용사(구)·형용사의 중첩 형식이 담당한다.

S + V(동사) + 得 + C(형용사(구))

我这几天都<u>睡得很晚</u>。
Wǒ zhè jǐ tiān dōu shuì de hěn wǎn.

> 나는 요 며칠 매일 늦게 잡니다.

我们在这儿<u>生活得非常愉快</u>。
Wǒmen zài zhèr shēnghuó de fēicháng yúkuài.

> 우리는 여기에서 대단히 즐겁게 생활합니다.

兔子<u>跑得快</u>, 乌龟<u>跑得不快</u>。
Tùzi pǎo de kuài, wūguī pǎo de bú kuài.

> 토끼는 빨리 달리지만, 거북이는 빨리 달리지 못합니다.

(2) 묘사 의미

서술어는 동사·형용사가 담당하고, 보어는 주로 동사(구)가 담당하지만 때로는 형용사(구)·관용구 등도 상태보어로 사용된다. 묘사 의미의 상태보어는 주로 긍정형으로만 사용되며, 일반적으로 이에 대응되는 부정 형식이 없다.

S + **V** + **得** + **C**
　　동사/형용사　　　동사(구)/형용사(구)

她感动得哭了。Tā gǎndòng de kū le.   그녀는 감동해서 울었습니다.
她激动得不知道说什么好。   그녀는 흥분해서 무슨 말을 해야 좋을 지 모릅니다.
Tā jīdòng de bù zhīdao shuō shénme hǎo.
他高兴得跳起来了。Tā gāoxìng de tiào qǐlái le.   그는 신이 나서 펄쩍 뛰었습니다.
她紧张得闭上了眼睛。Tā jǐnzhāng de bì shàng le yǎnjing.   그녀는 긴장이 되어서 눈을 질끈 감았습니다.
父亲气得说不出话来。Fùqīn qì de shuō bù chū huà lái.   아버지는 화가 나서 말을 할 수 없었습니다.
我笑得肚子疼。Wǒ xiào de dùzi téng.   나는 배가 아프도록 웃었습니다.
他跑得满头大汗。Tā pǎo de mǎntóu dàhàn.   그는 뛰어서 얼굴이 온통 땀범벅입니다.
他看足球赛看得忘了吃饭。Tā kàn zúqiúsài kàn de wàng le chī fàn.   그는 축구시합을 보느라 밥 먹는 걸 잊었습니다.

2 구조

형용사를 상태보어로 쓸 때는 형용사서술어문과 마찬가지로 '매우'라는 의미가 사라진 '很'을 사용한다. 또 의미 중점인 상태보어 앞에 부정부사 '不'를 사용하여 부정문을 만든다.

▶ 평가 의미의 상태보어 구조

긍정문 **S** + **V** + **得** + **很** + **C**。

我这几天睡得很好。Wǒ zhè jǐ tiān shuì de hěn hǎo.   나는 요며칠 잠을 잘 잡니다.

부정문 **S** + **V** + **得** + **不** + **C**。

我这几天睡得不好。Wǒ zhè jǐ tiān shuì de bù hǎo.   나는 요며칠 잠을 잘 못잡니다.

의문문 **S** + **V** + **得** + **C** + **吗**?

你这几天睡得好吗? Nǐ zhè jǐ tiān shuì de hǎo ma?   너 요며칠 잠을 잘 자니?

S + **V** + **得** + **C** + **不** + **C** ?

你这几天睡得好不好? Nǐ zhè jǐ tiān shuì de hǎo bù hǎo?   너 요며칠 잠을 잘 자니 못 자니?

동사가 목적어와 상태보어를 동시에 수반할 때는 동사를 중복한 뒤, 중복한 동사 뒤에 상태보어를 사용한다. 목적어 앞에 중복한 동사를 생략하거나, 목적어를 주어 앞에 놓을 수도 있다.

S + V + O + V + 得 + 很 + C。

我写汉字写得很慢。Wǒ xiě Hànzì xiě de hěn màn.
我说汉语说得很流利。Wǒ shuō Hànyǔ shuō de hěn liúlì.
我妹妹唱中文歌唱得很好。
Wǒ mèimei chàng Zhōngwéngē chàng de hěn hǎo.

나는 한자를 느리게 씁니다.
나는 중국어를 유창하게 합니다.
내 여동생은 중국어 노래를 잘 부릅니다.

S + O + V + 得 + 很 + C。

我汉字写得很慢。Wǒ Hànzì xiě de hěn màn.
我汉语说得很流利。Wǒ Hànyǔ shuō de hěn liúlì.
我妹妹中文歌唱得很好。Wǒ mèimei Zhōngwéngē chàng de hěn hǎo.

나는 한자를 느리게 씁니다.
나는 중국어를 유창하게 합니다.
내 여동생은 중국어 노래를 잘 부릅니다.

O + S + V + 得 + 很 + C。

汉字我写得很慢。Hànzì wǒ xiě de hěn màn.
汉语我说得很流利。Hànyǔ wǒ shuō de hěn liúlì.
中文歌我妹妹唱得很好。Zhōngwéngē wǒ mèimei chàng de hěn hǎo.

한자를 나는 느리게 씁니다.
중국어를 나는 유창하게 합니다.
중국어 노래를 내 여동생은 잘 부릅니다.

> **TIP** 부사어와 상태보어
>
> '他很快地逃跑了。'와 '他跑得很快。'의 차이는 다음과 같다.
> '很快地+V'는 단순하게 '매우 빨리 V했다'라는 의미를 나타낸다. 반면에 'V得+很快'는 '(지켜본 결과) V하는 것이 (늘/언제나) 빠르다'라는 의미(평가성 묘사)를 나타낸다.
>
> 他很快地逃跑了。(어떤 상황 때문에) 그는 매우 빨리 도망갔다.
> 他跑得很快。(내가 지켜본 결과) 그는 (늘/언제나) 빨리 달린다.

도전 실전 문제

다음 문장을 제시된 조건에 맞게 바꾸어 봅시다.

1. 我这几天睡得很好。
   ➡ 부정문

2. 兔子跑得快。
   ➡ 긍정부정의문문

3. 他汉字写得不慢。
   ➡ 긍정문

정도보어

정도보어는 사물의 상태나 심리 상태가 도달한 정도를 설명하는 성분이다.

사물의 상태나 화자·주어의 심리 상태가 도달한 정도를 설명하는 보어를 정도보어라고 한다. 서술어와 정도보어 사이에 '得'를 사용하는 경우와 사용하지 않는 경우 두 가지로 나눌 수 있는데 그 의미는 '매우, 대단히, 엄청, 무척, 너무, 완전히, 죽을 정도로' 등이다. 정도보어와 결합하는 서술어는 주로 형용사이며, 일부 심리동사와도 결합이 가능하다.

> **TIP** 부사어와 보어
> 현대중국어에서 서술어의 정도(매우, 대단히)를 수식하는 형식은 '부사어+서술어'와 '서술어+보어'가 있는데, 이 중 '서술어+보어' 구조가 더 강한 의미를 지닌다.

1 구조

(1) **S + V + 得 + C。**

형용사/심리동사 + **得** + **很/要命/要死/不得了/不行/慌**

房间的窗户都关着，闷得很。
Fángjiān de chuānghu dōu guān zhe, mēn de hěn.
방의 창문이 다 닫혀있어서 무척 답답합니다.

他有了女朋友，高兴得很。
Tā yǒu le nǚpéngyou, gāoxìng de hěn.
그는 여자친구가 생겨 엄청 기쁩니다.

广州的夏天闷得要命。
Guǎngzhōu de xiàtiān mēn de yàomìng.
广州의 여름은 무지 후텁지근합니다.

那个男生的宿舍脏得要死。
Nàge nánshēng de sùshè zāng de yàosǐ.
그 남학생의 기숙사는 무척 지저분합니다.

孩子们吵闹得不行。
Háizimen chǎonào de bùxíng.
아이들이 너무 소란스럽습니다.

爸爸工作了一天，累得不得了。
Bàba gōngzuò le yì tiān, lèi de bùdéliǎo.
아버지는 하루종일 일을 하셔서 너무너무 피곤합니다.

马上就是决赛了，大家都紧张得不得了。
Mǎshàng jiùshì juésài le, dàjiā dōu jǐnzhāng de bùdéliǎo.

跟女朋友分手了，我心里难受得慌。
Gēn nǚpéngyou fēnshǒu le, wǒ xīnli nánshòu de huāng.

'V得慌'은 유쾌하지 않거나 불편한 감정의 정도를 나타낼 때 사용된다. 따라서 '*高兴得慌', '*那个房间好得慌'처럼 사용하지는 않는다.

(2) **S + V + C**。

형용사/심리동사 + **极了/死了/坏了/透了**

这件衣服漂亮极了。Zhè jiàn yīfu piàoliang jíle.
我一天没吃东西，饿死了。Wǒ yì tiān méi chī dōngxi, è sǐle.
听了这话，我们都气坏了。Tīng le zhè huà, wǒmen dōu qì huàile.
果园里的苹果都熟透了。Guǒyuán li de píngguǒ dōu shú tòule.

'V死了', 'V坏了' 뒤에는 목적어가 올 수 있으며 '把' 구문에서 사용되기도 한다. 이러한 경우 '(어떤 상황이) O를 대단히 V하도록 만들다'는 의미를 나타낸다.

累死我了。Lèisǐ wǒ le.
乐坏他了。Lèhuài tā le.
这次出差，真把我累死了。Zhè cì chūchāi, zhēn bǎ wǒ lèi sǐle.
孩子得了冠军，把父母给乐坏了。
Háizi dé le guànjūn, bǎ fùmǔ gěi lè huàile.

> **TIP** 상태보어와 정도보어
> 기존의 중국어교육문법책에서는 대부분 '동사–得–상태보어'와 '동사–得–정도보어'를 구분하여 설명하지 않고 있으나 최근에는 이 두 가지 보어를 구분하는 것이 바람직하다는 주장이 늘고 있다.

곧 결승전이라 다들 무척 긴장해 있습니다.

여자친구와 헤어져서 나는 마음이 심히 괴롭습니다.

이 옷은 아주 예쁩니다.
나는 하루내내 아무것도 안 먹었더니 배가 고파죽겠습니다.
이 말을 듣고 우리는 모두 엄청 화가 났습니다.
과수원의 사과가 모두 완전히 익었습니다.

피곤해 죽겠습니다.
그는 완전 신났습니다.
이번 출장으로 나 완전 지쳤어요.
아이가 우승을 해서 부모가 완전 신났습니다.

도전 실전 문제

주어진 단어를 알맞게 배열하여 문장을 만들어 봅시다.

1. 广州 / 的 / 得 / 闷 / 夏天 / 要命 / 。
   ➡ 广州

2. 孩子们 / 不 / 得 / 行 / 吵闹 / 。
   ➡ 孩子们

3. 这 / 件 / 极了 / 漂亮 / 衣服 。
   ➡ 这

4. 果园 / 的 / 都 / 里 / 熟 / 苹果 / 透了 / 。
   ➡ 果园

가능보어

가능보어는 동사서술어가 어떤 결과를 만들어 낼 수 있는지 가능 여부를 설명하는 성분이다.

1 의미

'동사-得/不-가능보어'는 어떤 동작의 결과를 만들어 낼 수 있는 능력이나 객관적인 조건이 있는지 여부를 나타낸다.

我有点儿近视，如果座位太远，我看不清楚。
Wǒ yǒudiǎnr jìnshì, rúguǒ zuòwèi tài yuǎn, wǒ kàn bu qīngchu.

나는 약간 근시라서, 자리가 너무 멀면, 잘 볼 수가 없습니다.

会议三点半结束，六点以前应该回得来。
Huìyì sān diǎn bàn jiéshù, liù diǎn yǐqián yīnggāi huí de lái.

회의가 세 시 반에 끝나니, 여섯 시 이전에는 분명히 돌아올 수 있을 겁니다.

2 구조

가능보어의 구조는 '동사-결과보어'와 '동사-방향보어' 사이에 구조조사 '得'를 사용하여 만든다.

긍정문 S + V + 得 + C。

我已经学了两年汉语了，现在可以听得懂中国电影。
Wǒ yǐjīng xuéle liǎng nián Hànyǔ le, xiànzài kěyǐ tīng de dǒng Zhōngguó diànyǐng.

나는 이미 2년 동안 중국어를 배웠기에, 지금은 중국영화를 알아 들을 수 있습니다.

今天的作业不多，一个小时做得完。
Jīntiān de zuòyè bù duō, yí ge xiǎoshí zuò de wán.

오늘 숙제가 많지 않아, 한 시간이면 다 할 수 있습니다.

电影四点半就结束，六点以前我回得来。
Diànyǐng sì diǎn bàn jiù jiéshù, liù diǎn yǐqián wǒ huí de lái.

영화가 네 시 반이면 끝나서, 여섯 시 이전에 돌아올 수 있습니다.

这座山不高，我们爬得上去。
Zhè zuò shān bù gāo, wǒmen pá de shàngqù.

이 산은 높지 않아서, 우리가 올라갈 수 있습니다.

부정문 S + V + 不 + C。

我只学了两年汉语，现在还听不懂中国电影。
Wǒ zhǐ xuéle liǎng nián Hànyǔ, xiànzài hái tīng bu dǒng Zhōngguó diànyǐng.

나는 중국어를 겨우 2년밖에 안 배워서, 지금은 아직 중국영화를 알아 들을 수 없습니다.

今天的作业很多，一个小时做不完。
Jīntiān de zuòyè hěn duō, yí ge xiǎoshí zuò bu wán.

电影五点半才结束，六点以前我回不来。
Diànyǐng wǔ diǎn bàn cái jiéshù, liù diǎn yǐqián wǒ huí bu lái.

这座山太高了，我们可能爬不上去。
Zhè zuò shān tài gāo le, wǒmen kěnéng pá bu shàngqù.

오늘 숙제가 많아서, 한 시간에는 다 할 수 없습니다.

영화가 다섯 시 반에야 끝나서, 여섯 시 이전에 돌아 올 수 없습니다.

이 산은 너무 높아서, 우리가 아마도 올라갈 수 없을 듯합니다.

의문문 S + [V 得 / 不 C] + 吗?

老师讲的语法你听得懂吗?
Lǎoshī jiǎng de yǔfǎ nǐ tīng de dǒng ma?

老师讲的语法你听不懂吗?
Lǎoshī jiǎng de yǔfǎ nǐ tīng bu dǒng ma?

선생님이 강의하신 문법 알아들을 수 있어요?

선생님이 강의하신 문법 알아들을 수 없어요?

S + [V 得 C] + [V 不 C]?

A: 老师讲的语法你听得懂听不懂?
　　Lǎoshī jiǎng de yǔfǎ nǐ tīng de dǒng tīng bu dǒng?

B: 我听得懂。/ 我听不懂。
　　Wǒ tīng de dǒng. / Wǒ tīng bu dǒng.

A: 晚饭以前你回得来回不来?
　　Wǎnfàn yǐqián nǐ huí de lái huí bu lái?

B: 我回得来。/ 我回不来。
　　Wǒ huí de lái. / Wǒ huí bu lái.

▶ 일반적으로 가능보어의 의문문은 긍정부정의문문 형식이 주로 사용된다.
선생님이 강의하신 문법 알아들을 수 있어요 없어요?

알아 들을 수 있습니다/알아 들을 수 없습니다.

저녁 식사 이전에 돌아올 수 있어요 없어요?

돌아올 수 있습니다/돌아올 수 없습니다.

동사가 목적어와 가능보어를 동시에 수반할 때, 목적어는 일반적으로 가능보어 뒤에 출현한다. 목적어가 비교적 길거나 강조하고자 할 때 문장 앞에 출현할 수 있다.

天太黑了，我看不清楚墙上的字。
Tiān tài hēi le, wǒ kàn bu qīngchu qiáng shàng de zì.

天太黑了，墙上的字我看不清楚。
Tiān tài hēi le, qiáng shàng de zì wǒ kàn bu qīngchu.

날이 너무 어두워, 벽의 글자를 잘 볼 수 없습니다.

날이 너무 어두워, 벽의 글자는 잘 볼 수 없습니다.

> **TIP** 가능보어와 상태보어의 구조 비교
>
> | | 가능보어 | 상태보어 |
> | --- | --- | --- |
> | 긍정문 | 他汉语学得好。 | 他汉语学得很好。 |
> | 부정문 | 他汉语学不好。 | 他汉语学得不好。 |
> | 긍정부정의문문 | 他汉语学得好学不好? | 他汉语学得好不好? |

3 특징

(1) 가능보어의 사용

가능보어는 주로 부정 형식(동사-不-가능보어)을 사용한다. 긍정 형식(동사-得-가능보어)은 주로 의문문에서 사용하며, 평서문에 긍정 형식을 사용하는 경우는 주로 대답할 때이다.

> A: 美国电影你听得懂吗?
> Měiguó diànyǐng nǐ tīng de dǒng ma?
>
> B: 听得懂。Tīng de dǒng.
>
> A: 明天的会议你去得了去不了?
> Míngtiān de huìyì nǐ qù de liǎo qù bu liǎo?
>
> B: 去得了。Qù de liǎo.

A: 미국 영화는 알아 들을 수 있습니까?

B: 알아 들을 수 있습니다.

A: 내일 회의에 갈 수 있나요 없나요?

B: 갈 수 있습니다.

(2) 가능보어와 조동사 '能'

'V+得+C'는 '能+V+C'와 마찬가지로 어떤 동작의 결과를 만들어 낼 수 있는 능력이나 객관적인 조건이 있는지를 나타낼 수 있다.

> 今天的作业不多，半个小时做得完。
> Jīntiān de zuòyè bù duō, bàn ge xiǎoshí zuò de wán.
>
> 今天的作业不多，半个小时能做完。
> Jīntiān de zuòyè bù duō, bàn ge xiǎoshí néng zuòwán.

오늘 숙제가 많지 않아, 반 시간이면 다 할 수 있습니다.

오늘 숙제가 많지 않아, 반 시간이면 마칠 수 있습니다.

그러나 '불허'의 의미를 나타낼 때는 '不能'만 사용할 수 있으며, 가능보어의 부정형은 사용할 수 없다.

> 外面很冷，你又在发烧，不能出去。
> Wàimian hěn lěng, nǐ yòu zài fāshāo, bù néng chūqu.
>
> *外面很冷，你又在发烧，出不去。

바깥은 춥고, 너는 열도 나잖니. 나가면 안 돼.

> **TIP** 가능보어와 조동사
>
> 어떤 동작의 결과를 만들어 낼 수 있는 능력이나 객관적인 조건이 있는지 여부를 나타낼 수 있는 형식은 다음 두 가지이다.
>
> | | 능력·조건 있음(~할 수 있다) | 능력·조건 없음(~할 수 없다) |
> |------|---------------------------|---------------------------|
> | 가능보어 | V+得+C ⇔ V+得+很+C | V+不+C |
> | 조동사 | 能+V+C | 不+能+V+C |
>
> 그러나 실제 언어 환경에서 능력·조건이 있음을 나타낼 때는 '能+V+C'를 주로 사용하고, 능력·조건이 없음을 나타낼 때는 'V+不+C'를 주로 사용한다. 이는 'V+得+C'는 'V+得+很+C'와 형식적으로 유사하고, '不+能+V+C' 형식은 '불허'의 의미도 나타낼 수 있기 때문이다.

4 자주 사용하는 가능보어 형식

(1) V + 得/不 + 了 liǎo

① 동작이나 행위의 실현 가능 여부를 나타낸다.

我牙很疼，吃不了硬的。
Wǒ yá hěn téng, chī bu liǎo yìng de.
나는 이가 아파서, 딱딱한 건 먹을 수 없습니다.

下雨了，踢不了足球了。
Xià yǔ le, tī bu liǎo zúqiú le.
비가 와서, 축구를 할 수 없게 되었습니다.

麦克今天病得很厉害，上不了课了。
Màikè jīntiān bìng de hěn lìhai, shàng bu liǎo kè le.
마이크는 오늘 병이 심해서, 수업에 올 수 없게 되었습니다.

你一个人吃得了这么多菜吗?
Nǐ yí ge rén chī de liǎo zhème duō cài ma?
당신 혼자 이렇게 많은 음식을 먹을 수 있나요?

A: 玛丽的生日晚会，你去得了吗?
Mǎlì de shēngrì wǎnhuì, nǐ qù de liǎo ma?
A: 메리의 생일파티에 갈 수 있어요?

B: 晚上我有事，恐怕去不了了。
Wǎnshang wǒ yǒu shì, kǒngpà qù bu liǎo le.
B: 저녁에 일이 있어서, 아마도 갈 수 없게 될 듯해요.

② '完'의 의미로 사용되기도 한다.

A: 你点这么多菜，咱们俩吃得了吗? (=吃得完)
Nǐ diǎn zhème duō cài, zánmen liǎ chī de liǎo ma?
A: 이렇게 많은 음식을 시키면, 우리 둘이 다 먹을 수 있을까요?

B: 吃不了可以打包带走啊! (=吃不完)
Chī bu liǎo kěyǐ dǎbāo dàizǒu a!
B: 다 못 먹으면 포장해서 가져가면 되지요.

③ 성질이나 상태가 어떠하리라는 추측을 나타낸다.

他的病好得了吗?
Tā de bìng hǎo de liǎo ma?
그의 병은 나을 수 있습니까?

看样子，她的行李轻不了。
Kànyàngzi, tā de xíngli qīng bu liǎo.
보아하니, 그녀의 짐은 가벼울 리 없어요.

那个演员演技不好，火不了。
Nà ge yǎnyuán yǎnjì bù hǎo, huǒ bu liǎo.
저 배우는 연기력이 안 좋아서, 인기를 얻을 수 없어요.

(2) V + 得 / V + 不 + 得

어떤 이유 혹은 원인으로 인한 동작이나 행위의 실현 가능 여부를 나타낸다.

这东西吃得。Zhè dōngxi chī de. (=能吃)
이 음식은 먹을 수 있습니다.

那个地方去得。Nàge dìfang qù de. (=能去)
그 곳은 갈 수 있습니다.

这种东西吃不得，有毒。
Zhè zhǒng dōngxi chī bu de, yǒu dú.

那个地方去不得，很不安全。
Nàge dìfang qù bu de, hěn bù ānquán.

爷爷身体不好，他住的房间冷不得。
Yéye shēntǐ bù hǎo, tā zhù de fángjiān lěng bu de.

▶ '吃得', '去得'는 방언에서 흔히 사용한다.

이런 음식은 먹을 수 없습니다. 독이 있습니다.

그 곳은 갈 수 없습니다. 매우 안전하지 않습니다.

할아버지는 건강이 안 좋으셔서, 거처하시는 방이 추우면 안 됩니다.

> **TIP** 来不及와 对不起
>
> 来不及(~할 시간이 없다. 제 시간에 댈 수 없다 ⇔ 来得及)와 对不起(미안하다 ⇔ 对得起)는 가능보어의 구조를 가지고 있지만 상응하는 '동사-결과보어' 형식(*来及, *对起)이 없는 일종의 관용구이다.

도전 실전 문제

다음 문장을 제시된 조건에 맞게 바꾸어 봅시다.

1. 今天的作业我做得完。
   ➡ 부정문

2. 他看不懂中国电影。
   ➡ 긍정부정의문문

3. 你一个人吃得了这么多的菜吗?
   ➡ 부정문

UNIT 6 시량보어

시량보어는 서술어의 동작, 상태가 지속된 시간의 길이를 설명하는 성분이다.

1 의미

동작 또는 상태가 지속된 시간의 길이를 나타내며 일반적으로 시간량을 나타내는 어구가 담당한다.

동작 지속시간량 他学汉语学了两年。 Tā xué Hànyǔ xuéle liǎng nián.
그는 중국어를 2년 배웠습니다.

동작 지속시간량 走十分钟就能到。 Zǒu shí fēnzhōng jiù néng dào.
걸어서 10분이면 도착할 수 있습니다.

상태 지속시간량 我忙了一天。 Wǒ mángle yì tiān.
나는 하루종일 바빴습니다.

> **TIP** 시간량을 나타내는 단어
> 一年 一个月 一(个)星期 一天
> 一(个)小时 (= 一个钟头) 一刻钟 一分钟 一秒钟
> 一个上午 一个下午 一个晚上 一夜
> 一会儿 好久 一个学期

▶ 수사와의 결합 시 양사 '个'의 사용(반드시 사용해야 하는 경우, 사용이 불가능한 경우)에 주의해야 함.

> **TIP** 시점과 시간량
> 시점은 어떤 한 구체적인 시간(예를 들면 오전 11시, 오후 1시)을 나타내고, 시간량은 시간의 한 구간(예를 들면 30분, 10시간)을 나타낸다. 시간량을 나타내는 단어만이 동사 뒤에 쓰여 시량보어가 될 수 있다.
> 시점을 물을 때는 '几点 몇 시', '什么时候 언제'를 사용하고, 시간량을 물을 때는 '几个小时 몇 시간', '多长时间 얼마나 오랜 시간/얼마동안' 등을 사용한다.
>
> A: 你一般几点睡觉? Nǐ yìbān jǐ diǎn shuìjiào?
> B: 我一般十点睡觉。 Wǒ yìbān shí diǎn shuìjiào.
>
> A: 你打算什么时候结婚? Nǐ dǎsuan shénme shíhòu jiéhūn?
> B: 我打算明年五月结婚。 Wǒ dǎsuan míngnián wǔ yuè jiéhūn.
>
> A: 你昨晚睡了几个小时? Nǐ zuówǎn shuì le jǐ ge xiǎoshí?
> B: 我昨晚只睡了四个小时。 Wǒ zuówǎn zhǐ shuì le sì ge xiǎoshí.
>
> A: 你学了多长时间汉语? Nǐ xué le duō cháng shíjiān Hànyǔ?
> B: 我学了三年汉语。 Wǒ xué le sān nián Hànyǔ.

 시점과 시간량에 대해서는 158쪽 (2) 시간명사를 참조하세요.

일반적으로 몇 시에 자나요?
일반적으로 열시에 잡니다.

언제 결혼할 예정인가요?
내년 5월에 결혼할 예정입니다.

어젯밤 몇 시간 잤어요?
어젯밤에 네시간밖에 못 잤습니다.

중국어를 얼마동안 배웠나요?
중국어를 3년 배웠습니다.

2 구조

시량보어가 있는 문장은 동사 뒤에 목적어의 출현 여부에 따라 구조가 달라진다.

긍정문 S + V + C。

我们休息十分钟。 Wǒmen xiūxi shí fēnzhōng. — 우리 10분 쉬어요.

那个问题我想了好几天。 Nàge wèntí wǒ xiǎngle hǎo jǐ tiān. — 그 문제는 내가 며칠 동안을 생각했습니다.

부정문 S + 没 + V + C。

我没休息两天，只休息了一天。
Wǒ méi xiūxi liǎng tiān, zhǐ xiūxī le yì tiān. — 나는 이틀 쉬지 않았고, 겨우 하루 쉬었습니다.

동사가 목적어와 시량보어를 동시에 수반할 때 목적어의 성격에 따라 다음과 같은 어순을 갖는다.

목적어가 보통명사
S + V + O + V + C。
= S + V + C + (的) + O。
= O + S + V + C。

A: 你学汉语学了多长时间？
Nǐ xué Hànyǔ xué le duō cháng shíjiān? — 중국어를 얼마동안 배웠나요?

= 你学了多长时间(的)汉语？
Nǐ xué le duō cháng shíjiān (de) Hànyǔ?

B: 我学汉语学了六个月。
Wǒ xué Hànyǔ xué le liù ge yuè. — 중국어를 6개월 배웠습니다.

= 我学了六个月(的)汉语。
Wǒ xué le liù ge yuè (de) Hànyǔ.

= 汉语我学了六个月。
Hànyǔ wǒ xué le liù ge yuè.

목적어가 인칭대체사
S + V + O(인칭대체사) + C。

我等你半天了！(=我等你等了半天了！) — 내가 너 한참 기다렸어!
Wǒ děng nǐ bàntiān le!

3 경과량

시량보어는 '毕业', '下课', '到', '来', '去', '离开', '认识', '结婚' 등과 같은 순간동사(비지속동사)와도 결합하는데 이 경우 동작 발생 후 경과된 시간을 나타냅다.

他来中国半年了。 Tā lái Zhōngguó bàn nián le.

我们已经下课二十分钟了。 Wǒmen yǐjīng xiàkè èrshí fēnzhōng le.

我们俩才认识一个星期。 Wǒmén liǎ cái rènshi yí ge xīngqī.

그는 중국에 온 지 반 년 되었습니다.

우리는 수업 끝난 지 이미 20분이 지났습니다.

우리 둘은 만난 지 겨우 1주일 됐습니다.

경과량을 나타내는 시량보어 문장은 동사를 중복할 수 없다.

* 他来中国来半年了。
* 我们已经下课下二十分钟了。

4 '了'와 동작의 지속 상황

시량보어가 있는 문장에서 동사와 문장 끝에 조사 '了'가 있으면 동작이 끝나지 않고 현재도 여전히 진행 중임을 나타낸다.

我看了一个小时电视。 Wǒ kànle yí ge xiǎoshí diànshì.

我看了一个小时电视了。 Wǒ kànle yí ge xiǎoshí diànshì le.

한 시간 동안 TV를 봤습니다.
▶ 지금은 안 봄.

한 시간 동안 TV를 보고 있습니다. ▶ 지금도 보고 있음.

도전 실전 문제

주어진 단어를 배열하여 문장을 만들어 봅시다.

1. 我们 / 休息 / 十分钟 。
   ➡ _____

2. 你 / 学 / 汉语 / 学了 / 多长时间 / ?
   ➡ 你 _____

3. 我 / 等 / 了 / 你 / 半天 / !
   ➡ 我 _____

4. 我 / 来 / 了 / 半年 / 中国 / 。
   ➡ 我 _____

 # 동량보어, 차량보어

동량보어는 동사서술어의 동작 또는 행위의 횟수를 설명하는 성분이고, 차량보어는 사물 간 수량·정도의 차이를 비교하는 성분이다.

1 동량 보어

(1) 의미

수량보어 중 동사서술어 뒤에 위치하여 동작이나 행위의 횟수를 나타내는 성분을 동량보어라고 한다. 동량보어는 수사와 동량사로 이루어진다.

 동량사의 종류에 대해서는 207쪽 (2) 동량사를 참조하세요.

(2) 구조

긍정문 S + V + C。

你稍等一下。 Nǐ shāo děng yíxià. 　　잠시 좀 기다리세요.

我去过一次中国。 Wǒ qùguo yí cì Zhōngguó. 　　중국에 한 번 가봤습니다.

这部电影我看了两遍。 　　이 영화 나는 두 번 봤습니다.
Zhè bù diànyǐng wǒ kànle liǎng biàn.

부정문 S + 没 + V + C。

我没去三次，只去了一次。 　　나는 세 번 가지 않았고, 겨우 한 번 갔습니다.
Wǒ méi qù sān cì, zhǐ qùle yí cì.

这首歌我在电视上听过几次，可是从来没听完一遍。 　　이 노래는 내가 TV에서 몇 번 들은 적이 있습니다만, 한 번도 (처음부터 끝까지) 다 듣지는 않았습니다.
Zhè shǒu gē wǒ zài diànshì shàng tīngguo jǐ cì, kěshì cónglái méi tīngwán yí biàn.

동량보어가 있는 문장은 일반적으로는 부정 형식을 사용하지 않으나, 동작 발생 횟수를 부정하고자 할 때는 동사 앞에 부정부사 '没'를 사용한다(没去三次/没听完一遍).

(3) 목적어의 위치

동사가 목적어와 동량보어를 동시에 수반할 때, 목적어의 성격에 따라 다음과 같은 어순을 갖는다.

목적어가 보통명사 S + V + 了/过 + C + O 。

她读了两遍课文了。Tā dúle liǎng biàn kèwén le.

我吃过一次北京烤鸭。Wǒ chīguo yí cì Běijīng kǎoyā.

그녀는 본문을 두 번 읽었습니다.

北京오리구이를 한 번 먹어 봤습니다.

목적어가 지명, 인명 S + V + 了/过 + C + O 。
= S + V + 了/过 + O + C 。

我喊了两回玛丽。(=我喊了玛丽两回。)
Wǒ hǎnle liǎng huí Mǎlì.

我来过一次中国。(=我来过中国一次。)
Wǒ láiguo yí cì Zhōngguó.

메리를 두 번 불렀습니다.

중국에 한 번 와 봤습니다.

목적어가 인칭대체사 S + V + 了/过 + O인칭대체사 + C 。

我去医院看了他一次。　　　＊我去医院看了一次他。
Wǒ qù yīyuàn kànle tā yí cì.

他来找过你两回。　　　　　＊他来找过两回你。
Tā lái zhǎoguo nǐ liǎng huí.

병원에 그를 보러 한 번 갔습니다.

그가 당신을 두 번 찾아 왔었습니다.

기타 O + S + V + 了/过 + C 。

목적어가 주어 앞에 위치하는 구조도 자주 볼 수 있다. 목적어가 한정적인 사물인 경우 주로 문장 앞에 위치한다.

这本书我看过三遍了。
Zhè běn shū wǒ kànguo sān biàn le.

西安我去过一次，但是只待了两天。
Xī'ān wǒ qùguo yí cì, dànshì zhǐ dāi le liǎng tiān.

이 책 나는 세 번 봤습니다.

西安은 한 번 가봤지만, 이틀 밖에 안 머물렀습니다.

2 차량보어(비교수량보어)

(1) 의미

동사서술어 혹은 형용사서술어 뒤에서 사물 간 수량, 정도의 구체적 차이를 비교하는 성분을 말한다. 주로 '比' 구문과 의미상의 비교문에서 사용된다.

(2) 구조

① '比' 구문

S + 比 + N + A + C 。

차량보어가 구체적인 수를 나타내는 경우

这个比那个便宜50元。Zhège bǐ nàge piányi wǔshí yuán.

我比他大三岁。Wǒ bǐ tā dà sān suì.

我比他多买了两斤。Wǒ bǐ tā duō mǎile liǎng jīn.

你以后少说几句吧。Nǐ yǐhòu shǎo shuō jǐ jù ba.

他比我早毕业两年。Tā bǐ wǒ zǎo bìyè liǎng nián.

他比我晚来半个小时。Tā bǐ wǒ wǎn lái bàn ge xiǎoshí.

이것이 저것보다 50위안 쌉니다.

나는 그보다 세 살 많습니다.

나는 그보다 두 근 더 샀습니다.

앞으로 좀 적게 말하세요.

그는 나보다 2년 일찍 졸업합니다.

그는 나보다 30분 늦게 옵니다.

차량보어가 어림수를 나타내는 경우

猪肉比牛肉便宜一点儿。
Zhūròu bǐ niúròu piányi yìdiǎnr.

为什么这件比那件贵一些?
Wèishénme zhè jiàn bǐ nà jiàn guì yìxiē?

大卫100公斤，我60公斤，大卫比我重得多。
Dàwèi yìbǎi gōngjīn, wǒ liùshí gōngjīn, Dàwèi bǐ wǒ zhòng de duō.

今天零下10度，昨天零上3度，今天比昨天冷多了。
Jīntiān língxià shí dù, zuótiān língshàng sān dù, jīntiān bǐ zuótiān lěng duō le.

돼지고기가 소고기보다 좀 쌉니다.

왜 이 옷이 저 옷보다 좀 비싼가요?

데이빗은 100kg이고, 나는 60kg입니다. 데이빗이 나보다 훨씬 무겁습니다.

오늘은 영하 10도이고, 어제는 영상 3도였습니다. 오늘이 어제보다 훨씬 춥습니다.

② 의미상의 비교문

火车晚点了一刻钟。Huǒchē wǎndiǎn le yí kè zhōng.

我早来了二十分钟。Wǒ zǎo láile èrshí fēnzhōng.

기차가 15분 지연되었습니다.

나는 20분 일찍 왔습니다.

> **TIP 보어의 분류**
>
> 보어는 크게 '전형적인 보어'와 '비전형적인 보어'로 분류할 수 있다. 전형적인 보어에는 결과보어, 방향보어, 상태보어, 정도보어, 가능보어가 있으며, 비전형적인 보어에는 동사 또는 형용사 뒤에 오는 수량성분인 시량보어, 동량보어, 차량보어가 있다. 전형적인 보어는 다시 구조조사 '得'를 사용하는 경우와 사용하지 않은 경우로 구분할 수 있다.
>
> | | VC식 | V得C식 |
> |---|---|---|
> | 전형적인 보어 | 1) 동사+결과보어
2) 동사+방향보어 | 3) 동사+得+상태보어
(동사[+得]+정도보어)
4) 동사+得+가능보어 |
> | 비전형적인 보어 | 5) 동사+수량보어
①시량보어
②동량보어
③차량보어 | |

> **TIP** '동사'와 '서술어'
>
> 중국어 문법에서 '동사' 혹은 'V'는 일반적으로 '동사'를 지칭하지만, 일부 특정한 상황에서는 '형용사'를 포함한 말로 사용하기도 한다. VC구조를 '동보구조' 혹은 '술보구조'라고 하는데 이때 '동' 혹은 '술'이 가리키는 것은 '동사'와 '형용사'를 둘 다 지칭하는 명칭이라 할 수 있다.
>
> 동사 뒤에 오는 성분으로는 보어 외에 목적어가 있는데, 이 둘은 역할과 담당하는 성분에 있어 차이가 있다. 목적어는 일반적으로 동작과 관련된 대상으로 체언성 성분이 대부분이며, 보어는 동작이나 상태 혹은 그와 관련된 대상에 대해 보충 설명하는 용언성 성분을 말한다.
>
> 我们都做完了作业。
>   보어 목적어

우리 모두 숙제를 다 했습니다.

도전 실전 문제

주어진 단어를 알맞은 곳에 넣어 문장을 만들어 봅시다.

1. [一次] 我 吃 过 北京烤鸭 。
   ➡ _____

2. [两回] 他 来 找 过 你 。
   ➡ _____

3. [一点儿] 猪肉 比 牛肉 便宜 。
   ➡ _____

1. 괄호에 들어갈 알맞은 말을 보기에서 골라 봅시다.

   보기
   > 단어　보어　주어　품사　관형어　목적어　부사어　서술어　문장성분

   1) 문장에서 문법적 기능과 작용을 하는 단어와 구를 '(　　　)'이라 한다.

   2) (　　　)란 한 문장에서 주어에 대해 진술하는 부분으로 주어의 동작, 상태, 성질 따위를 서술하는 말을 가리킨다.

   3) (　　　)란 문장에서 서술어 뒤에 출현하여 결과, 방향, 상태, 정도, 가능, 수량 등을 보충하는 성분이다.

2. 괄호에 들어갈 알맞은 단어를 보기에서 골라 봅시다.

   보기
   > 出　回　来　去　上　出去　过来　起来

   1) 你们都进(　　)吧。

   2) 他想(　　)了一个好办法。

   3) 天亮(　　)了。

3. 주어진 단어를 알맞게 배열하여 문장을 만들어 봅시다.

   1) 我 / 得 / 很 / 慢 / 写 / 汉字 / 。

   ➡ 我 _____

   2) 我们 / 了 / 问 / 不少 / 老师 / 问题 / 。

   ➡ 我们 _____

   3) 我们 / 吧 / 歇 / 在 / 这儿 / 一会儿 / 。

   ➡ 我们 _____

4. 다음 문장을 제시된 조건에 맞게 바꾸어 봅시다.

　　1) 我听懂了你的话。

　　　⇒ 부정문 _____

　　2) 我写得不好。

　　　⇒ 긍정문 _____

　　3) 兔子跑得很快。

　　　⇒ '吗'의문문 _____

5. 다음 단어를 이용하여 문장을 만들어 봅시다.

　　1) 广州의 여름은 무지하게 덥습니다. (得/要命)

　　　⇒ _____

　　2) 오늘 숙제가 많아서, 1시간에는 다 할 수 없습니다. (不/完)

　　　⇒ _____

　　3) 이 영화 나는 두 번 봤어. (遍)

　　　⇒ _____

6. 다음 문장의 잘못된 부분을 찾아 고쳐 봅시다.

　　1) 他跑回去学校了。

　　　⇒ _____

　　2) 外面很冷, 你又在发烧, 出不去。

　　　⇒ _____

　　3) 他来找过两回你。

　　　⇒ _____

MEMO

상(동태)

상(aspect, 动态)이란 문장 중의 주요 동사가 나타내는 사건, 상황이 어떤 상태('시작되었음, 진행 중임, 지속되고 있음, 완료되었음' 등과 같은 상태)에 있는가를 나타내는 문법 형식이다.

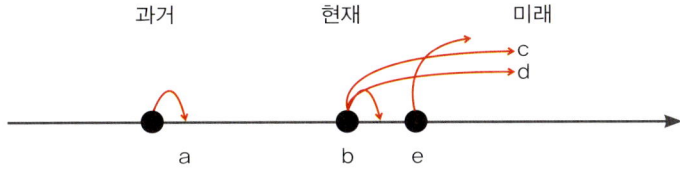

a. **경험** 과거에 동작이 발생하였음.
b. **완료** 동작 발생 후 완료됨.
c. **지속** 동작 발생 후 지속됨.
  (운동성 없음 – 스틸컷 같은 느낌.)
d. **진행** 동작 발생 후 진행 중임.
  (운동성 있음 – 동영상 같은 느낌.)
e. **임박** 가까운 미래에 동작이 발생할 것임.

중국어의 전형적인 상으로는 '완료상·경험상·지속상·진행상·임박상'이 있고, 이외에도 '시작상·계속상·순간상·근과거상' 등이 있다.

UNIT 1 완료상1
UNIT 2 완료상2
UNIT 3 경험상
UNIT 4 지속상
UNIT 5 진행상
UNIT 6 임박상
UNIT 7 기타 상

UNIT 1 완료상1

완료상1은 동작의 완료 또는 실현을 나타낸다.

了: S + V + 了 + O。

동작의 완료 또는 실현이나 사건, 상황의 변화 또는 발생을 나타내는 완료상은 조사 '了'를 동사 뒤나 문장 끝에 사용하여 나타낸다.
동사 뒤에 출현하는 경우를 '了₁'이라 부르고, 문장 끝에 출현하는 경우를 '了₂'라고 부른다.

1 구조

동작의 완료 또는 실현은 'V+了₁' 형식으로 나타내며 긍정문, 부정문, 의문문의 구조는 다음과 같다.

[긍정문] S + V + 了 + O。

我买了两张中国地图。 Wǒ mǎile liǎng zhāng Zhōngguó dìtú.   중국 지도를 두 장 샀습니다.

[부정문] S + 没(有) + V + O。

我没买中国地图。 Wǒ méi mǎi Zhōngguó dìtú.   중국 지도를 사지 않았습니다.

[의문문] S + V + 了 + O + 吗?

你买了中国地图吗? Nǐ mǎile Zhōngguó dìtú ma?   중국 지도를 샀나요?

S + V + 没(有) + V + O?

你买没买中国地图? Nǐ mǎi méi mǎi Zhōngguó dìtú?   중국 지도를 샀나요 사지 않았나요?

S + V + 了 + O + 没有?

你买了中国地图没有? Nǐ mǎile Zhōngguó dìtú méiyǒu?   중국 지도를 샀나요 사지 않았나요?

2 특징

중국어에서 완료상은 동작이 발생한 시간과는 필연적 관계가 없다. 즉 '了₁'은 과거, 현재, 미래 어느 때 일어난 동작이든 다 사용할 수 있다.

▶ 중국어에서 시제는 시간을 나타내는 단어(昨天, 明天)로 나타낸다.

과거 我昨天看了那部电影。
Wǒ zuótiān kànle nà bù diànyǐng.

어제 그 영화를 봤습니다.

현재 你看，前面来了一辆出租车。
Nǐ kàn, qiánmiàn láile yí liàng chūzūchē.

봐요, 앞에 택시 한 대가 왔어요.

미래 明天我下了课就去找你吧。
Míngtiān wǒ xiàle kè jiù qù zhǎo nǐ ba.

내일 수업 끝나고 바로 당신을 찾아 갈게요.

'V+了₁' 뒤에 출현하는 목적어의 앞에는 반드시 지시대체사나 수량사 등과 같은 수식 성분이 있어야 한다.

我看了一部电影。 　　　　　　　　　＊ 我看了电影。
Wǒ kànle yí bù diànyǐng.

영화를 한 편 봤습니다.

我已经买了那本书。 　　　　　　　　＊ 我已经买了书。
Wǒ yǐjīng mǎile nà běn shū.

그 책을 이미 샀습니다.

그러나 다음과 같이 '我看了电影'과 '我已经买了书' 뒤에 다른 문장이 이어지면 수식 성분이 없이도 문장이 성립한다.

我看了电影，然后又去书店买了书。
Wǒ kànle diànyǐng, ránhòu yòu qù shūdiàn mǎile shū.

영화를 보고, 그 다음에 또 서점에 가서 책을 샀습니다.

我已经买了书，不用再去书店了。
Wǒ yǐjīng mǎile shū, búyòng zài qù shūdiàn le.

이미 책을 샀으니, 또다시 서점에 갈 필요가 없습니다.

3 '了₁'을 사용할 수 없는 경우

(1) 동작, 행위를 나타내지 않는 동사

> 是　像　在　觉得　适合　属于　喜欢　需要　以为
> 显得　知道　值得　등

上小学的时候，我喜欢我们班的一个女同学。
Shàng xiǎoxué de shíhou, wǒ xǐhuan wǒmen bān de yí ge nǚtóngxué.

초등학교 다닐 때, 나는 우리 반의 여학생 한 명을 좋아했습니다.

　＊ 上小学的时候，我喜欢了我们班的一个女同学。

(2) 조동사 뒤

> 想　要　能　会　可以　应该　得　등

我**想**去中国。　　　　　　　　　　　　＊ 我想了去中国。
Wǒ xiǎng qù Zhōngguó.

나는 중국에 가고 싶습니다.
▶ 想은 조동사 '~하고 싶다'라는 뜻임.

我**想了**很久才明白了。
Wǒ xiǎngle hěn jiǔ cái míngbaile.

나는 한참을 생각하고서야 비로소 이해했습니다.
▶ 이때 想은 동사 '생각하다'로 쓰였음.

(3) 동사 뒤에 동사(구)나 절이 목적어로 출현할 경우

> 答应　发现　感到　告诉　决定　开始　看见　听说
> 同意　希望　喜欢　愿意　등

他已经**决定**去中国旅行。
Tā yǐjīng juédìng qù Zhōngguó lǚxíng.

＊ 他已经决定了去中国旅行。

그는 이미 중국에 여행가기로 결정했습니다.

我刚才**看见**他在图书馆看书。
Wǒ gāngcái kànjiàn tā zài túshūguǎn kàn shū.

＊ 我刚才看见了他在图书馆看书。

아까 그가 도서관에서 책을 읽는 것을 봤습니다.

麦克**告诉**我这家餐厅很好吃。
Màikè gàosu wǒ zhè jiā cāntīng hěn hǎochī.

＊ 麦克告诉了我这家餐厅很好吃。

마이크가 나에게 이 식당이 아주 맛있다고 알려줬습니다.

希望我能再见到你。
Xīwàng wǒ néng zài jiàndào nǐ.

＊ 希望了我能再见到你。

다시 뵐 수 있기를 희망합니다.

(4) 연동문이나 겸어문의 첫번째 동사 뒤

我昨天**去**中国银行**取了**点儿钱。
Wǒ zuótiān qù Zhōngguó Yínháng qǔle diǎnr qián.

＊ 我昨天去了中国银行取点儿钱。

어제 中国은행에 가서 돈을 조금 찾았습니다.

公司**派**她**去了**中国参加会议。
Gōngsī pài tā qùle Zhōngguó cānjiā huìyì.

＊ 公司派了她去中国参加会议。

회사에서 그녀를 중국으로 파견해 회의에 참석하도록 했습니다.

请他给我们订火车票。
Qǐng tā gěi wǒmen dìng huǒchēpiào.

* 请了他给我们订火车票。

그에게 우리 기차표를 예약해 달라고 부탁해요.

(5) 동사 앞에 '每天, 常常, 经常, 一直, 总是' 등과 같은 습관적이거나 지속적임을 나타내는 부사가 출현할 경우

我每天只吃一顿饭。
Wǒ měitiān zhǐ chī yí dùn fàn.

* 我每天只吃了一顿饭。

나는 매일 한 끼만 먹습니다.

高中的时候我常常参加汉语演讲比赛。
Gāozhōng de shíhou wǒ chángcháng cānjiā Hànyǔ yǎnjiǎng bǐsài.

* 高中的时候我常常参加了汉语演讲比赛。

고등학교때 나는 중국어웅변대회에 자주 나갔습니다.

(6) '说, 讲, 问, 回答' 등과 같은 직접 인용과 간접 인용을 나타내는 동사 뒤

老师说：“明天不考试。”
Lǎoshī shuō: "Míngtiān bù kǎoshì."

* 老师说了：“明天不考试。”

선생님이 '내일은 시험 안 봅니다'라고 말했습니다.

妈妈问：“你去哪儿？”
Māma wèn: "Nǐ qù nǎr?"

* 妈妈问了：“你去哪儿？”

어머니가 '어디 가니?'라고 물었습니다.

天气预报说明天有雨，我们改天去好吗？
Tiānqì yùbào shuō míngtiān yǒu yǔ, wǒmen gǎitiān qù hǎo ma?

* 天气预报说了明天有雨，我们改天去好吗？

일기예보에서 내일은 비가 온다고 하니, 우리 다른 날 가는게 좋지 않을까?

도전 실전 문제

다음 문장의 잘못된 부분을 찾아 고쳐 봅시다.

1. 我看了电影。

   ➡ _____

2. 他已经决定了去中国旅行。

   ➡ _____

3. 我每天只吃了一顿饭。

   ➡ _____

완료상2

완료상2는 사건이나 상황의 변화, 발생을 나타낸다.

了 : S + V + O + 了。

1 구조

사건이나 상황의 변화 또는 발생은 'S + ~ + 了₂' 형식으로 나타내며, 긍정문·부정문·의문문의 구조는 다음과 같다.

긍정문 S + V + O + 了。

我买中国地图了。Wǒ mǎi Zhōngguó dìtú le.   나는 중국 지도를 샀습니다.

S + A + 了。

休息的时间少了。Xiūxi de shíjiān shǎo le.   쉬는 시간이 줄었습니다.

S + N + 了。

今年他二十了。Jīnnián tā èrshí le.   올해 그는 스무 살이 되었습니다.

부정문 S + 没(有) + V + O。

我没买中国地图。Wǒ méi mǎi Zhōngguó dìtú.   나는 중국 지도를 사지 않았습니다.

의문문 S + V + O + 了 + 吗?

你买中国地图了吗? Nǐ mǎi Zhōngguó dìtú le ma?   너는 중국 지도를 샀니?

S + A + 了 + 吗?

休息的时间少了吗? Xiūxi de shíjiān shǎo le ma?   쉬는 시간이 줄었니?

S + N + 了 + 吗?

今年他二十了吗? Jīnnián tā èrshí le ma?   올해 그는 스무 살이 되었니?

S + V + O + 了 + 没有?

你买中国地图了没有? Nǐ mǎi Zhōngguó dìtú le méiyǒu?   너는 중국 지도를 샀니 안 샀니?

2 '了₂'를 사용하는 경우

문장 끝에 사용하는 '了₂'는 동사(구) 뿐만 아니라, 형용사나 명사와도 결합할 수 있다.

S + V (+ O) + 了。

花开了。Huā kāi le.
꽃이 피었습니다.
▶ 예전에는 꽃이 피지 않았다.

他工作了。Tā gōngzuò le.
그는 일을 하게 되었습니다.
▶ 예전에 그는 직업이 없었다.

我买中国地图了。
Wǒ mǎi Zhōngguó dìtú le.
나는 중국 지도를 샀습니다.
▶ 예전에 나는 지도를 사지 않았다.

我知道那个秘密了。
Wǒ zhīdào nàge mìmì le.
나는 그 비밀을 알게 되었습니다.
▶ 예전에 나는 그 비밀을 몰랐다.

S + A + 了。

休息的时间少了。Xiūxi de shíjiān shǎo le.
쉬는 시간이 줄었습니다.
▶ 예전에는 쉬는 시간이 길었다.

S + N + 了。

今年他二十了。Jīnnián tā èrshí le.
올해 그는 스무 살이 되었습니다.
▶ 작년에 그는 열아홉 살이었다.

'了₂'는 부정문의 문장 끝에도 사용할 수 있는데 역시 변화의 의미를 갖는다.

现在他不工作了。
Xiànzài tā bù gōngzuò le.
지금 그는 더이상 일을 하지 않습니다.
▶ 예전에 그는 일을 했다.

我今天身体不太舒服，不去了。
Wǒ jīntiān shēntǐ bú tài shūfu, bú qù le.
오늘 몸이 그다지 좋지 않아 안 가기로 했다.
▶ 원래 가려고 했지만, 지금은 가지 않으려고 한다.

'要, 就要, 快(要)' 등과 함께 장차 동작, 행위, 상태가 발생할 것임을 나타낸다.

我要回家了。Wǒ yào huí jiā le.
나는 곧 집에 갑니다.

同屋明天就要回国了。Tóngwū míngtiān jiù yào huíguó le.
룸메이트가 내일 귀국합니다.

快上车，车快要开了。Kuài shàng chē, chē kuài yào kāi le.
빨리 타세요, 차가 곧 출발합니다.

자세한 내용은 106쪽 임박상을 참조하세요.

3 '了₁', '了₂'의 동시 사용

완료를 나타내는 '了₁'과 변화를 나타내는 '了₂'가 한 문장에 함께 출현하는 경우, 동작의 완료와 상황의 변화를 동시에 나타낸다.

(1) 문장 종결

'了₁'이 사용된 문장에서 수식 성분이 없는 목적어가 올 때, 문장 끝에 '了₂'를 사용하여 문장을 종결한다.

我已经做(了)作业了。Wǒ yǐjīng zuò(le) zuòyè le.

我吃(了)饭了。Wǒ chī(le) fàn le.

나는 이미 숙제를 했습니다.

나는 밥을 먹었습니다.

(2) 상황의 지속

'了₁' 뒤에 수량사 혹은 수량사가 포함된 목적어가 오고 문장 끝에 '了₂'가 사용되면 이미 완료된 수량을 나타내거나, 동작이 현재 시점까지 지속된 시간을 나타낸다.

他喝了一瓶(白酒)了。Tā hēle yì píng (báijiǔ) le.

我爸爸学了两年(汉语)了。Wǒ bàba xuéle liǎng nián (Hànyǔ) le.

그는 (고량주를) 한 병 마셨습니다.
▶ 한 병째 마심.

우리 아버지는 (중국어를) 2년 배웠습니다.
▶ 2년째 배우고 있음.

 도전 실전 문제

주어진 단어를 배열하여 문장을 만들어 봅시다.

1. 现在 / 不 / 了 / 他 / 工作 / 。

   ➡ 现在 _____

2. 同屋 / 就 / 了 / 要 / 明天 / 回国 / 。

   ➡ 同屋 _____

3. 他 / 喝 / 了 / 了 / 白酒 / 一瓶 / 。

   ➡ 他 _____

경험상

경험상은 과거에 동작이 발생하였거나 상태가 존재하였으나, 지금은 이러한 동작이 더 이상 진행되지 않거나 상태가 존재하지 않음을 나타낸다.

过: S+V+过+O。

1 의미

(1) 경험

동사 뒤에 사용되어 동작이 발생한 적이 있음을 나타낸다.

那事儿我也听说过。
Nà shìr wǒ yě tīngshuōguo.
그 일은 나도 들어본 적이 있습니다.

他没去过中国。
Tā méi qùguo Zhōngguó.
그는 중국에 가본 적이 없습니다.

你学过汉语吗?
Nǐ xuéguo Hànyǔ ma?
중국어를 배운 적이 있습니까?

(2) 완료

동사 뒤에 사용되어 동작이 완료되었음을 나타낸다. 이때 '了₁', '了₂'와 함께 사용되기도 한다. 완료를 나타내는 '过'는 과거는 물론, 미래의 일에도 사용할 수 있는데, 이러한 기능의 '过'는 결과보어 '完'에 가깝다.

과거 你们吃吧，我已经吃过饭了。
Nǐmen chī ba, wǒ yǐjīng chīguò fàn le.
여러분 드세요, 저는 이미 밥을 먹었습니다.

과거 他们喝过了茶就去书店了。
Tāmen hēguò le chá jiù qù shūdiàn le.
그들은 차를 마시고 나서 서점에 갔습니다.

미래 我们吃过饭再去吧。
Wǒmen chīguò fàn zài qù ba.
우리 밥을 먹고 나서 가요.

> **TIP** 경험과 완료의 过 비교

경험	완료
A: 你吃过北京烤鸭吗? B: 我吃过一次。 B´: 我还没吃过呢，这次去北京一定要吃。	A: 你吃了吗? B: 吃过了。(= 吃完了。) B´: 还没吃呢。
▶ 경험을 나타내는 상조사 '过'는 경성으로 읽는다.	▶ 완료를 나타내는 '过'는 '完'의 의미를 가지며 읽을 때에도 원래 성조인 제4성으로 읽는다.

경험
A: 너 北京오리구이 먹어본 적 있니?
B: 한 번 먹어 봤어.
B´: 난 아직 먹어 본 적 없어, 이번에 北京에 가면 꼭 먹을 거야.

완료
A: (너 밥) 먹었니?
B: 먹었어.
B´: 아직 안 먹었어.

2 구조

과거의 동작 발생이나 상태의 존재는 'V + 过' 형식으로 나타내며, 긍정문·부정문·의문문의 구조는 다음과 같다.

긍정문 S + V + 过 + O。

我去过上海。Wǒ qùguo Shànghǎi.

나는 上海에 가 본 적이 있습니다.

부정문 S + 没(有) + V + 过 + O。

我没去过上海。Wǒ méi qùguo Shànghǎi.

나는 上海에 가 본 적이 없습니다.

의문문 S + V + 过 + O + 吗?

你去过上海吗? Nǐ qùguo Shànghǎi ma?

上海에 가본 적이 있습니까?

S + V + 没(有) + V + 过 + O?

你去没去过上海? Nǐ qù méi qùguo Shànghǎi?

上海에 가본 적이 있습니까 없습니까?

S + V + 过 + O + 没有?

你去过上海没有? Nǐ qùguo Shànghǎi méiyǒu?

上海에 가본 적이 있습니까 없습니까?

3 특징

'过'는 반드시 동사 뒤에 위치하며 연동문에서는 일반적으로 두 번째 동사 뒤에 위치한다.

两年前，他在北京学习过汉语。
Liǎng nián qián, tā zài Běijīng xuéxíguo Hànyǔ.

2년 전, 그는 北京에서 중국어를 배운 적이 있습니다.

我去国外旅行过一次。　　　＊ 我去过国外旅行一次。
Wǒ qù guówài lǚxíng guo yí cì.

나는 외국 여행을 한 번 해봤습니다.

대부분의 동사는 '过'와 함께 사용할 수 있으나, 다음과 같은 인지동사나 반복이 불가능한 순간동사 등은 '过'를 사용하여 경험을 나타낼 수 없다.

> 懂　活　死　忘　毕业　出生　放学　开幕　明白
> 认识　认为　忘记　以为　知道　出发　等

도전 실전 문제

주어진 단어를 배열하여 문장을 만들어 봅시다.

1. 我 / 过 / 没 / 去 / 上海 / 。
   ➡ 我

2. 他们 / 茶 / 过 / 喝 / 就 / 了 / 了 / 去 / 书店 / 。
   ➡ 他们

3. 我 / 过 / 去 / 国外 / 旅游 / 一次 / 。
   ➡ 我

지속상

지속상은 기본적으로 상태의 지속, 즉 동작이 발생한 후 그 상태가 지속되고 있음을 나타낸다. 이러한 지속상은 주로 상황의 묘사에 사용된다.

着: S + V + 着 + O。

1 분류

(1) 동작의 행위자가 주어로 출현하는 경우

她穿着一条蓝裙子。Tā chuānzhe yì tiáo lán qúnzi.
그녀는 청색 치마를 입고 있습니다.

他拿着很多花儿。Tā názhe hěn duō huār.
그는 많은 꽃을 들고 있습니다.

病人躺着，医生在旁边站着。
Bìngrén tǎngzhe, yīshēng zài pángbiān zhànzhe.
환자는 누워 있고, 의사는 옆에 서 있습니다.

(2) 동작의 행위자가 주어로 출현하지 않는 경우

教室的门开着。Jiàoshì de mén kāizhe.
교실 문이 열려 있습니다.

词典在桌子上放着。Cídiǎn zài zhuōzi shang fàngzhe.
사전이 책상 위에 놓여 있습니다.

墙上挂着一幅画。Qiáng shang guàzhe yì fú huà.
벽에 그림이 한 점 걸려 있습니다.

이러한 표현은 '장소 + V + 着' 형식으로 존현문에서 자주 사용된다. 자세한 내용은 134쪽 존현문을 참조하세요.

桌子上写着几个汉字。Zhuōzi shang xiězhe jǐ ge Hànzì.
책상 위에 한자가 몇 글자 쓰여 있습니다.

屋子里坐着很多人。Wūzi li zuòzhe hěn duō rén.
방에 사람들이 많이 앉아 있습니다.

他的脸上带着微笑。Tā de liǎn shang dàizhe wēixiào.
그의 얼굴에 미소를 띠고 있습니다.

2 구조

(1) 기본 구조

동작 발생 후 상태의 지속은 'V + 着' 형식으로 나타내며, 부정문과 의문문의 구조는 다음과 같다.

긍정문 S + V + 着 + O。

我带着伞。Wǒ dàizhe sǎn.
나는 우산을 가지고 있습니다.

门开着。Mén kāizhe.

부정문 S + 没(有) + V + 着 + O。

我没(有)带着伞。Wǒ méi(yǒu) dàizhe sǎn.

门没(有)开着。Mén méi(yǒu) kāizhe.

나는 우산을 가지고 있지 않습니다.

문이 열려 있지 않습니다.

의문문 S + V + 着 + O + 吗?

你带着伞吗? Nǐ dàizhe sǎn ma?

门开着吗? Mén kāizhe ma?

우산을 가지고 있습니까?

문이 열려 있습니까?

S + V + 着 + O + 没有?

你带着伞没有? Nǐ dàizhe sǎn méiyǒu?

门开着没有? Mén kāizhe méiyǒu?

우산을 가지고 있나요 가지고 있지 않나요?

문이 열려 있나요 있지 않나요?

S + 是不是 + V + 着 + O?

你是不是带着伞? Nǐ shì bu shì dàizhe sǎn?

门是不是开着? Mén shì bu shì kāizhe?

우산을 가지고 있는 것 아닌가요?

문이 열려 있는 것 아닙니까?

(2) 지속상의 활용 문형

한 문장에 동시에 진행되는 동작이 있을 때는, 첫 번째 동사 뒤에 '着'를 사용하여 첫 번째 동사가 두 번째 동사의 동작을 진행하는 상태·방식·수단을 나타낼 수 있다.

$$S + V_1 + 着 + O_1 + V_2 + O_2$$

상태 他喜欢喝着茶听音乐。
Tā xǐhuan hēzhe chá tīng yīnyuè.

그는 차를 마시면서 음악 듣는 것을 좋아합니다.

방식 爸爸常常躺着看电视。
Bàba chángcháng tǎngzhe kàn diànshì.

아버지는 자주 누워서 TV를 봅니다.

수단 我打算开着车去旅行。
Wǒ dǎsuan kāizhe chē qù lǚxíng.

나는 차를 몰고 여행을 갈 예정입니다.

첫 번째 동사의 동작이 지속되면서 두 번째 동사의 동작이 발생했음을 표현할 수도 있다. 'V_1하다가 자신도 모르는 사이에 V_2(+O)하다'라는 의미를 가진다.

V₁ + 着 + V₁ + 着 + V₂ + O。

他想着想着就哭了。
Tā xiǎngzhe xiǎngzhe jiù kū le.
> 그는 생각을 하다가 울었습니다.

孩子哭着哭着就睡了。
Háizi kūzhe kūzhe jiù shuì le.
> 아이가 울다가 잠들었습니다.

路很滑，他走着走着摔了一跤。
Lù hěn huá, tā zǒuzhe zǒuzhe shuāile yì jiāo.
> 길이 미끄러워 그는 걷다가 미끄러 넘어졌습니다.

세 개의 동사가 동시에 쓰일 때는 앞선 두 가지 동작의 상태나 방식으로 세 번째 동작이 이루어지는 것을 표현한다.

V₁ + 着 + V₂ + 着 + V₃ + O。

孩子们唱着跳着走进了校门。
Háizimen chàngzhe tiàozhe zǒujìnle xiàomén.
> 아이들이 노래하고 춤추며 학교 문을 걸어 들어왔습니다.

명령문에서 동사 혹은 일부 형용사 뒤에 '着'를 사용하여 어떤 상태를 유지하도록 요구하거나 당부하는 의미를 나타낸다. 형용사의 경우 '형용사+着+点儿'로 사용되며, '좀 ~이/히 해'라고 이해할 수 있다.

V / A + 着(+点儿)。

你拿着。(这是送你的礼物。)
Nǐ názhe.
> 들고 계세요. (이것은 제가 당신에게 드리는 선물입니다.)

你们快着点儿。(要迟到了。)
Nǐmen kuàizhe diǎnr.
> 너희들 좀 서두르렴. (늦겠어.)

慢着点儿。(别摔了。)
Mànzhe diǎnr.
> 좀 천천히 해. (넘어지지 말고.)

3 특징

'V+着' 뒤에는 동량보어와 시량보어가 올 수 없다.

* 他看着我一下。
* 我们等着他一个多小时。

일반적으로 다음과 같이 동작이나 상태의 지속을 나타내지 못하는 동사는 '着'와 함께 사용할 수 없다.

> 是 在 姓 来 去 懂 死 塌 垮 断 倒 属于 拥有 适合
> 值得 作为 当作 到达 离开 过去 出发 知道 明白 害怕
> 认识 主张 尊敬 失望 嫌弃 认为 以为 胜利 失败 停止
> 发现 丢失 记得 忘记 看见 听见 遇到 打破 等

도전 실전 문제

다음 단어를 이용하여 문장을 만들어 봅시다.

1. 그는 많은 꽃을 들고 있습니다. (拿着)
   ➡ _____

2. 교실 문이 열려 있습니다. (开着)
   ➡ _____

3. 나는 우산을 가지고 있지 않습니다. (带着)
   ➡ _____

UNIT 5 진행상

진행상은 동작이나 행위가 진행되고 있음을 나타낸다.

在/正/正在 : S + 在 + V + O (+ 呢)。

1 의미

중국어의 진행상은 부사 '在, 正, 正在'와 어기조사 '呢'를 사용하여 표현할 수 있다. 그러나 동작의 진행상에 사용되는 부사 '在, 正, 正在'와 어기조사 '呢'는 각각 의미의 초점이 다르다.

(1) 在

동작이 진행 중에 있으며 아직 끝나지 않았음을 나타낸다. 부사 '一直', '总是', '每天', '还' 등과 함께 사용할 수 있다.

孩子们在唱歌、跳舞。 Háizimen zài chàng gē, tiàowǔ.
아이들이 노래하고 춤추고 있다.

请等一下，他在开会呢。 Qǐng děng yíxià, tā zài kāihuì ne.
잠시 기다려 주십시오. 그는 회의 중입니다.

大家一直在等你。 Dàjiā yìzhí zài děng nǐ.
모두 줄곧 당신을 기다리고 있습니다.

地球总是在不停地运转。 Dìqiú zǒngshì zài bù tíng de yùnzhuǎn.
지구는 늘 멈추지 않고 돌고 있습니다.

大家每天都在学习。 Dàjiā měitiān dōu zài xuéxí.
모두 매일 공부를 하고 있습니다.

A: 他起床了吗? Tā qǐchuáng le ma?
A: 그는 일어났나요?

B: 没有，还在睡觉呢。 Méiyǒu, hái zài shuìjiào ne.
B: 아뇨, 아직 자고 있습니다.

(2) 正

동작의 진행 시점을 강조하며 '때마침', '바로 그 때'라는 의미를 드러내고자 할 때 사용한다. '正'을 사용한 문장은 일반적으로 단독으로 사용할 수 없으며, 전후 문맥이 있거나 어기조사 '呢'를 수반하여야 한다.

我走进会议室，大家正讨论呢。
Wǒ zǒujìn huìyìshì, dàjiā zhèng tǎolùn ne.
내가 회의실로 걸어 들어가는데 모두 토론 중이었습니다.

请等一会儿，他正开会呢。
Qǐng děng yíhuìr, tā zhèng kāihuì ne.
잠시 기다려 주십시오. 그는 지금 회의 중입니다.

A: 姐姐，你的电话！ Jiějie, nǐ de diànhuà!
B: 我正洗澡呢！ Wǒ zhèng xǐzǎo ne!

A: 언니(누나), 전화!
B: 나 샤워 중이야!
▶ 지금 샤워를 하고 있어서 중간에 멈추고 전화를 받을 수 없음.

(3) 正在

동작이 진행 중에 있음과 동시에 진행 시점도 강조하고자 할 때 사용한다.

孩子们正在唱歌、跳舞。 Háizimen zhèngzài chàng ge, tiàowǔ.
请等一下，他正在开会呢。 Qǐng děng yíxià, tā zhèngzài kāihuì ne.

아이들이 지금 노래하고 춤추고 있습니다.
잠시 기다려 주십시오. 그는 지금 회의 중입니다.

'正在'는 '在'와 달리 부사 '一直', '总是', '每天', '还' 등과 함께 사용할 수 없다.

* 大家一直正在等你。
* 地球总是正在不停地运转。
* 大家每天都正在学习。
   (A: 他起床了吗？ B: 没有,) * 还正在睡觉呢。

(4) 어기조사 '呢'

'在, 正, 正在'와 함께 사용하여 진행을 나타내며, 단독으로 동사 뒤에 출현해서도 어떤 동작이 진행되고 있음을 청자에게 알려주는 기능이 있다.

他开会呢。 Tā kāihuì ne.
他睡觉呢。 Tā shuìjiào ne.
下雨呢。 Xià yǔ ne.

그는 회의 중입니다.
▶ 그가 회의 중이니 방해하지 마라.
그는 자고 있습니다.
▶ 그가 자고 있으니 깨우지 마라.
비가 오고 있습니다.
▶ 비가 오니 나갈 수 없다.

중국어에서 진행상은 동작이 발생한 시간과는 필연적 관계가 없다. 즉 과거, 현재, 미래 어느 때 일어난 동작이든 다 사용할 수 있다.

현재 现在我们正在上课呢。
Xiànzài wǒmen zhèngzài shàngkè ne.

과거 昨天我去他家的时候，他正在看电视。
Zuótiān wǒ qù tā jiā de shíhou, tā zhèngzài kàn diànshì.

미래 今天晚上你去找他，他一定会在做作业。
Jīntiān wǎnshang nǐ qù zhǎo tā, tā yídìng huì zài zuò zuòyè.

지금 우리는 수업 중입니다.

어제 내가 그의 집에 갔을 때, 그는 마침 TV를 보고 있었습니다.

오늘 저녁 네가 그를 찾아 가면, 그는 틀림없이 숙제를 하는 중일 거야.

2 구조

동작 행위의 진행을 나타내는 긍정문, 부정문, 의문문의 구조는 다음과 같다.

Part 4 상(동태) 103

긍정문 **S + 在 + V + O (+ 呢)。**

他们在上课(呢)。 Tāmen zài shàngkè (ne).   그들은 수업 중입니다.

S + 正 + V + O + 呢。

他们正上课呢。 Tāmen zhèng shàngkè ne.   그들은 마침 수업 중입니다.

S + 正在 + V + O + (呢)。

他们正在上课(呢)。 Tāmen zhèngzài shàngkè (ne).   그들은 마침 수업 중입니다.

부정문 **S + 没(有)(+ 在) + V + O。**

他们没(在)上课。   * 他们没正(在)上课。   그들은 수업을 하고 있지 않습니다.
Tāmen méi(zài) shàngkè.

他们没在休息。 Tāmen méi zài xiūxi.   그들은 쉬고 있지 않습니다.

A: 你正在看电视吗? Nǐ zhèngzài kàn diànshì ma?   A : 넌 TV를 보고 있니?
B: 我没看电视。(=没有。) Wǒ méi kàn diànshì.(=Méiyǒu.)   B : 난 TV를 보고 있지 않아요. (=아니요.)
▶ 질문에 대한 대답일 경우.

의문문 **S + 在/正在 + V + O + 吗?**

他们在上课吗? Tāmen zài shàngkè ma?   그들은 수업 중입니까?

他们正在上课吗? Tāmen zhèngzài shàngkè ma?   그들은 수업 중입니까?

S + 在/正在 + V + 의문대체사?

他们在干什么? Tāmen zài gàn shénme?   그들은 무엇을 하고 있습니까?

他们正在干什么? Tāmen zhèngzài gàn shénme?   그들은 무엇을 하고 있습니까?

의문대체사 + 在/正在 + V + O?

谁在上课? Shéi zài shàngkè?   누가 수업 중입니까?

谁正在上课? Shéi zhèngzài shàngkè?   누가 수업 중입니까?

S + 是不是 + 在/正在 + V + O?

他们是不是在上课? Tāmen shì bu shì zài shàngkè?   그들은 수업 중인 거 아닙니까?

他们是不是正在上课? Tāmen shì bu shì zhèngzài shàngkè?   그들은 수업 중인 거 아닙니까?

3 진행상과 지속상의 차이

진행과 지속의 다른 점은 진행은 동작이 진행 중임을 나타내는 동적인 상황의 서술에 사용되는 반면, 지속은 정적인 상황의 묘사에 주로 사용된다는 것이다.

진행상은 '在/正/正在+V+(呢)'로 나타내며, 지속상은 'V+着'로 나타낸다.

| 진행상 | 在/正/正在+V+呢 | 동작의 진행 | 동작의 진행 서술 |
| 지속상 | V+着 | 상태의 지속 | 상태의 묘사 |

동작의 진행 他在贴中国地图。Tā zài tiē Zhōngguó dìtú.
同学们在跳舞、唱歌。Tóngxuémen zài tiàowǔ, chàng gē.

상태의 지속 教室里的墙上贴着一张中国地图。
Jiàoshì li de qiáng shang tiēzhe yì zhāng Zhōngguó dìtú.

그는 중국 지도를 붙이고 있습니다.
친구들이 춤추고 노래 부르고 있습니다.
교실 안 벽에 중국 지도가 한 장 걸려 있습니다.

동작의 행위자가 주어로 출현하는 경우, 지속상 조사 '着'는 때로 진행을 나타내는 부사 '在, 正, 正在' 또는 어기조사 '呢' 등과 함께 사용되어 동작이 진행중임을 나타낸다. 이때 '着'는 생략해도 동작의 진행 의미는 그대로 살아있다.

S + 在/正/正在 + V + 着 + (O) + 呢。

我在听着呢，你说吧。Wǒ zài tīngzhe ne, nǐ shuō ba.
同学们在跳着舞、唱着歌。
Tóngxuémen zài tiàozhe wǔ, chàngzhe gē.
李老师正上着课呢。Lǐ lǎoshī zhèng shàngzhe kè ne.

(내가) 듣고 있으니까, (너는) 말해봐.
반 친구들은 춤을 추고, 노래를 부르고 있습니다.

이 선생님은 수업하고 있습니다.

동작의 행위자가 주어로 출현하지 않는 경우, 지속상 조사 '着'는 진행을 나타내는 부사 '在, 正, 正在', 어기조사 '呢'와 함께 사용할 수 없다.

* 教室的门在开着。
* 墙上在挂着一张中国地图。

도전 실전 문제

다음 단어를 이용하여 문장을 만들어 봅시다.

1. 잠시 기다려 주십시오. 그는 지금 회의 중입니다. (正 / 呢)
   ➡ _____

2. 그는 중국 지도를 붙이고 있습니다. (在)
   ➡ _____

3. 나는 막 모자를 쓰고 있는 중입니다. (正在 / 着 / 呢)
   ➡ _____

UNIT 6 임박상

임박상은 동작, 행위나 상태가 가까운 미래에 일어날 것임을 나타낸다.

要/快(要)/就要~了 : S + 要 + V + O + 了。

1 구조

중국어의 임박상은 부사 '要, 快(要), 就要'와 사건이나 상황의 변화, 발생을 나타내는 조사 '了₂'를 사용하여 나타낸다.

要下雨了。Yào xià yǔ le.   비가 곧 오려고 합니다.

我们要出国旅游了。Wǒmen yào chūguó lǚyóu le.   우리는 곧 외국으로 여행갑니다.

S + 要 + V + O + 了。

下个月他要回中国了。Xià ge yuè tā yào huí Zhōngguó le.   다음 달 그는 중국으로 돌아갑니다.

S + 要 + A + 了。

天要晴了, 不用带雨伞了。Tiān yào qíng le, búyòng dài yǔsǎn le.   날씨가 개려고 합니다. 우산을 가지고 갈 필요가 없습니다.

S + 快(要) + V + O + 了。

我男朋友快(要)去当兵了。Wǒ nánpéngyou kuài(yào) qù dāngbīng le.   내 남자친구는 곧 군대에 갑니다.

S + 快(要) + A + 了。

天快亮了。Tiān kuài liàng le.   날이 곧 밝아옵니다.

S + 就要 + V + O + 了。

火车八点就要开了。Huǒchē bā diǎn jiù yào kāi le.   기차는 여덟 시에 곧 출발합니다.

2 특징

(1) 부사 '快', '就'

임박상을 나타내는 부사 '要' 앞에 다시 부사 '快'나 '就'를 함께 사용하면 어떤 동작이나 상태가 아주 가까운 시간 안에 곧 발생할 것임을 나타낼 수 있다.

火车八点就要开了。Huǒchē bā diǎn jiù yào kāi le.

快上车，车快要开了。Kuài shàng chē, chē kuàiyào kāi le.

기차는 여덟 시에 곧 출발합니다.

빨리 타세요. 차가 곧 출발합니다.

(2) '要' 생략

'快要……了'는 '要'를 생략한 형태로도 사용할 수 있다.

春天快到了。Chūntiān kuài dào le.

你再等一会儿，他快回来了。Nǐ zài děng yíhuìr, tā kuài huílai le.

天快黑了，咱们回去吧。Tiān kuài hēi le, zánmen huíqu ba.

手机快没电了，估计等会儿就关机了。
Shǒujī kuài méi diàn le, gūjì děng huìr jiù guānjī le.

봄이 곧 옵니다.

잠시만 더 기다려 주세요. 그는 곧 돌아옵니다.

날이 곧 저뭅니다. 우리 돌아갑시다.

휴대폰 배터리가 곧 다 되어서, 좀 있으면 꺼질 거 같아.

(3) 시간부사어 사용

'就要……了' 앞에는 '明年, 八点, 马上'과 같은 시간부사어를 함께 사용할 수도 있으나, '快要……了' 앞에는 사용할 수 없다.

他们明年就要毕业了。

Tāmen míngnián jiù yào bìyè le.　　　　　*他们明年快要毕业了。

火车八点就要开了。Huǒchē bā diǎn jiù yào kāi le. *火车八点快要开了。

天马上就要黑了。Tiān mǎshàng jiù yào hēi le. 　*天马上快要黑了。

그들은 내년에 곧 졸업합니다.

기차가 여덟 시에 곧 출발합니다.

날이 곧 어두워집니다.

> **TIP** '了' 없이 사용하는 임박상
>
> '~的时候'의 관형어로 사용할 때는 '了' 없이 '要+V+的时候'의 형식으로 사용한다.
>
> | 곧 ~하려고 할 때 | 每次飞机要起飞的时候，我都很紧张。 |
> | 곧 ~하려고 했을 때 | 去年他要来中国的时候，我正在北京。 |

매번 비행기가 곧 이륙하려고 할 때마다, 나는 떨립니다.

작년에 그가 중국에 곧 오려고 했을 때, 나는 마침 北京에 있었습니다.

도전 실전 문제

주어진 단어를 배열하여 문장을 만들어 봅시다.

1. 了 / 要 / 出国 / 旅游 / 我们 / 。
   ➡ _____

2. 就 / 开 / 了 / 要 / 八点 / 火车 / 。
   ➡ _____

3. 到 / 快 / 了 / 春天 / 。
   ➡ _____

 기타 상

중국어에는 이상 다섯 가지 상 이외에도 시작상, 계속상, 순간상, 근과거상 등이 있다.

起来: S+V+起(+O)+来。
下去: S+V+下去。
VV: S+V(一)V+O。
来着: S+V+O+来着。

'완료상, 경험상, 지속상, 진행상, 임박상'은 전형적인 중국어의 상으로 분류하고 있다. 이 밖에 복합방향보어 '起来'와 '下去'를 사용하는 '시작상'과 '계속상', 동사의 중첩 형식으로 표현되는 '순간상', 조사 '来着'를 사용한 '근과거상'도 상의 일종으로 본다.

1 시작상

동사나 형용사 뒤에 복합방향보어 '起来'가 출현하면 동작이나 상태가 시작된 후 계속되고 있음을 나타내는데, 이러한 상을 '시작상'이라고 한다. 목적어를 수반할 경우 '起'와 '来'의 사이에 출현한다.

S + V + 起(+ O) + 来。

大家都大笑起来。Dàjiā dōu dà xiào qǐlái. — 모두 크게 웃기 시작합니다.

大家都唱起歌来。Dàjiā dōu chàngqǐ gē lái. — 모두 노래를 부르기 시작합니다.

我要出门的时候就下起雨来了。
Wǒ yào chū mén de shíhou jiù xiàqǐ yǔ lái le. — 내가 외출하려고 할 때 비가 오기 시작했습니다.

S + A + 起来。

天气暖和起来了。Tiānqì nuǎnhuo qǐlái le. — 날씨가 따듯해지기 시작했습니다.

2 계속상

동사 뒤에 복합방향보어 '下去'가 출현하면 현재부터 미래까지 어떤 동작이 계속됨을 나타내는데, 이러한 상을 '계속상'이라고 한다.

S + V + 下去。

我们一定要坚持下去。Wǒmen yídìng yào jiānchí xiàqù. — 우리는 반드시 지속해가야 합니다.

这样干下去，两天也干不完。
Zhèyàng gàn xiàqù, liǎng tiān yě gàn bu wán.

我听着呢，你讲下去吧。Wǒ tīngzhe ne, nǐ jiǎng xiàqù ba.

她激动得说不下去了。Tā jīdòng de shuō bu xiàqù le.

이렇게 계속 하면 이틀이 걸려도 다 못합니다.

나는 듣고 있거든요. 계속 말씀하세요.

그녀는 격분해서 말을 이어가지 못했습니다.

3 순간상

중국어의 일부 동사는 중첩할 수 있는데, 중첩된 동사의 동작은 지속 시간이 짧음을 나타낸다. 이러한 상을 '순간상'이라고 한다.

 동사의 중첩에 대해서는 168쪽 동사의 중첩을 참조하세요.

S + V(一)V + O。

S + V(了)V + O。

这件大衣有点儿大，你试一试那一件。
Zhè jiàn dàyī yǒudiǎnr dà, nǐ shì yi shì nà yí jiàn.

现在我想休息休息。
Xiànzài wǒ xiǎng xiūxi xiūxi.

他想了想说："还是骑车去吧。"
Tā xiǎngle xiǎng shuō: "Háishi qí chē qù ba."

이 외투는 조금 크네요. 저것을 한 번 입어보세요.

지금은 좀 쉬고 싶습니다.

그는 잠시 생각을 하더니 "자전거로 가는 편이 더 좋겠어요."라고 말했습니다.

4 근과거상

문장 끝에 '来着'가 출현하면 일반적으로 현재로부터 가까운 과거에 어떤 일이 발생한 적이 있음을 나타내는데 이러한 상을 '근과거상'이라고 한다. 주로 구어체의 평서문이나 의문대체사 의문문에서 사용한다.

S + V + O + 来着。

我刚才看电影来着。Wǒ gāngcái kàn diànyǐng láizhe.
他刚才还在这儿来着。Tā gāngcái hái zài zhèr láizhe.
你刚才说什么来着？Nǐ gāngcái shuō shénme láizhe?
谁在这儿抽烟来着？Shéi zài zhèr chōuyān láizhe?

나는 좀 아까 TV를 보고 있었습니다.

그는 아까까지만 해도 여기 있었습니다.

너 방금 뭐라고 말했지?

누가 여기에서 담배를 피웠었죠?

> **TIP** 시제와 상 표현이 모두 발달한 영어, 상 표현이 발달한 중국어, 시제 표현이 발달한 한국어.
>
> **영어** 현재완료형(have+pp), 과거완료형(had+pp), 미래완료형(will+have+pp), 현재진행형(be+V+ing), 과거진행형(was/were+V+ing), 미래진행형(will+be+V+ing) 등과 같이 시제와 상을 나타내는 문법적 표현이 모두 발달한 언어.
>
> **중국어** 완료상(V+了), 경험상(V+过), 지속상(V+着), 진행상(在/正/正在+V+(呢)), 임박상(要/快(要)/就要/+V+了) 등과 같이 상을 나타내는 문법적 표현은 있지만, 시제를 나타내는 문법적 표현은 발달되어 있지 않아 '今天, 前天, 明年, 马上, 刚才' 등과 같은 시간 부사어를 통해 시제를 나타내는 언어.
>
> **한국어** 현재시제(–다), 과거시제(–었다), 미래시제(–겠다/–ㄹ 것이다)를 나타내는 문법적 표현은 있지만, 상을 나타내는 문법적 표현은 발달되어 있지 않은 언어.

도전 실전 문제

괄호에 들어갈 알맞은 단어를 보기에서 골라 봅시다.

> **보기** 起来 回来 来着 带着 下去 上来

1. 大家都大笑(　　)。
2. 这样干(　　), 两天也干不完。
3. 我刚才看电影(　　)。

탄탄 연습

1. 괄호에 들어갈 알맞은 말을 보기에서 골라 봅시다.

   보기

   경험상   완료상   임박상   지속상   진행상

   1) (   )은 동작의 완료 또는 실현이나 사건, 상황의 변화 또는 발생을 나타내며, 조사 '了'를 사용한다.

   2) (   )은 동작이 발생한 후 그 상태가 지속되고 있음을 나타내며, 상조사 '着'를 사용한다.

   3) (   )은 동작, 행위나 상태가 가까운 미래에 일어날 것임을 나타내며, 부사 '要, 快(要), 就要'와 사건이나 상황의 변화, 발생을 나타내는 조사 '了₂'를 사용하여 표현한다.

2. 괄호에 들어갈 알맞은 단어를 보기에서 골라 봅시다.

   보기

   过   了   着

   1) 我打算开(   )车去旅行。

   2) 那事儿我也没听说(   )。

   3) 我要回家(   )。

3. 주어진 단어를 알맞게 배열하여 문장을 만들어 봅시다.

   1) 他们 / 茶 / 过 / 喝 / 就 / 了 / 了 / 去 / 书店 / 。

   ➡ 他们 _____

   2) 我 / 过 / 去 / 国外 / 旅行 / 一次 / 。

   ➡ 我 _____

   3) 天 / 黑 / 就 / 了 / 要 / 马上 / 。

   ➡ 天 _____

4. 다음 문장을 제시된 조건에 맞게 바꾸어 봅시다.

   1) 我买了两张中国地图。
      ➡ 부정문

   2) 你学过汉语吗?
      ➡ 긍정부정 의문문

   3) 我没去过上海。
      ➡ 긍정문

5. 다음 단어를 이용하여 문장을 만들어 봅시다.

   1) 그는 차를 마시면서 음악 듣는 것을 좋아합니다. (着)
      ➡

   2) 아이들이 노래하고 춤추고 있다. (在)
      ➡

   3) 그들은 내년에 곧 졸업합니다. (就要/了)
      ➡

6. 다음 문장의 잘못된 부분을 찾아 고쳐 봅시다.

   1) 地球总是正在不停地运转。
      ➡

   2) 我昨天去了中国银行取点儿钱。
      ➡

   3) 我们等着他一个多小时。
      ➡

특수 구문

중국어에서 전형적인 'S+V+O' 형식의 능동문 구조와는 다른 형식 또는 의미를 가지고 있는 구문을 '특수 구문'으로 분류한다. 특수 구문에는 '是' 구문, '是……的' 구문, 연동문, 겸어문, 비교문, 존현문, '把' 구문, 피동문 등이 있다.

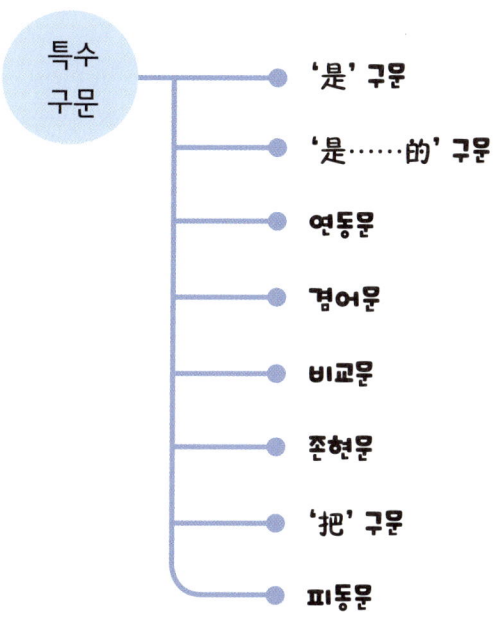

UNIT 1   '是' 구문
UNIT 2   '是……的' 구문
UNIT 3   연동문
UNIT 4   겸어문
UNIT 5   비교문
UNIT 6   존현문
UNIT 7   '把' 구문
UNIT 8   피동문

 '是' 구문

'是' 구문이란 동사 '是'가 서술어로 사용된 문장을 가리킨다. '是'는 동작을 구체적으로 나타내지 않고, 주어와 목적어 성분을 연결해 주는 '계사(copula, linking verb: 연결동사)'의 역할을 한다.

> **TIP** '중국어 '是' / 영어 'be' / 한국어 '이다'
> 중국어의 '是': 동사, ~이다, 목적어 없이 단독으로 대답 가능.
>   A: 你是学生吗?   B: 是。
> 영어의 'be': 동사, ~이다, 목적어 없이 단독으로 대답 가능.
>   A: Are you a student?   B: Yes, I am.
> 한국어의 '이다': 서술격 조사, ~이다, 목적어 없이 단독으로 대답 불가.
>   A: 너는 학생이니?   B: 나는 학생이야.

1 구조

긍정문 S + 是 + O。

他是韩国人。 Tā shì Hánguórén. 그는 한국 사람입니다.

부정문 S + 不是 + O。

他不是韩国人。 Tā bú shì Hánguórén. 그는 한국 사람이 아닙니다.

의문문 S + 是 + O + 吗?

他是韩国人吗? Tā shì Hánguórén ma? 그는 한국 사람입니까?

S + 是不是 + O?

他是不是韩国人? Tā shì bu shì Hánguórén? 그는 한국 사람입니까 아닙니까?

2 특징

일반동사와 달리 '是' 구문의 주어와 목적어는 거의 모든 실사와 구가 담당할 수 있다.

| 명사구-명사 | 他哥哥是工程师。
Tā gēge shì gōngchéngshī. | 그의 형은 엔지니어입니다. |
| 명사구-수량사 | 这条鱼是四斤多。
Zhè tiáo yú shì sì jīn duō. | 이 생선은 네 근이 좀 넘습니다. |
| 명사구-동사구 | 老师的任务是帮助学生学习。
Lǎoshī de rènwù shì bāngzhù xuésheng xuéxí. | 선생님의 임무는 학생들의 학습을 돕는 것입니다. |
| 명사-주술구 | 问题是现在的年轻人都不愿意做这样的工作。
Wèntí shì xiànzài de niánqīngrén dōu bú yuànyì zuò zhèyàng de gōngzuò. | 문제는 지금의 젊은이들이 모두 이러한 일을 하는 것을 원하지 않는다는 것입니다. |
| 동사구-명사구 | 当老师是我最大的愿望。
Dāng lǎoshī shì wǒ zuì dà de yuànwàng. | 선생님이 되는 것이 나의 가장 큰 소망입니다. |

일반적으로 동사 '是'는 일반동사와 같은 문법적 특징을 가지지만, 구체적인 동작을 나타내지 않기 때문에 다음과 같은 다른 점이 있다.

① 상조사 '了, 着, 过'를 사용할 수 없다.
② 부정부사 '不'로 부정한다.
③ 중첩 형식으로 사용할 수 없다.

3 의미

'是' 구문의 기본적인 의미는 '확신'과 '판단'으로 주어와 목적어 사이의 관계에 따라 다음과 같은 의미를 나타낸다.

(1) 대등 等同/相等

주어와 목적어를 연결하여 대등한 관계임을 나타낸다.

国庆节是10月1号。
Guóqìng Jié shì shí yuè yī hào.

건국기념일은 10월 1일입니다.
▶ 国庆节=10月1号

王女士是我们的汉语老师。
Wáng nǚshì shì wǒmen de Hànyǔ lǎoshī.

王 여사는 우리들의 중국어 선생님입니다.
▶ 王女士=我们的汉语老师

대등함을 나타내는 '是' 구문에서는 주어와 목적어가 서로 바뀌어도 의미상 변화는 없다.

10月1号是国庆节。
Shí yuè yī hào shì Guóqìng Jié.

10월1일은 건국기념일입니다.

我们的汉语老师是王女士。
Wǒmen de Hànyǔ lǎoshī shì Wáng nǚshì.

우리들의 중국어 선생님은 王 여사입니다.

(2) 부류 归类

주어와 목적어를 연결하여 주어가 목적어의 한 부류, 즉 일부임을 나타낸다. 부류를 나타내는 '是' 구문에서는 주어와 목적어가 바뀌면 의미가 달라지거나 문장이 성립하지 않는다.

他是上海人，不是北京人。Tā shì Shànghǎirén, bú shì Běijīngrén.
我是大学生。Wǒ shì dàxuéshēng.

그는 上海 사람이지, 北京 사람이 아닙니다.
나는 대학생입니다.

(3) 존재 存在

장소를 나타내는 주어와 대상을 나타내는 목적어를 연결하여 어느 장소에 무엇이 존재함을 나타낸다.

对面是新华书店。Duìmian shì Xīnhuá Shūdiàn.
我家旁边儿是一个公园。Wǒ jiā pángbiānr shì yí ge gōngyuán.
屋子里全是人。Wūzi li quán shì rén.

'是'의 존재 용법에 대해서는 134~136쪽을 참조하세요.

맞은 편이 新华서점입니다/ 맞은 편에 新华서점이 있습니다.
우리집 옆은 공원입니다/ 우리 집 옆에 공원이 하나 있습니다.
방 안엔 온통 사람입니다/사람들로 꽉 찼습니다.

(4) 소유 领有

주어와 목적어를 연결하여 목적어가 주어의 소유임을 나타낸다. 이때 '是'는 '有'와 유사한 의미이며, 생략할 수도 있다.

王阿姨家是三个孩子，我们家也是。
Wáng āyí jiā shì sānge háizi, wǒmen jiā yě shì.
我家(是)三间房。Wǒ jiā (shì) sān jiān fáng.

王씨 아줌마는 아이가 셋인데, 우리 집도 그렇습니다.

우리 집은 방이 세 칸입니다.

도전 실전 문제

동사 '是'를 사용하여 문장을 만들어 봅시다.

1. 王여사는 우리들의 선생님입니다.
   ➡ _____

2. 그는 上海 사람이지, 北京 사람이 아닙니다.
   ➡ _____

3. 우리 집 옆은 공원입니다(=우리 집 옆에 공원이 하나 있습니다).
   ➡ _____

 **'是……的' 구문**

'是……的' 구문은 화자 혹은 청자가 이미 어떤 동작 또는 행위의 발생 사실을 알고 있는 상황에서 발생한 시간, 장소, 방식, 행위자, 대상, 목적, 원인 등 구체적인 사항 혹은 정보를 강조할 때 사용하는 문장을 가리킨다.

1 구조

긍정문 S + 是 + …… + VP + 的。

我是去年8月26号来北京的。
Wǒ shì qùnián bā yuè èrshíliù hào lái Běijīng de.
— 나는 작년 8월 26일에 北京에 왔습니다.

我是从釜山来的。 Wǒ shì cóng Fǔshān lái de.
— 나는 부산에서 왔습니다.

我是坐飞机来的。 Wǒ shì zuò fēijī lái de.
— 나는 비행기로 왔습니다.

부정문 S + 不是 + …… + VP + 的。

我不是来中国旅游的，我是来学习的。
Wǒ bú shì lái Zhōngguó lǚyóu de, wǒ shì lái xuéxí de.
— 나는 중국에 여행을 온 것이 아니라, 공부하러 왔습니다.

我不是在学校附近的商场买这件衣服的。
Wǒ bú shì zài xuéxiào fùjìn de shāngchǎng mǎi zhè jiàn yīfu de.
— 나는 학교 부근의 상가에서 이 옷을 사지 않았습니다.

의문문 S + 是 + …… + V + O + 的 + 吗?

S + 是 + …… + V + 的 + O + 吗?

你是去年8月26号来北京的吗?
Nǐ shì qùnián bā yuè èrshíliù hào lái Běijīng de ma?
— 당신은 작년 8월 26일에 北京에 왔습니까?

你是去年8月26号来的北京吗?
Nǐ shì qùnián bā yuè èrshíliù hào lái de Běijīng ma?
— 당신은 작년 8월 26일에 北京에 왔습니까?

S + 是 + 의문대체사 + V + O + 的?

你是什么时候来北京的? Nǐ shì shénme shíhou lái Běijīng de?
— 당신은 언제 北京에 왔습니까?

S + 是 + V + 的 + 의문대체사?

你妈妈过生日你是送的什么?
Nǐ māma guò shēngrì nǐ shì sòng de shénme?
— 어머니 생신 때 무엇을 선물했습니까?

2 분류

'是……的' 구문은 강조하고자 하는 사항이나 정보에 따라 다음과 같은 유형으로 분류할 수 있다.

시간 我是去年8月26号来北京的。
Wǒ shì qùnián bā yuè èrshíliù hào lái Běijīng de.
나는 작년 8월 26일에 北京에 왔습니다.

장소 我是从釜山来的。
Wǒ shì cóng Fǔshān lái de.
나는 부산에서 왔습니다.

방식 我是坐飞机来的。
Wǒ shì zuò fēijī lái de.
나는 비행기로 왔습니다.

행위자 这张照片是我朋友拍的。
Zhè zhāng zhàopiàn shì wǒ péngyou pāi de.
이 사진은 내 친구가 찍었습니다.

대상 我是跟朋友一起来的。
Wǒ shì gēn péngyou yìqǐ lái de.
나는 친구와 함께 왔습니다.

목적 我是来学习的，不是来旅游的。
Wǒ shì lái xuéxí de, bú shì lái lǚyóu de.
나는 공부하러 왔지, 여행하러 온 것이 아닙니다.

원인 树倒了，是风吹的。
Shù dǎo le, shì fēng chuī de.
나무가 쓰러졌습니다. 바람이 불었기 때문입니다.

3 특징

(1) '是'의 생략

'是……的' 구문에서 '是'는 생략할 수 있지만, 부정문인 경우와 주어가 '这'나 '那'일 경우에는 생략할 수 없다. 반면 '的'는 어떤 경우에도 생략할 수 없다.

他(是)前天来的。 Tā (shì) qiántiān lái de.
그는 그저께 왔습니다.

他们不是坐飞机来的。 Tāmen bú shì zuò fēijī lái de.
그들은 비행기로 오지 않았습니다.

这是今天上午买来的。 Zhè shì jīntiān shàngwǔ mǎi lai de.
이것은 오늘 오전에 사왔습니다.

(2) 목적어의 위치

'是……的' 구문에서 목적어가 있을 경우 목적어는 '的'의 앞 혹은 뒤에 위치할 수 있다. 하지만 목적어가 인칭대체사인 경우에 '的'는 목적어 뒤에 위치한다.

S(+ 是) + …… + V + O + 的。

S(+ 是) + …… + V + 的 + O。

S(+ 是) + …… + V + O인칭대체사 + 的。

我是今年二月来北京的。(= 我是今年二月来的北京。)
Wǒ shì jīnnián èr yuè lái Běijīng de.

나는 올해 2월에 北京에 왔습니다.

我是昨天在商场看见他的。　　* 我是昨天在商场看见的他。
Wǒ shì zuótiān zài shāngchǎng kànjiàn tā de.

나는 어제 상가에서 그를 봤습니다.

这件事是老师告诉我的。　　* 这件事是老师告诉的我。
Zhè jiàn shì shì lǎoshī gàosu wǒ de.

이 일은 선생님이 나에게 알려 주었습니다.

(3) 상조사 '了'의 사용 불가

'是……的' 구문은 이미 발생한 동작·행위에 대해 서술하는 의미적 특징이 있으므로, 완료를 나타내는 상조사 '了'를 함께 사용할 수 없다.

我是上大学以后才开始学汉语的。
Wǒ shì shàng dàxué yǐhòu cái kāishǐ xué Hànyǔ de.

　　　　　　　* 我是上大学以后才开始学了汉语的。

나는 대학에 들어간 뒤에 중국어를 배우기 시작했습니다.

这个钱包是在地铁上捡的。　　* 这个钱包是在地铁上捡了的。
Zhège qiánbāo shì zài dìtiě shang jiǎn de.

이 지갑은 지하철에서 주웠습니다.

> **TIP** 세 가지 '是……的' 구문
>
> | | |
> |---|---|
> | 是……的① | 이미 발생한 동작·행위의 시간, 장소, 방식, 행위자, 대상, 목적, 원인 등을 강조하는 구문. |
> | 是……的② | 주어에 대한 설명 또는 화자의 주관적인 추측, 판단, 태도 등을 나타내는 구문. |
> | 是……的③ | '的' 뒤의 명사성분이 생략된 구문. |

TIP 세 가지 '是……的' 구문

(1) 是……的②

① 주어에 대한 설명 또는 화자의 주관적인 추측, 판단, 태도 등을 나타내는 구문으로, '是'와 '的'를 생략해도 문장은 성립한다.

- **추측** 我相信他是会来的。
- **판단** 你的话是很正确的。
- **태도** 饭钱是该大家出的。

② 부정문과 의문문의 구조는 다음과 같다.
  他的话是不正确的。
  他的话是正确的吗?

③ 是……的②는 앞서 설명한 是……的①과 강조하는 점이 다르다.
  是……的①: 他是昨天来的。
  是……的②: 她的汉语是很流利的。

④ 是……的①과 是……的②의 부정 형식은 다음과 같다.
  a) 是……的①: '是' 앞에 부정부사 '不' 사용
   我是昨天去的。 ↔ 我不是昨天去的。
   他是从日本来的。 ↔ 他不是从日本来的。
  b) 是……的②: '是'와 '的' 사이에 부정부사 '不' 사용
   你的话是对的。 ↔ 你的话是不对的。
   我相信他是会来的。 ↔ 我相信他是不会来的。

(2) 是……的③

이 구문은 '的' 뒤의 명사 성분이 생략된 형태로 주로 앞 부분의 내용을 통해 생략된 부분을 보충할 수 있다.
  我是开车的(人)。
  这本书是我买的(书)。

나는 그가 오리라 믿습니다.
당신 말씀이 정확합니다/맞습니다.
밥값은 모두가 내야 합니다.

그의 말은 정확하지 않습니다/맞지 않습니다.
그의 말이 정확합니까/맞습니까?

그는 어제 왔습니다.
▶ 이미 발생한 동작 또는 행위의 시간 강조.
그녀의 중국어는 유창합니다.
▶ 동작 또는 행위의 발생 여부와는 관계없이 화자의 주관적인 판단을 나타냄.

나는 어제 갔습니다.
↔ 나는 어제 가지 않았습니다.
그는 일본에서 왔습니다.
↔ 그는 일본에서 오지 않았습니다.

당신 말이 맞습니다.
↔ 당신 말은 맞지 않습니다.
나는 그가 올 것이라고 믿습니다.
↔ 나는 그가 오지 않을 거라고 믿습니다.

나는 운전하는 사람입니다.
이 책은 내가 산 책입니다.

도전 실전 문제

다음 문장의 잘못된 부분을 찾아 고쳐 봅시다.

1. 他们不坐飞机来的。

   ➡ _____

2. 我是昨天在商场看见的他。

   ➡ _____

3. 这个钱包是在地铁上捡了的。

   ➡ _____

UNIT 3 연동문

연동문은 하나의 주어에 둘 이상의 동사(구)가 서술어를 담당하는 동사서술어문을 가리킨다.

$$S + V_1(+O_1) + V_2(+O_2) \cdots\cdots$$

1 구조

긍정문 $S + V_1 + O_1 + V_2 + O_2 + [V_3 + O_3 + V_4 + O_4 + \cdots\cdots]$。

他每天骑车上班。 Tā měitiān qí chē shàngbān.
我去图书馆借书。 Wǒ qù túshūguǎn jièshū.
我打电话叫他过来。 Wǒ dǎ diànhuà jiào tā guòlai.

그는 매일 자전거로 출근합니다.
나는 책을 빌리러 도서관에 갑니다.
내가 전화해서 그에게 건너 오라고 하겠습니다.

부정문 $S + 不/没 + V_1 + O_1 + V_2 + O_2$。

我不去超市买东西。 Wǒ bú qù chāoshì mǎi dōngxi.
小李没来找过你。 Xiǎo Lǐ méi lái zhǎoguo nǐ.

나는 물건을 사러 슈퍼마켓에 가지 않아요.
小李는 당신을 찾아 온 적이 없습니다.

의문문 $S + V_1 + O_1 + V_2 + O_2 + 吗$?

他每天骑车上班吗? Tā měitiān qí chē shàngbān ma?
你去图书馆借书吗? Nǐ qù túshūguǎn jiè shū ma?
小李来找过你吗? Xiǎo Lǐ lái zhǎoguo nǐ ma?

그는 매일 자전거로 출근합니까?
너 책 빌리러 도서관에 가니?
小李는 당신을 찾으러 온 적이 있습니까?

$S + V_1 + 不/没 + V_1 + O_1 + V_2 + O_2$?

你去不去图书馆借书? Nǐ qù bu qù túshūguǎn jiè shū?
他来没来检查身体? Tā lái méi lái jiǎnchá shēntǐ?

너 책 빌리러 도서관에 가니 안 가니?
그는 신체 검사 하러 왔나요 안 왔나요?

2 구조적 특징

(1) 부사, 조동사의 위치

부사와 조동사는 첫 번째 동사 앞에 위치한다.

我不去超市买东西。 Wǒ bú qù chāoshì mǎi dōngxi.
小李没来找过你。 Xiǎo Lǐ méi lái zhǎoguo nǐ.

나는 물건을 사러 슈퍼마켓에 가지 않아요.
小李는 당신을 찾아온 적이 없어요.

他几乎每天都去公园散步。Tā jīhū měitiān dōu qù gōngyuán sànbù. 그는 거의 매일 공원에 산책하러 갑니다.

我想出去走走。Wǒ xiǎng chūqu zǒuzou. 나는 나가서 좀 걷고 싶군요.

她要去书店买书。Tā yào qù shūdiàn mǎi shū. 그녀는 책을 사러 서점에 가려 합니다.

那你应该去医院看看。Nà nǐ yīnggāi qù yīyuàn kànkan. 그럼 병원에 가서 진찰 좀 해보셔야겠군요.

(2) 상조사의 위치

연동문에서 만약 동작 또는 행위가 이미 완료되었음을 강조하려면 일반적으로 상조사 '了₁'을 두 번째 동사 뒤에 사용하거나 문장 끝에 '了₂'를 사용한다.

我去图书馆借了两本书。Wǒ qù túshūguǎn jièle liǎng běn shū. 나는 도서관에 가서 책을 두 권 빌렸습니다.

他们去会议室开了一个会。Tāmen qù huìyìshì kāile yí ge huì. 그들은 회의실에 가서 회의를 했습니다.

他们都去会议室开会了。Tāmen dōu qù huìyìshì kāihuì le. 그들은 다 회의하러 회의실에 갔습니다.

상조사 '过'는 두 번째 동사 뒤, '着'는 첫 번째 동사 뒤에 사용한다.

他来我家找过我。Tā lái wǒ jiā zhǎoguo wǒ. 그가 우리 집에 나를 찾아 온 적이 있습니다.

他喝着咖啡听音乐。Tā hēzhe kāfēi tīng yīnyuè. 그는 커피를 마시며 음악을 듣습니다.

(3) 동사의 중첩

연동문의 첫 번째 동사는 중첩할 수 없으나, 두 번째 동사는 중첩할 수 있다.

我们下午去外面散散步吧。
Wǒmen xiàwǔ qù wàimiàn sànsan bù ba. 우리 오후에 밖에 산책 좀 하러 가요.

* 我们下午去去外面散散步吧。

3 분류

연동문은 동사 간의 논리적 의미 관계에 따라 다음과 같은 유형으로 분류할 수 있다.

(1) 방식

첫 번째 동사가 두 번째 동사의 방식임을 나타낸다.

我们每天都坐公交车上学。
Wǒmen měitiān dōu zuò gōngjiāochē shàngxué. 우리는 매일 버스로 학교에 갑니다.

他明天坐飞机去上海。Tā míngtiān zuò fēijī qù Shànghǎi. 그는 내일 비행기로 상해에 갑니다.

(2) 목적

두 번째 동사가 첫 번째 동사의 목적임을 나타낸다.

我去图书馆借书。Wǒ qù túshūguǎn jiè shū.

他常常来我们家喝茶。Tā chángcháng lái wǒmen jiā hē chá.

나는 도서관에 책을 빌리러 갑니다.

그는 자주 우리집에 차 마시러 옵니다.

(3) 연속

첫 번째 동사와 두 번째 동사가 연속해서 발생함을 나타낸다.

我打电话叫他过来。Wǒ dǎ diànhuà jiào tā guòlai.

老板来我们办公室和我们每个人握了手。
Lǎobǎn lái wǒmen bàngōngshì hé wǒmen měi ge rén wòle shǒu.

내가 전화해서 그에게 건너오라고 하겠습니다.

사장님이 우리 사무실에 와서 우리 모두와 악수를 했습니다.

(4) 결과

두 번째 동사가 첫 번째 동사의 결과임을 나타낸다.

学校足球队参加全国足球联赛得了冠军。
Xuéxiào zúqiúduì cānjiā quánguó zúqiú liánsài déle guànjūn.

他接到公司的录用通知兴奋得睡不着觉。
Tā jiēdào gōngsī de lùyòng tōngzhī xīngfèn de shuì bu zháo jiào.

학교 축구팀이 전국축구리그에 참가해서 우승했습니다.

그는 회사의 채용통지를 받고 흥분이 되어서 잠을 잘 수가 없었습니다.

(5) 유무

첫 번째 동사가 '有, 没(有)'인 연동문으로, [V_2+O_2]할 [O_1]이 있음(없음)을 나타낸다.

我有话跟你说。Wǒ yǒu huà gēn nǐ shuō.

我没有时间吃午饭。Wǒ méiyǒu shíjiān chī wǔfàn.

네게 할 말이 있어.

나는 점심 먹을 시간이 없네요.

도전 실전 문제

연동문의 구조로 문장을 만들어 봅시다.

1. 우리는 매일 버스로 학교에 갑니다.
   ➡ _____

2. 그는 자주 우리집에 차 마시러 옵니다.
   ➡ _____

3. 내가 전화해서 그에게 오라고 하겠습니다.
   ➡ _____

겸어문

겸어문은 문장 하나에 두 개의 서술어가 있고, 첫 번째 서술어(동사)의 목적어가 두 번째 서술어(동사 혹은 형용사)의 주어를 겸하는 성분인 '겸어'를 포함하는 문장을 가리킨다.

$$S + V_1请/叫/让/有 + O_1/S_2_{겸어} V_2 + O_2。$$

문장 하나에 두 개의 서술어가 있고, 첫 번째 서술어(동사)의 목적어가 두 번째 서술어(동사 혹은 형용사)의 주어를 겸할 때 이러한 성분을 '겸어'라고 부르며 이러한 구조를 포함하는 문장을 '겸어문'이라고 한다. 자주 사용하는 첫 번째 서술어(동사)로는 '请', '叫', '让', '有' 등이 있다.

1 구조

긍정문 $S_1 + V_1请/叫/让/有 + \underline{O_1/S_2}_{겸어} + V_2 + O_2。$

他请我们去他家。Tā qǐng wǒmen qù tājiā.
我有一个朋友来北京了。Wǒ yǒu yíge péngyou lái Běijīng le.

그는 우리를 집으로 초대했습니다.
친구 한 명이 北京에 왔습니다.

$S_1 + V_1有 + \underline{O_1/S_2}_{겸어} + 很 + A。$

她有一个孩子很可爱。Tā yǒu yí ge háizi hěn kě'ài.

그녀는 귀여운 아이가 하나 있습니다.

부정문 $S_1 + 不/没 + V_1请/叫/让 + \underline{O_1/S_2}_{겸어} + V_2 + O_2。$

父亲不让我们玩儿电脑。Fùqīn bú ràng wǒmen wánr diànnǎo.
他没请我们看京剧。Tā méi qǐng wǒmen kàn Jīngjù.

아버지는 우리가 컴퓨터를 하지 못하게 합니다.
그는 우리에게 경극을 보여주지 않았습니다.

$S_1 + 没 + V_1有 + \underline{O_1/S_2}_{겸어} + V_2 + O_2。$

这儿没有人懂德语。Zhèr méiyǒu rén dǒng Déyǔ.

여기에는 독일어를 아는 사람이 없습니다.

$S_1 + 没 + V_1有 + \underline{O_1/S_2}_{겸어} + 很 + A。$

这儿没有人很轻松。Zhèr méiyǒu rén hěn qīngsōng.

여기에는 (기분이) 홀가분한 사람이 없습니다.

2 구조적 특징

(1) 서술어의 종류

두 번째 서술어는 동사 이외에 형용사도 사용할 수 있다.

동사 大家想请您谈谈感想。
Dàjiā xiǎng qǐng nín tántan gǎnxiǎng.

모두 당신에게 소감을 좀 말해 주기를 요청하고 싶어 합니다.

형용사 他们有一个小女儿很活泼。
Tāmen yǒu yí ge xiǎo nǚ'ér hěn huópō.

그들은 성격이 활달한 어린 딸이 하나 있습니다.

(2) 목적어

두 번째 서술어가 동사일 경우 뒤에 목적어가 올 수 있다.

他请我们去他家。 Tā qǐng wǒmen qù tā jiā.

그는 우리를 집으로 초대했습니다.

我们班有三个男同学参加比赛。
Wǒmen bān yǒu sān ge nántóngxué cānjiā bǐsài.

우리 반은 남학생 세 명이 시합에 참가합니다.

(3) 부사어의 위치

첫 번째 서술어나 두 번째 서술어 앞에는 부사어가 올 수 있다.

他昨天请我们吃饭。 Tā zuótiān qǐng wǒmen chī fàn.

그는 어제 우리에게 밥을 샀습니다.

老师常常让我们互相帮助。
Lǎoshī chángcháng ràng wǒmen hùxiāng bāngzhù.

선생님은 자주 우리에게 서로 도우라고 하십니다.

我留他多住几天。 Wǒ liú tā duō zhù jǐ tiān.

제가 그더러 며칠 더 있다가 가라고 붙잡았습니다.

(4) 부정 형식

일반적으로 첫 번째 서술어(즉 동사) 앞에 부정부사 '不'나 '没(有)'를 사용해서 부정문을 만든다.

父亲不让我们这样做。 Fùqīn bú ràng wǒmen zhèyàng zuò.

아버지는 우리가 이렇게 하지 못하게 합니다.

他没请我们看京剧。 Tā méi qǐng wǒmen kàn Jīngjù.

그는 우리에게 경극을 보여주지 않았습니다.

大夫没让我吃这种药。 Dàifu méi ràng wǒ chī zhè zhǒng yào.

의사는 나에게 이런 종류의 약을 먹지 못하게 했습니다.

这儿没有人懂德语。 Zhèr méiyǒu rén dǒng Déyǔ.

여기에는 독일어를 아는 사람이 없습니다.

(5) 상조사 '了'의 위치

상조사 '了₁'은 두 번째 서술어(즉 동사) 뒤에 사용해야 한다.

昨天他请我看了一场电影。　　＊ 昨天他请了我看一场电影。
Zuótiān tā qǐng wǒ kànle yì chǎng diànyǐng.

어제 그는 나에게 영화를 한 편 보여줬습니다.

我已经让小华去了一趟。　　＊我已经让了小华去一趟。
Wǒ yǐjīng ràng Xiǎo Huá qùle yítàng.

他的演讲使我得到了启发。　　＊他的演讲使了我得到启发。
Tā de yǎnjiǎng shǐ wǒ dédàole qǐfā.

나는 이미 小华더러 한 번 다녀오라고 했습니다.

그의 강연은 나에게 깨달음을 주었습니다.

3 분류

겸어문은 첫 번째 동사가 가지는 의미에 따라 다음과 같이 분류할 수 있다.

(1) 사역 의미류 겸어문

첫 번째 동사가 요청이나 명령 등의 의미를 갖는 동사로 이루어진 겸어문이다. 겸어에게 '무엇을 시키다'는 것을 표현하는데, 자주 쓰이는 동사에는 다음과 같은 것이 있다.

> 请　让　叫　使　要　约　派　安排　请求　要求　邀请　등

我们请你唱一首韩文歌。Wǒmen qǐng nǐ chàng yì shǒu Hánwéngē.

老师让他读课文。Lǎoshī ràng tā dú kèwén.

他叫你进来。Tā jiào nǐ jìnlai.

虚心使人进步，骄傲使人落后。
Xūxīn shǐ rén jìnbù, jiāo'ào shǐ rén luòhòu.

老师要/要求每个人都填好申请书。
Lǎoshī yào/yāoqiú měi ge rén dōu tián hǎo shēnqǐngshū.

我约她在公园大门见面。Wǒ yuē tā zài gōngyuán dàmén jiànmiàn.

我们派辆大巴去接他们。Wǒmen pài liàng dàbā qù jiē tāmen.

우리에게 한국어 노래 한 곡 불러 주세요.

선생님이 그에게 본문을 읽으라고 합니다.

그가 당신더러 들어오라고 합니다.

겸손은 사람을 진보시키고 교만은 사람을 퇴보시킨다.

선생님은 각 사람들에게 신청서를 다 쓰라고 했다.

나는 그녀와 공원 정문에서 만나기로 약속했다.

우리는 버스를 보내서 그들을 마중합니다.

(2) '有' 겸어문

첫 번째 동사가 '有'인 겸어문으로, 겸어가 '무엇을 한다', '어떻다'라는 것을 설명한다.

我有一个朋友来北京了。Wǒ yǒu yí ge péngyou lái Běijīng le.

屋子里有人说话。Wūzi li yǒu rén shuōhuà.

唐朝有一位诗人叫李白。Tángcháo yǒu yí wèi shīrén jiào Lǐ Bái.

她有一个孩子很可爱。Tā yǒu yí ge háizi hěn kě'ài.

친구 한 명이 北京에 왔습니다.

방 안에 누군가가 말하고 있습니다.

唐나라때 李白이라는 시인이 있었습니다.

그녀는 귀여운 아이가 하나 있습니다.

도전 실전 문제

주어진 단어를 알맞은 곳에 넣어 문장을 만들어 봅시다.

1. [请]　他 昨天 我们 吃 饭 。
   ➡ _____

2. [让]　父亲 不 我们 这样 做 。
   ➡ _____

3. [有]　屋子 里 人 说 话 。
   ➡ _____

# 비교문

비교문은 사물 간의 비교를 나타내는 문장을 가리킨다.

S비교 주체 + **比** + **N**비교 기준 + **A**비교 결과(+ 구체적 차이)。

현대중국어의 비교문은 '(형식상의) 비교문'과 '의미상의 비교문'으로 분류할 수 있다. '(형식상의) 비교문'은 한국어의 비교문과 같이 '비교 주체-비교 기준-비교 결과'의 어순으로 표현하며, 다시 차등비교표지 '比'를 사용하는 차등비교문과 동등비교표지 '跟, 有'를 사용하는 동등비교문으로 분류할 수 있다.

형식상의 비교문	차등비교문	비교표지 '比' 사용 **S**비교 주체 + **比** + **N**비교 기준 + 비교 결과(+ 구체적 차이)
	동등비교문	비교표지 '跟, 有' 사용 **S**비교 주체 + **跟** + **N**비교 기준 + **一样**(+ 비교 결과) **S**비교 주체 + **有** + **N**비교 기준(+ **这么/那么**) + 비교 결과
의미상의 비교문	차등비교문	부사 '最' 사용 **S**비교 주체 + **最** + 비교 결과
		전치사와 동사 '跟……相比' 사용 **跟** + **N**비교 주체 + **相比**, 비교 결과

1 (형식상의) 비교문

(형식상의) 비교문은 비교표지 즉, 비교를 나타내는 전치사를 사용한 비교문을 가리킨다. 비교를 나타내는 전치사에는 '比'와 '跟', '有'가 있는데, '比'는 차등비교문에 '跟', '有'는 동등비교문에 사용된다.

(1) 차등비교문

사람 혹은 사물의 성질이나 상태 간에 차이가 있음을 나타내는 비교문으로, 비교 주체가 비교 기준보다 우월함을 나타낸다.

① 긍정문

S + **比** + **N** + 형용사/동사구。
비교 주체   비교 기준   비교 결과

▶ **S**비교 주체 〉 **N**비교 기준

今天比昨天冷。Jīntiān bǐ zuótiān lěng.

姐姐比弟弟高。Jiějie bǐ dìdi gāo.

他比我喜欢运动。Tā bǐ wǒ xǐhuan yùndòng.

兔子比乌龟跑得快。Tùzi bǐ wūguī pǎo de kuài.

오늘이 어제보다 춥네요.

누나/언니가 남동생보다 키가 큽니다.

그가 나보다 운동을 좋아합니다.

토끼가 거북이보다 빨리 달립니다.

비교 주체와 비교 기준의 차이가 큼을 강조하고 싶을 경우, 비교 결과 앞에 정도부사 '更', '还'를 사용할 수도 있다. 그렇지만 한국어와는 달리 '매우, 대단히, 가장'의 의미를 가지는 '很', '非常', '最' 등과 같은 정도부사는 '比' 구문에 사용할 수 없다.

S + 比 + N + 更/还 + 형용사/동사구。
비교 주체　　비교 기준　　　　　　비교 결과

妹妹很聪明，但姐姐比妹妹更/还聪明。
Mèimei hěn cōngmíng, dàn jiějie bǐ mèimei gèng/hái cōngmíng.

여동생이 똑똑하지만, 언니가 여동생보다 더 똑똑합니다.

爸爸一米八，但儿子比爸爸更/还高。
Bàba yī mǐ bā, dàn érzi bǐ bàba gèng/hái gāo.

아버지가 180센티미터이지만, 아들이 아버지보다 더 큽니다.

你的确很了解他，但上大学时，我和他是同屋，所以我比你更/还了解他。
Nǐ díquè hěn liǎojiě tā, dàn shàng dàxué shí, wǒ hé tā shì tóngwū, suǒyǐ wǒ bǐ nǐ gèng/hái liǎojiě tā.

네가 확실히 그를 잘 알지만, 대학 때 나는 그와 룸메이트였어. 그래서 내가 너보다 더 그를 잘 알아.

我比他还大。　　　　　　　　* 我比他很大。
Wǒ bǐ tā hái dà.

나는 그보다 더 나이가 많다.

他比我更喜欢她。　　　　　　* 他比我非常喜欢她。
Tā bǐ wǒ gèng xǐhuan tā.

그는 나보다 더 그녀를 좋아한다.

구체적인 수치를 제시하여 비교 결과를 나타내고자 할 때는, 비교 결과 뒤에 수량사를 넣어 그 차이를 설명할 수 있다.

S + 比 + N + 형용사 + 수량사。
비교 주체　　비교 기준 비교 결과　비교 차이

我比他大三岁。Wǒ bǐ tā dà sān suì.

나는 그보다 세 살 많습니다.

今天比昨天高4度。Jīntiān bǐ zuótiān gāo sì dù.

오늘이 어제보다 4도 높습니다.

这件衣服比那件贵180元。
Zhè jiàn yīfu bǐ nà jiàn guì yìbǎi bāshí yuán.

이 옷은 그 옷보다 180위안 비쌉니다.

② 부정문

'比' 구문의 부정은 일반적으로 '没有'를 사용하여 비교 주체가 비교 기준보다 못함을 나타낸다.

S + **没有** + **N** + 형용사/동사구。
비교 주체 비교 기준 비교 결과

▶ S비교 주체 < N비교 기준

今天没有昨天冷。Jīntiān méiyǒu zuótiān lěng.
姐姐没有弟弟高。Jiějie méiyǒu dìdi gāo.
他没有我(那么)喜欢运动。
Tā méiyǒu wǒ (nàme) xǐhuan yùndòng.

오늘은 어제만큼 춥지 않아요.

누나가 남동생만큼 크지 않군요.

그는 나만큼 운동을 좋아하지 않습니다.

'比' 구문의 부정으로 '不比' 구문을 사용하기도 하는데, '不比' 구문은 표면적으로는 '비교 주체가 비교 기준보다 ~하지 못하다'라는 의미만을 나타내는 것 같지만, 실제로는 '비교 주체와 비교 기준이 비슷하다'는 의미도 갖는다.

S + **不比** + **N** + 형용사。
비교 주체 비교 기준 비교 결과

▶ S비교 주체 ≦ N비교 기준

他不比你高。Tā bù bǐ nǐ gāo.
广州的天气不比上海冷。
Guǎngzhōu de tiānqì bù bǐ Shànghǎi lěng.

그가 너보다 큰 건 아니다.
▶ '그의 키가 너보다 크지 않을 수도 있고 같을 수도 있다'는 뜻을 나타냄.
广州의 날씨가 上海보다 추운 건 아니다.
▶ '广州의 날씨가 上海의 날씨보다 춥지 않거나 비슷하게 추울 수도 있다'는 뜻을 나타냄.

따라서 '不比' 구문은 '比' 구문의 내용에 동의하지 않거나 반박하는 의미로 주로 사용된다.

他没有你高。Tā méiyǒu nǐ gāo.
他不比你高。Tā bù bǐ nǐ gāo.

그는 너만큼 크지 않아.
▶ '그가 너보다 키가 크지 않다 (즉, 그는 키가 작다)'는 사실을 나타냄.
그가 너보다 큰 건 아니야.
▶ '他比你高。'라고 말하는 것 혹은 그런 의견에 대해 동의하지 않음을 나타냄.

▶ S비교 주체 = N비교 기준
▶ S비교 주체 ≒ N비교 기준

(2) 동등비교문

사람이나 사물이 서로 동일하거나 유사함을 나타내는 비교문으로, '비교 주체가 비교 기준과 동일함'을 나타내거나 '둘이 비슷함'을 나타낸다.

① 단순동등 비교문

사람이나 사물이 동일함을 나타내는 비교문으로, 비교 주체가 비교 기준과 같음을 나타낸다.

긍정문 S + 跟 + N + 一样。
비교 주체   비교 기준

▶ S비교 주체 = N비교 기준

他的身高跟你一样。Tā de shēngāo gēn nǐ yíyàng.
她的年纪跟我一样。Tā de niánjì gēn wǒ yíyàng.
他长得跟他哥哥一样。Tā zhǎng de gēn tā gēge yíyàng.

그의 키는 당신과 똑같아요.

그녀의 나이는 나와 같습니다.

그는 형하고 똑같이 생겼습니다.

부정문 S + 跟 + N + 不一样。
비교 주체   비교 기준

▶ S비교 주체 ≠ N비교 기준

他的身高跟你不一样。
Tā de shēngāo gēn nǐ bù yíyàng.

她的年纪跟我不一样。
Tā de niánjì gēn wǒ bù yíyàng.

他长得跟他哥哥不一样。
Tā zhǎng de gēn tā gēge bù yíyàng.

그의 키는 당신과는 다릅니다.

그녀의 나이는 나와 다릅니다.

그는 형하고 다르게 생겼어.

확장 형식 S + 跟 + N + 一样 + 형용사/동사구。
비교 주체   비교 기준   비교 결과

下班时堵车很厉害，骑自行车跟开车一样快。
Xiàbān shí dǔchē hěn lìhai, qí zìxíngchē gēn kāi chē yíyàng kuài.

新娘跟新郎一样高。
Xīnniáng gēn xīnláng yíyàng gāo.

豆浆跟牛奶一样有营养。
Dòujiāng gēn niúnǎi yíyàng yǒu yíngyǎng.

퇴근할 때 차가 심하게 막혀서, 자전거를 타는 것이 차를 모는 것과 똑같이 빠릅니다.

신부가 신랑이랑 키가 똑같습니다.

중국식 두유(豆浆)는 우유와 마찬가지로 영양가가 있습니다.

② 유사동등 비교문

어떤 사람이나 사물이 유사함을 나타내는 비교문으로 '비교 주체가 비교 기준의 정도에 도달하여 비슷해졌음'을 나타낸다. 비교표지 '有'를 사용한다.

긍정문 S + 有 + N (+ 这么/那么) + 형용사/동사구。
비교 주체   비교 기준   비교 결과

▶ S비교 주체 ≒ N비교 기준

儿子有爸爸那么高。
Érzi yǒu bàba nàme gāo.

那只鸡蛋有一只鸭蛋那么大。
Nà zhī jīdàn yǒu yì zhī yādàn nàme dà.

아들이 아버지만큼 키가 큽니다.

그 달걀은 오리알만큼 큽니다.

你的房间有我的房间这么干净吗?
Nǐ de fángjiān yǒu wǒ de fángjiān zhème gānjìng ma?

네 방이 내 방만큼 깨끗하니?

부정문 S + 没有 + N (+ 这么/那么) + 형용사/동사구。
비교 주체　　　　비교 기준　　　　　　　　　　비교 결과

▶ S비교 주체 < N비교 기준
▶ '没有'는 차등비교문의 부정 형식으로 사용된다.(130쪽 참고)

我没有他那么出色。
Wǒ méiyǒu tā nàme chūsè.

나는 그만큼 특출나지 않습니다.

我说汉语没有他那么好。
Wǒ shuō Hànyǔ méiyǒu tā nàme hǎo.

나는 중국어를 그만큼 잘하지 못합니다.

2 의미상의 비교문

의미상의 비교문은 비교표지(비교를 나타내는 전치사)를 사용하지 않고, 비교 의미를 나타내는 부사(最), 전치사와 동사(跟…相比)를 사용하여 차등비교를 나타내는 비교문을 가리킨다.

(1) 最

비교 주체가 동일한 사물 안에서 가장 뛰어남을 나타낼 때 '가장, 최고'를 의미하는 부사 '最'를 사용한다.

S + 最 + 형용사/동사구。
비교 주체　　　비교 결과

印度是世界上人口最多的国家吗?
Yìndù shì shìjiè shàng rénkǒu zuì duō de guójiā ma?

인도는 세계에서 인구가 가장 많은 나라인가요?

我最喜欢看小说。Wǒ zuì xǐhuan kàn xiǎoshuō.

나는 소설 읽는 것을 가장 좋아합니다.

(2) 跟……相比

심리동사의 목적어를 비교할 경우, 비교 기준을 앞에서 먼저 제시하여 표시한다.

跟 + N + 相比, + 주술구。
　　비교 기준　　　비교 결과

跟西瓜相比, 我更喜欢吃苹果。　　* 我比西瓜更喜欢吃苹果。
Gēn xīguā xiāngbǐ, wǒ gèng xǐhuan chī píngguǒ.

수박에 비해서, 나는 사과 먹는 것을 더 좋아합니다.

跟新疆相比, 我更希望去西藏。　　* 我比新疆更希望去西藏。
Gēn Xīnjiāng xiāngbǐ, wǒ gèng xīwàng qù Xīzàng.

新疆에 비해서, 나는 티베트(西藏)를 더 가보고 싶습니다.

> **TIP** 한국어, 영어, 중국어의 차등비교문
>
> **한국어** 나는 수박보다 사과 먹는 것을 더 좋아한다.
>
> **영어** I like eating apples more than watermelons.
>
> **중국어** *我比西瓜更喜欢吃苹果。→ 跟西瓜相比，我更喜欢吃苹果。
>
> 한국어나 영어와 달리 중국어 차등비교문에서는 목적어 성분을 비교할 수 없다. 즉, 비교 결과의 주어가 될 수 있는 성분만을 비교 주체 또는 비교 기준으로 사용할 수 있다.
>
> 我漂亮，小王更漂亮。
> → 小王比我更漂亮。

나는 예쁜데, 小王이 더 예쁩니다.
小王이 나보다 더 예쁩니다.

도전 실전 문제

주어진 단어를 이용하여 비교문을 만들어 봅시다.

1. 그가 나보다 운동을 좋아합니다. (比)
    ➡ _____

2. 广州의 날씨가 上海보다 추운 건 아니다. (不比)
    ➡ _____

3. 신부가 신랑이랑 키가 똑같습니다. (跟……一样)
    ➡ _____

4. 나는 중국어를 그만큼 잘하지 못합니다. (没有……那么)
    ➡ _____

5. 나는 수박보다 사과 먹는 것을 더 좋아한다. (跟……相比)
    ➡ _____

 존현문

존현문은 어디에 무엇이 존재하거나, 출현·소실하는 것을 나타내는 문장을 가리킨다.

어떤 장소에 확실히 모르는(비한정적인) 어떤 사람 혹은 사물이 존재함을 나타내거나, 또는 어떤 장소나 시간에 확실히 모르는(비한정적인) 어떤 사람 혹은 사물이 출현하거나 소실됨(사라짐)을 나타내는 문장을 '존현문'이라고 부른다. 존현문의 중점은 '비한정적인 대상'의 존재와 출현을 표현하는 데 있다. 존현문은 문장이 나타내는 의미에 따라 존재를 나타내는 '존재문'과 출현 혹은 사라짐을 나타내는 '출현-소실문'으로 분류할 수 있다.

1 구조

존현문은 중국어 문장의 일반적 어순(S사람/사물+V+O장소 ; 我在家。)과는 달리, 장소나 시간을 나타내는 단어가 존재·출현·소실 의미의 동사 앞에 오고 비한정적인 사람이나 사물은 동사 뒤에 위치한다.

S 장소/시간 + V 존재/출현/소실 + O 비한정적인 사람/사물。

▶ 영어에도 존현문이 있어요.
There is a book on the desk.

2 분류

(1) 존재문

어떤 장소에 확실히 모르는(비한정적인) 어떤 사람이나 사물이 존재함을 나타내는 문장으로 '有'와 '是'를 사용하여 나타내는 문장이 대표적이다.

S + 有/是 + O。
장소   비한정적인 사람/사물

 존재 표현에 대해서는 135쪽 TIP을 참조하세요.

学校门口有一家咖啡馆。 Xuéxiào ménkǒu yǒu yì jiā kāfēiguǎn.
宿舍前边是一个草坪。 Sùshè qiánbiān shì yí ge cǎopíng.
桌子上是书，没有别的东西。
Zhuōzishang shì shū, méiyǒu biéde dōngxi.

학교 입구에 커피숍이 하나 있습니다.

기숙사 앞은 잔디밭입니다/기숙사 앞에 잔디밭이 하나 있습니다.

책상 위에 책만 있고, 다른 물건은 없습니다.

今天早上起来，我打开窗户向外一看，树上、地上都**是**雪，好看极了。
Jīntiān zǎoshang qǐlái, wǒ dǎkāi chuānghu xiàng wài yí kàn, shùshang, dìshang dōu shì xuě, hǎokàn jíle.

오늘 아침 일어나 창문을 열고 밖을 보니 나무 위, 땅 위가 다 눈이었습니다. 엄청 예뻤습니다.

일상 언어 생활에서는 일반동사를 사용한 존재문을 많이 사용하는데, 어떤 장소에 어떤 사람 혹은 사물이 존재하고 있으며 그 존재하는 모습이 어떠한지도 설명한다.

S + V着/VC了 + O。
장소　　　　　비한정적인 사람/사물

门口**停着**一辆车。Ménkǒu tíngzhe yí liàng chē.
墙上**挂着**全家福。Qiángshang guàzhe quánjiāfú.
桌子上**放着**一瓶矿泉水。
Zhuōzishang fàngzhe yì píng kuàngquánshuǐ.
院子里**种着**一棵树，树上**结满了**果子。
Yuànzili zhòngzhe yì kē shù, shùshang jiēmǎnle guǒzi.

입구에 차가 한 대 주차해 있습니다.
벽에 가족사진이 걸려 있습니다.
책상 위에 생수가 한 병 놓여 있습니다.

정원에 나무가 한 그루 심어져 있고, 나무에는 과일이 주렁주렁 열려 있습니다.

존재문에 출현하는 일반동사에는 다음과 같은 것이 있다.

① 사물이 존재하는 방식을 나타내는 동사
　坐　站　躺　跪　蹲　挤　围　拿　住　刮　飘　开　등

② 사물을 처리하는 동작을 나타내는 동사
　放　挂　贴　摆　插　排　立　画　刻　晾　등

> **TIP** 존재를 나타내는 동사 在, 有, 是
>
> 존재를 나타내는 동사로는 '在', '有', '是'가 있는데 각각 그 문장 구조와 의미에 다소 차이가 있다.
>
> (1) 在: [S한정적인 사람/사물+**在**+O장소。]
> 중국어의 일반적인 어순을 사용해서 확실히 아는(한정적인) 사람 또는 사물이 어떤 장소에 있음을 나타낼 때 사용한다.
>
> 那家银行**在**学校里面。
>
> '존재문'은 기본 구조가 [S장소+V有/是+O 비한정적인 사람/사물。]이기 때문에, '在'는 존재를 표현하지만 해당 문장은 존재문에 포함되지 않는다.
>
> (2) 有: [S장소+**有**+O비한정적인 사람/사물。]
> 大学对面**有**一个邮局。

그 은행은 학교 안에 있습니다.

대학교 맞은 편에 우체국이 하나 있습니다.
▶ 一个邮局–비한정적인 사물.

(3) 是: [**S**장소+**是**+**O**한정적인/비한정적인 사람/사물。]

일반적으로 어떤 장소에 그것 하나만 있거나 정확하게 무엇이 있는지 확인하는 표현에서 주로 사용된다. 또한 일반적인 존현문의 경우 비한정적인 사람·사물이 목적어로 출현하지만, '是' 존재문의 경우 한정적인 사람·사물도 목적어로 출현 가능하다.

大学对面是一个邮局。
邮局对面是中国银行。

대학교 맞은 편은 우체국입니다/대학교 맞은 편에 우체국이 하나 있습니다.
▶ 一个邮局−비한정적인 사물.

우체국 맞은 편은 中国银行입니다/우체국 맞은 편에 中国은행이 있습니다.
▶ 中国银行−한정적인 사물.

(2) 출현−소실문

어떤 장소나 시간에 확실히 모르는(비한정적인) 사람이나 사물이 출현하거나 사라짐을 나타낸다.

출현문 S + V了 + O。
장소/시간 출현   비한정적인 사람/사물

S + VC(了) + O。
장소/시간 출현   비한정적인 사람/사물

家里来了一位客人。 Jiāli láile yí wèi kèrén.
昨天来了很多客人。 Zuótiān láile hěn duō kèrén.
天空中出现了一道彩虹。
Tiānkōngzhōng chūxiànle yí dào cǎihóng.
前面开来一辆汽车。 Qiánmiàn kāilái yí liàng qìchē.
树上飞下来一只小鸟。 Shùshang fēixiàlái yì zhī xiǎoniǎo.

집에 손님이 한 분 왔습니다.
어제 손님이 많이 왔습니다.
하늘에 무지개가 하나 떴습니다.
앞에서 차가 한 대 왔습니다.
나무 위에서 작은 새 한 마리가 날아 내려왔습니다.

소실문 S + V(C)了 + O。
장소/시간 소실 비한정적인 사람/사물

商店丢了两件衣服。 Shāngdiàn diūle liǎng jiàn yīfu.
办公室少了一把椅子。 Bàngōngshì shǎole yì bǎ yǐzi.
阳台上吹跑了一件T恤。
Yángtáishang chuīpǎole yí jiàn T xù.
上午走了一个人，下午又来了一个人。
Shàngwǔ zǒule yí ge rén, xiàwǔ yòu láile yí ge rén.

가게에서 옷 두 벌을 잃어버렸습니다.
사무실에 의자가 하나 없어졌습니다.
베란다에서 티셔츠 한 벌이 바람에 날아갔습니다.
오전에는 한 사람이 떠났고, 오후에는 또 한 사람이 왔습니다.

출현−소실문에 출현하는 동사에는 다음과 같은 것이 있다.

① 사물의 이동과 관련된 동사   来 走 跑 掉 丢 등
② 사물의 출현, 소실과 관련된 동사   刮 冒 飘 死 响 浮现 등

3 특징

(1) 주어의 제한

존현문의 경우 문장 앞에 출현하는 '주어(장소, 시간)' 앞에는 전치사 '在', '从'을 사용할 수 없다.

桌子上放着很多书。Zhuōzishang fàngzhe hěn duō shū.
对面走来一位老人。Duìmiàn zǒulai yí wèi lǎorén.

책상 위에 책이 많이 놓여 있습니다.
맞은 편에서 노인 한 분이 걸어왔습니다.

보통명사가 존현문의 주어로 출현할 경우 반드시 '上, 下, 里, 外'와 같은 방위사를 함께 사용하여 장소명사화해야 한다.

桌子上放着一个花瓶。　　　　　＊桌子放着一个花瓶。
Zhuōzishang fàngzhe yí ge huāpíng.

책상 위에 꽃병이 하나 놓여 있습니다.

(2) 목적어의 제한

존현문은 일반적으로 동사 뒤에 오는 목적어가 비한정적인 사람이나 사물이므로 그 앞에는 수량사가 출현하는 것이 일반적이다.

桌子上放着几本书。Zhuōzishang fàngzhe jǐ běn shū.
前面开过来一辆车。Qiánmiàn kāiguòlái yí liàng chē.
昨天搬走了一张桌子。Zuótiān bānzǒule yì zhāng zhuōzi.

책상 위에 책이 몇 권 놓여 있습니다.
앞에서 차가 한 대 왔습니다.
어제 책상을 하나 옮겨 갔습니다.

도전 실전 문제

다음 문장의 잘못된 부분을 찾아 고쳐 봅시다.

1. 桌子放着一个花瓶。
   ➡

2. 前面一辆车开过来。
   ➡

3. 对面走来那位老人。
   ➡

'把' 구문

'把' 구문은 중국어 평서문의 일반적인 어순과 달리 'S把OV' 어순으로, 'S가 O를 V하여 어떤 결과 또는 변화가 생겨나도록 만들다'라는 의미를 나타내는 문장을 가리킨다.

1 구조

중국어 평서문의 일반적인 어순은 [SVO]이지만 때로 다음과 같이 [S把OV] 형식으로도 출현한다. 일반적인 어순(SVO)의 평서문이 'S행위자가 O수동자를 V하다'라는 단순 서술에 사용된다면, '把' 구문은 아래에서 볼 수 있듯이 'S행위자가 O수동자를 V하여 어떤 결과 또는 변화가 생겨나도록 만들다'라는 의미를 나타낼 때 사용한다.

S + 把 + O + V。

我把衣服洗干净了。Wǒ bǎ yīfu xǐ gānjìng le.
我把书包放在这儿了。Wǒ bǎ shūbāo fàngzài zhèr le.

나는 옷을 깨끗이 빨았습니다.

나는 책가방을 여기에 놔뒀습니다.

我洗衣服，衣服干净了。　　　　　　我把衣服洗干净了。

我放书包，放在这儿了。　　　　　　我把书包放在这儿了。

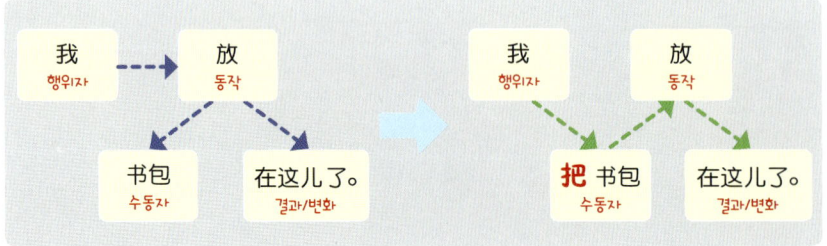

2 의미와 분류

(1) 처리處置

'把' 구문은 'S행위자가 O수동자를 V하여 어떤 결과가 생겨나도록 만들다'라는 의미를 표현한다. 즉, 주어가 어떤 동작을 통하여 목적어를 어떻게 '처리'하였는지를 나타내는 것이다. '처리'의 의미를 나타내는 '把' 구문은 일반적인 어순(SVO)의 평서문으로 변환할 수 있다.

S (행위자) + **把 O** (한정적인 수동자) + **VP**。 ⇔ **S** (행위자) + **VP** + **O** (수동자)。

你快把饭吃了呀。⇔ 你快吃饭呀。
Nǐ kuài bǎ fàn chīle ya.

他已经把车修好了。⇔ 他已经修好车了。
Tā yǐjīng bǎ chē xiūhǎole.

> 빨리 밥을 먹으세요.
> ⇔ 빨리 밥 먹어요.
>
> 그는 이미 차를 다 수리했습니다.
> ⇔ 그는 이미 차 수리를 다 했습니다.

(2) 변화

'把' 구문의 또 다른 의미는 'S행위자가 O수동자를 V하여 어떤 변화가 생겨나도록 만들다'라는 의미이다. 즉, 주어가 어떤 동작을 통하여 목적어를 어떻게 '변화'시켰는지를 나타내는 것이다. '변화'의 의미를 나타내는 '把' 구문은 일반적인 어순(SVO)의 평서문으로 변환할 수 없다.

S (행위자) + **把 O_1** (한정적인 수동자) + **VC** : 在/到/给/成/作 + **O_2** (장소/사람/변화결과)。

① 위치의 변화1: 동작을 통해 사물의 위치가 이동됨을 표현한다.

S (행위자) + **把 O_1** (한정적인 수동자) + **VC** : 在/到 + **O_2** (장소)。

我把书放在桌子上了。Wǒ bǎ shū fàngzài zhuōzishang le.
我把钱存在银行了。Wǒ bǎ qián cúnzài yínháng le.
她把车开到门口了。Tā bǎ chē kāidào ménkǒu le.
我已经把朋友送到火车站了。
Wǒ yǐjīng bǎ péngyou sòngdào huǒchēzhàn le.

> 나는 책을 책상 위에 놓았습니다.
> 나는 돈을 은행에 입금했습니다.
> 그녀는 차를 입구까지 몰고 왔습니다.
> 나는 이미 친구를 기차역까지 데려다주었습니다.

② 위치의 변화2: 동작을 통해 사물이 어떤 대상에게 전달됨을 표현한다.

S (행위자) + **把 O_1** (한정적인 수동자) + **VC** : 给 + **O_2** (사람)。

我把自行车借给朋友了。
Wǒ bǎ zìxíngchē jiègěi péngyou le.

나는 자전거를 친구에게 빌려주었습니다.

我想把我女朋友的照片发给妈妈看看。
Wǒ xiǎng bǎ wǒ nǚpéngyou de zhàopiàn fāgěi māma kànkan.

나는 내 여자친구 사진을 어머님이 좀 보시도록 보내드리고 싶어요.

③ 대상의 상태 변화: 동작을 통해 사람 혹은 사물에 어떤 변화가 발생함을 표현한다.

S + 把 O₁ + VC : 成/作 + O₂。
행위자   한정적인 수동자   변화 결과

我把"休"写成"体"了。
Wǒ bǎ "xiū" xiěchéng "tǐ" le.

나는 '休'를 '体'로 썼습니다.

我要把美元换成人民币。
Wǒ yào bǎ měiyuán huànchéng rénmínbì.

나는 달러를 인민폐로 환전하려고 합니다.

她把这本书翻译成汉语了。
Tā bǎ zhè běn shū fānyìchéng Hànyǔ le.

그녀는 이 책을 중국어로 번역했습니다.

他把中国当成/当作第二故乡。
Tā bǎ Zhōngguó dàngchéng/dàngzuò dì-èr gùxiāng.

그는 중국을 제2의 고향으로 여깁니다.

3 특징

(1) 동사 뒤 부가 성분 동반

'把' 구문의 동사는 일반적으로 단독으로 사용할 수 없고, 다음과 같이 동작의 영향 혹은 결과를 설명하는 성분인 보어 또는 상조사 '了, 着' 등을 수반하거나 중첩 형식 등으로 출현해야 한다.

① 보어: '把' 구문의 동사 뒤에 출현하는 보어로는 결과보어, 방향보어, 상태보어, 동량보어, 시량보어 등이 있다.

결과보어 他能把那本书看完吗?
Tā néng bǎ nà běn shū kànwán ma?

그는 그 책을 다 볼 수 있습니까?

결과보어 她把照片寄给妈妈了。
Tā bǎ zhàopiàn jìgěi māma le.

그녀는 사진을 어머니에게 부쳤습니다.

방향보어 他把那本书借来了。
Tā bǎ nà běn shū jièlai le.

그는 그 책을 빌려왔습니다.

방향보어 请把果皮扔进垃圾桶里去。
Qǐng bǎ guǒpí rēngjìn lājītǒngli qù.

과일껍질을 쓰레기통에다 넣어주세요.

| 상태보어 | 他把时间安排得很合理。
Tā bǎ shíjiān ānpái de hěn hélǐ.

그는 시간을 합리적으로 짰습니다.

| 상태보어 | 她把这件事忘得一干二净。
Tā bǎ zhè jiàn shì wàng de yìgān-èrjìng.

그녀는 이 일을 새까맣게 잊었습니다.

| 동량보어 | 他把那本书读了两遍。
Tā bǎ nà běn shū dúle liǎng biàn.

그는 그 책을 두 번 읽었습니다.

| 동량보어 | 请你帮我把自行车修一下。
Qǐng nǐ bāng wǒ bǎ zìxíngchē xiū yíxià.

당신이 자전거 좀 수리해 주세요.

| 시량보어 | 我把五花肉煮了两个小时。
Wǒ bǎ wǔhuāròu zhǔle liǎng ge xiǎoshí.

나는 삼겹살을 두시간 동안 삶았습니다.

가능보어는 발생하지 않은 동작이나 상황에 대한 가능성을 나타내므로, 결과를 나타내는 '把' 구문에 사용할 수 없다.

* 他把那本书看得懂。

② 상조사 '了, 着': 분리, 소실, 상실, 손실의미를 나타내는 일부 동사는 상조사 '了'만 사용하는데, 이 경우 '了'는 '~해버리다(掉)'의 의미를 나타낸다.

我把钱包丢了。 Wǒ bǎ qiánbāo diūle.

나는 지갑을 잃어버렸어.

谁把啤酒喝了？ Shéi bǎ píjiǔ hēle?

누가 맥주를 마셨어요?

我差点儿把这件事忘了。 Wǒ chàdiǎnr bǎ zhè jiàn shì wàngle.

나는 하마터면 이 일을 잊어버릴 뻔 했습니다.

'着'는 '把' 구문에 사용되어 청자에게 동작 발생 후의 상태를 유지하게 하는 명령의 의미를 나타낸다.

去公安局的时候，别忘了把护照带着。
Qù gōng'ānjú de shíhou, bié wàngle bǎ hùzhào dàizhe.

경찰서에 갈 때, 여권 가져가는 것 잊지 마세요.

상조사 '过'는 사건이 과거에 발생했음만을 객관적으로 나타내므로, '처리, 변화' 의미를 나타내는 '把' 구문에 사용할 수 없다.

* 我已经把这本书看过了。

③ 동사 중첩 형식: 동사의 중첩 형식도 '把' 구문에서 사용할 수 있는데, 부드러운 어조의 명령을 나타낸다.

你把这儿擦擦。 Nǐ bǎ zhèr cāca.

여기 좀 닦으세요.

请你给我把这道题讲一讲吧。
Qǐng nǐ gěi wǒ bǎ zhè dào tí jiǎng yi jiǎng ba.

내게 이 문제 좀 설명해 주세요.

请你把我买的水果洗一洗。
Qǐng nǐ bǎ wǒ mǎi de shuǐguǒ xǐ yi xǐ.

내가 산 과일 좀 씻어주세요.

(2) 동사의 제한

'처리, 변화'의 의미를 나타내지 않는 다음 동사들은 '把' 구문에 사용할 수 없다.

出	懂	蹲	过	回	进	来	怕	去	是	睡
躺	完	像	姓	有	在	站	坐			
出发	担心	等于	感到	害怕	怀疑	记得	继续			
觉得	开始	看见	明白	认识	讨厌	听见	同意			
希望	喜欢	相信	要求	愿意	知道	등				

(3) 목적어의 제한

'把'의 목적어는 한정적인(화자와 청자가 이미 알고 있는) 것만 출현 가능하다. 아래 예문에서 '那本书'는 화자와 청자가 알고 있는 한정적인 대상(그 책)이므로 '把' 구문에서 사용할 수 있지만, '一本书'는 화자와 청자가 분명하게 알고 있지 못한 비한정적인 대상(어떤 한 책)이므로 비문이 된다.

我把那本书放在桌子上了。　　* 我把一本书放在桌子上了。
Wǒ bǎ nà běn shū fàngzài zhuōzishang le.

A: 我的词典在哪儿呢？ Wǒ de cídiǎn zài nǎr ne?

B: 我把词典放在桌子上了，你自己来拿吧。
　　Wǒ bǎ cídiǎn fàngzài zhuōzishang le, nǐ zìjǐ lái ná ba.

나는 그 책을 책상 위에 놓아 두었습니다.

A: 내 사전은 어디에 있어?
B: 내가 사전을 책상 위에 놓아 두었어. 직접 와서 가져가.
▶ '词典'은 이미 'A'가 질문에서 말한 그 '사전' – 한정적인 대상.

(4) 조동사와 부사, 시간명사의 출현 위치

조동사, 부사, 시간명사는 '把' 앞에 출현한다.

조동사　我能把这张桌子抬起来。　　* 我把这张桌子能抬起来。
　　　　Wǒ néng bǎ zhè zhāng zhuōzi tái qǐlái.

　　　　我要把桌子搬到楼下去。　　* 我把桌子要搬到楼下去。
　　　　Wǒ yào bǎ zhuōzi bāndào lóuxià qù.

부사　　我没把自行车停在楼下。　　* 我把自行车没停在楼下。
　　　　Wǒ méi bǎ zìxíngchē tíngzài lóuxià.

　　　　她已经把我忘了。　　　　* 她把我已经忘了。
　　　　Tā yǐjīng bǎ wǒ wàngle.

　　　　我们先把房间打扫一下。　　* 我们把房间先打扫一下。
　　　　Wǒmen xiān bǎ fángjiān dǎsǎo yíxià.

시간명사　我明天要把作业交给老师。
　　　　Wǒ míngtiān yào bǎ zuòyè jiāogěi lǎoshī.

　　　　　　　　　　　* 我要把作业明天交给老师。

나는 이 책상을 들 수 있어.

나는 책상을 아래층으로 옮겨 가려고 해.

나는 자전거를 아래층에 세워 두지 않았습니다.

그녀는 이미 나를 잊었습니다.

우리 먼저 방 청소 좀 하자.

나는 내일 숙제를 선생님께 제출하려고 합니다.

도전 실전 문제

'把' 구문으로 문장을 만들어 봅시다.

1. 그는 이미 차를 다 수리했습니다.
   ➡ _____

2. 나는 돈을 은행에 입금했습니다.
   ➡ _____

3. 그는 그 책을 빌려왔습니다.
   ➡ _____

4. 그녀는 이 책을 중국어로 번역했습니다.
   ➡ _____

5. 나는 자전거를 아래층에 세워두지 않았습니다.
   ➡ _____

UNIT 8 피동문

피동문은 동작의 대상인 수동자(사람, 사물)가 주어로 출현하는 문장을 가리킨다.

S행위자 + 被/叫/让피동표지 + N행위자 + VP。

행위자(동작을 직접 행하는 사람 혹은 사물)가 문장 앞에 위치하여 주어가 되고, 수동자(동작을 받는 사람이나 사물)는 동사 뒤에 위치하여 목적어를 담당하는 문장을 '능동문'이라고 한다. 때로는 수동자가 문장 앞에 와서 주어가 되기도 하는데 이러한 문장을 '피동문'이라고 한다.

중국어의 피동문은 다시 피동 표지 '被, 叫, 让'을 사용하는 '(형식상의) 피동문'과 피동표지를 사용하지 않는 '의미상의 피동문'으로 나눌 수 있다.

1 기본 구조

능동문	S행위자 + VP + O수동자。
(형식상의) 피동문	S수동자 + 被/叫/让피동표지 + N행위자 + VP。
의미상의 피동문	S수동자 + VP。

2 (형식상의) 피동문

피동표지 '被, 叫, 让'을 사용한 피동문은 대부분 원하지 않는 일이나 마음에 들지 않는 결과 즉, 부정적인 의미를 나타내는 문장에 주로 사용된다.

(1) 구조

S + 被/叫/让 + N + VP。
수동자   행위자

他被老师批评了一顿。 Tā bèi lǎoshī pīpíngle yí dùn.
她的小腿叫狗咬了。 Tā de xiǎotuǐ jiào gǒu yǎole.
我的电脑让朋友借走了。 Wǒ de diànnǎo ràng péngyou jièzǒule.

그는 선생님께 꾸중을 들었습니다.
그녀는 종아리를 개에게 물렸습니다.
내 컴퓨터는 친구가 빌려갔습니다.

(2) 특징

① 동사는 단독으로 사용할 수 없고, 뒤에 동작의 결과를 나타내는 보어 또는 상조사 '了, 过' 등이 출현해야 한다.

결과보어 那本书被孩子撕破了。　　　　＊那本书被孩子撕。
Nà běn shū bèi háizi sīpòle.

그 책은 아이가 찢었습니다.

결과보어 我的车昨天被小偷偷走了。　＊我的车昨天被小偷偷。
Wǒ de chē zuótiān bèi xiǎotōu tōuzǒule.

내 차는 어제 도둑이 훔쳐갔습니다.

방향보어 他被朋友叫出去了。　　　　　＊他被朋友叫。
Tā bèi péngyou jiào chūqùle.

그는 친구에게 불려 나갔습니다.

상조사 我被一辆自行车撞了。　　　　＊我被一辆自行车撞。
Wǒ bèi yí liàng zìxíngchē zhuàngle.

나는 자전거에 치였습니다.

상조사 他们被老师批评过。　　　　　＊他们被老师批评。
Tāmen bèi lǎoshī pīpíngguo.

그들은 선생님께 혼난 적이 있습니다.

② 동작의 결과를 나타내지 않는 가능보어와 상조사 '着'는 피동문에 사용할 수 없다.

＊书包被他拿不动。

＊书包被他拿着。

③ 피동문의 주어는 일반적으로 말하는 사람과 듣는 사람이 이미 확실히 아는(한정적인) 사람이나 사물이다.

那本书被他借走了。　　　　　＊一本书被他借走了。
Nà běn shū bèi tā jièzǒule.

그 책은 그가 빌려갔습니다.

④ 조동사, 부사, 시간명사는 일반적으로 피동 표지 '被, 叫, 让' 앞에 출현한다.

这种人应该被送到监狱。
Zhè zhǒng rén yīnggāi bèi sòngdào jiānyù.

이런 사람은 마땅히 감옥으로 보내야 합니다.

那本书没有被孩子撕破。
Nà běn shū méiyǒu bèi háizi sīpò.

그 책은 아이가 찢지 않았습니다.

我的车昨天被小偷偷走了。
Wǒ de chē zuótiān bèi xiǎotōu tōuzǒule.

내 차는 어제 도둑이 훔쳐갔습니다.

空调已经被拆下来了。
Kōngtiáo yǐjīng bèi chāixiàlái le.

에어컨은 이미 철거되었습니다.

我们的宣传材料都被发出去了。 우리의 홍보자료는 다 발송되었습니다.
Wǒmen de xuānchuán cáiliào dōu bèi fāchūqù le.

⑤ 피동표지 '被'는 행위자를 생략하고 동사 앞에 직접 사용하여 피동 의미를 나타내기도 하는데, 생략된 행위자는 문장의 의미에 맞게 복원이 가능하다.

他被撞伤了。　　　　　　　　　　(=他被一辆车撞伤了。) 그는 치여 다쳤습니다.
Tā bèi zhuàngshāng le. 그는 차에 치여 다쳤습니다.

我的衣服被淋湿了。　　　　　　　(=我的衣服被雨淋湿了。) 내 옷은 젖었습니다.
Wǒ de yīfu bèi línshī le. 내 옷은 비에 젖었습니다.

那棵树被刮倒了。　　　　　　　　(=那棵树被大风刮倒了。) 그 나무는 쓰러졌습니다.
Nà kē shù bèi guādǎo le. 그 나무는 강풍에 쓰러졌습니다.

⑥ '叫'와 '让'은 사역 의미를 나타내는 동사에서 피동표지로 변천하였기 때문에 행위자를 생략하고 동사 앞에 직접 사용할 수 없다. 주로 입말에서 사용한다.

小王叫/让学校开除了。　　　　　* 小王叫/让开除了。 小王은 학교에서 제적되었습니다.
Xiǎo Wáng jiào/ràng xuéxiào kāichú le.

我的自行车叫/让朋友借走了。　　*我的自行车叫/让借走了。 내 자전거는 친구가 빌려갔습니다.
Wǒ de zìxíngchē jiào/ràng péngyou jièzǒu le.

> **TIP** '叫'와 '让'을 사용한 겸어문과 피동문
>
> '叫'와 '让'을 사용한 문장은 표면적으로 보기에는 겸어문인지 피동문인지 구분이 쉽지 않다. 겸어문은 두 개의 행위자 주어가 출현하여 'S₁이 O₁/S₂에게 V₂ O₂ 할 것을 시키다'라는 의미를 나타낸다. 반면에 피동문은 수동자주어와 행위자가 출현하여 'S가 N에게 V 당하다'라는 의미를 나타낸다.
>
> 겸어문: 叫와 让은 동사(~에게 ~할 것을 시키다)
> 他叫你进来。(他叫你, 你进来。)
> 老师让他读课文。(老师让他, 他读课文。)
>
> 피동문: 叫와 让은 전치사(~에게 ~ 당하다)
> 他的小腿叫狗咬了。(狗咬了他的小腿。*他的小腿叫狗, 狗咬了。)
> 我的电脑让朋友借走了。(朋友借走了我的电脑。*我的电脑让朋友, 朋友借走了。)

③ 의미상의 피동문

피동표지 '被, 叫, 让'을 사용하지 않은 피동문으로 부정적인 의미를 나타내지 않는 경우에 사용한다.

S + **VP**。
수동자

门打开了。Mén dǎkāi le.

作业都做好了。Zuòyè dōu zuòhǎo le.

衣服已经洗好了。Yīfu yǐjīng xǐhǎo le.

钱已经都花光了。Qián yǐjīng dōu huāguāng le.

문이 열렸습니다.

숙제는 다 했습니다.

옷은 이미 다 빨았습니다.

돈은 이미 다 남김없이 써버렸습니다.

> **TIP** '门打开了。'와 '门被打开了。'의 차이
>
> '门打开了。'는 문이 열린 상황이 말하는 사람에게 있어서 아무런 상관이 없는 경우(예를 들어, 수업 중에 바람이 불어 교실 문이 열린 경우)에 사용한다.
> 반면에 '门被打开了。'는 문이 열린 상황이 말하는 사람에게 있어서 부정적인 경우(예를 들어, 문이 열려서 물건을 잃어버린 경우)에 사용한다.

도전 실전 문제

다음 문장의 잘못된 부분을 찾아 고쳐 봅시다.

1. 他被一辆车撞。

    ➡ _____

2. 一本书被他借走了。

    ➡ _____

3. 她的小腿狗咬了。

    ➡ _____

4. 那本书被孩子没有撕破。

    ➡ _____

5. 那棵树让刮倒了。

    ➡ _____

1. 괄호에 들어갈 알맞은 말을 보기에서 골라 봅시다.

   보기
   > 把　被　比　是　겸어문　비교문　연동문　피동문

   1) '(　　　)'구문이란 동사 '(　　　)'가 서술어로 사용된 문장을 가리킨다. '(　　　)'는 동작을 구체적으로 나타내지 않고 주어와 목적어 성분을 연결해 주는 역할을 한다.

   2) (　　　)이란 하나의 주어에 둘 이상의 동사(구)가 서술어를 담당하는 동사서술어문을 말한다.

   3) (　　　)이란 문장 하나에 두 개의 서술어가 있고, 첫 번째 서술어의 목적어가 두 번째 서술어의 주어를 겸하는 구조를 가진 문장을 일컫는다.

2. 괄호에 들어갈 알맞은 단어를 보기에서 골라 봅시다.

   보기
   > 把　被　比　的　很　是　有　在

   1) 她(　　)车开到门口了。

   2) 我的车昨天(　　)小偷偷走了。

   3) 姐姐(　　)弟弟高。

3. 주어진 단어를 알맞게 배열하여 문장을 만들어 봅시다.

   1) 对面 / 来 / 走 / 老人 / 一位 / 。

   ➡ 对面 _____

   2) 我们 / 唱 / 你 / 请 / 一首 / 韩语歌 / 。

   ➡ 我们 _____

   3) 我 / 借 / 了 / 去 / 书 / 两本 / 图书馆 / 。

   ➡ 我 _____

4. 다음 문장을 제시된 조건에 맞게 바꾸어 봅시다.

   1) 他的身高跟你不一样。

   ➡ 긍정문 _____

   2) 父亲让我们这样做。

   ➡ 부정문 _____

   3) 他能看完那本书。

   ➡ '把'의문문 _____

5. 제시된 단어를 이용하여 문장을 만들어 봅시다.

   1) 그는 그 책을 두 번 읽었습니다. (把/遍)

   ➡ _____

   2) 그는 선생님께 꾸중을 들었습니다. (被/顿)

   ➡ _____

   3) 오늘이 어제보다 4도 높습니다. (比)

   ➡ _____

6. 다음 문장의 잘못된 부분을 찾아 고쳐 봅시다.

   1) 我们下午去去外面散步吧。

   ➡ _____

   2) 一本书被他借走了。

   ➡ _____

   3) 这件事是老师告诉的我。

   ➡ _____

품사

2016년에 출판된 『现代汉语词典(第7版)』에는 약 69,000개의 단어가 수록되어 있는데 이렇게 많은 단어들을 문법적 기능(문장 내에서 주어, 목적어, 서술어, 관형어, 부사어, 보어 등의 문장성분 중 어떤 역할을 하는가)과 의미(사람이나 사물을 가리키는 단어는 '명사', 동작·행위를 나타내는 단어는 '동사', 성질이나 상태를 나타내는 단어는 '형용사'와 같이 각 단어가 갖는 의미가 어떤 부류에 속하는가)에 따라 같은 것끼리 모아 분류해 놓은 것을 '품사'라고 한다.

UNIT 1 단어의 분류	UNIT 8 대체사
UNIT 2 명사	UNIT 9 부사
UNIT 3 동사	UNIT 10 전치사
UNIT 4 조동사	UNIT 11 접속사
UNIT 5 형용사	UNIT 12 조사
UNIT 6 수사	UNIT 13 감탄사
UNIT 7 양사	UNIT 14 의성사

UNIT 1 단어의 분류

단어는 실질적인 의미를 가지고 단독으로 문장성분을 담당할 수 있는지 여부에 따라 실사와 허사로 나뉜다. 또 문장에서 어떤 성분을 담당하느냐에 따라 체언과 용언으로 나뉜다.

1 실사와 허사

단어는 크게 '실사(내용어)实词'와 '허사(기능어)虚词'로 나누는데 실질적인 의미를 가지고 문장 속에서 단독으로 문장성분(통사성분)句法成分을 담당할 수 있는 단어를 '실사', 그렇지 못한 단어는 '허사'라고 한다. 중국어의 실사에 해당하는 품사는 명사名词, 동사动词(조동사 助动词), 형용사形容词, 수사数词, 양사量词, 대체사 代词 등 6 가지가 있고, 허사는 부사副词, 전치사介词, 접속사连词, 조사助词, 감탄사叹词/感叹词, 의성사拟声词가 있다.

실사 명사, 동사(조동사), 형용사, 수사, 양사, 대체사
허사 부사, 전치사, 접속사, 조사, 감탄사, 의성사

2 체언과 용언

품사를 문장 내에서 담당하는 성분에 따라 '체언体词'과 '용언谓词'으로 나누기도 한다. 문장에서 주로 주어나 목적어의 기능을 담당하는 명사, 대체사, 수사, 양사를 '체언'이라고 하고 문장에서 서술어의 기능을 담당하는 동사와 형용사를 '용언'이라고 한다.

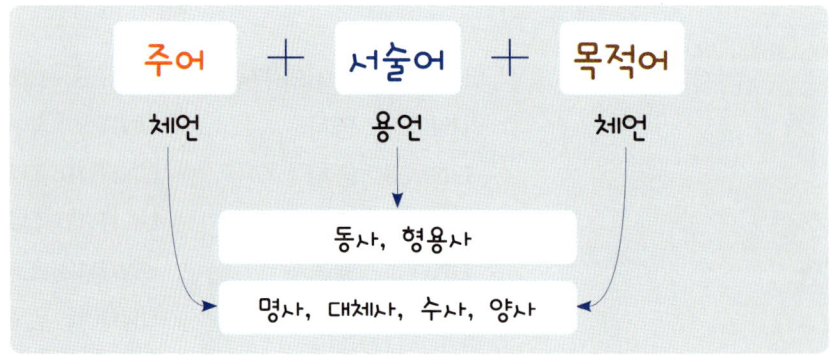

3 현대중국어의 품사

중국어의 12가지 품사를 표로 정리해 보면 다음과 같다.

중국어 단어 분류표(품사표)

실사	1. 명사	中国　韩国　学校　银行　公司　汽车 今天　明年　早上　朋友　爸爸　老师
	2-1. 동사	来　吃　学　走　看　听　喜欢　散步
	2-2. 동사(조동사)	要　想　能　会　可以　应该　得
	3. 형용사	大　小　高　白　漂亮　方便
	4. 수사	一　百　两　第三　四倍　五分之一
	5. 양사	个　张　口　次　遍
	6. 대체사	我　你们　这　哪　谁
허사	7. 부사	不　很　都　也　还　已经
	8. 전치사	在　和　给　跟　对于　关于　为了
	9. 접속사	和　跟　但是　所以
	10. 조사	的　地　得　了　着　过　吗　呢　吧
	11. 감탄사	喂　嗯　啊　哦　哎呀
	12. 의성사	哈哈　汪汪　哗哗　叮当

▶ '조동사'는 '동사'의 하위 분류 중 하나이지만, 중요한 문법적 역할을 하므로 별도로 다룬다.

도전 실전 문제

다음 단어를 품사에 따라 분류해 봅시다.

> **보기**　高　过　哪　呢　大　都　得　来　了　吗　白　不　小　谁　我
> 也　听　这　的　地　着　吧　学　看　还　很　吃　韩国　今天　汽车
> 你们　方便　朋友　散步　银行　已经　爸爸　漂亮　学校　喜欢

1. 명사 ➡ _____

2. 동사 ➡ _____

3. 형용사 ➡ _____

4. 대체사 ➡ _____

5. 부사 ➡ _____

6. 조사 ➡ _____

UNIT 2 명사

명사란 사람, 사물, 시간, 장소 등을 나타내는 단어를 가리킨다.
일반적으로 명사는 문장 내에서 주로 주어, 목적어, 관형어로 사용된다. 간혹 서술어로 사용되기도 하며 시간명사와 방위명사는 부사어가 되기도 한다.

1 기능

일반적으로 명사는 문장 내에서 주로 주어, 목적어, 관형어로 사용된다. 간혹 서술어로 사용되기도 하며 시간명사와 방위명사는 부사어가 되기도 한다.

(1) 주어

太阳出来了。Tàiyáng chūlai le. — 태양이 나왔습니다/떠올랐습니다.

天气很热。Tiānqì hěn rè. — 날씨가 덥습니다.

商店在前面。Shāngdiàn zài qiánmiàn. — 상점이 앞에 있습니다.

首尔是韩国的首都。Shǒu'ěr shì Hánguó de shǒudū. — 서울은 한국의 수도입니다.

(2) 목적어

这是书。Zhè shì shū. — 이것은 책입니다.

我有一个弟弟。Wǒ yǒu yí ge dìdi. — 나는 남동생이 하나 있습니다.

我吃米饭。Wǒ chī mǐfàn. — 나는 쌀밥을 먹습니다.

我们的学校在北边。Wǒmen de xuéxiào zài běibian. — 우리 학교는 북쪽에 있습니다.

(3) 관형어

这是汉语书。Zhè shì Hànyǔ shū. — 이것은 중국어책입니다.

汉语语法不太难。Hànyǔ yǔfǎ bú tài nán. — 중국어 문법은 그다지 어렵지 않습니다.

衣服在左边的箱子里。Yīfu zài zuǒbian de xiāngzili. — 옷은 왼쪽 상자 안에 있습니다.

(4) 서술어

명사 중 '시간, 날짜(년, 월, 일, 요일 등), 날씨, 가격, 나이, 절기, 고향(본적), 국적' 등을 나타내는 단어는 문장에서 서술어로 사용될 수 있다.

시간 现在八点钟。Xiànzài bā diǎn zhōng. — 지금 여덟 시입니다.

명사의 서술어 역할은 27쪽 명사서술어문을 참조하세요.

날짜(월일)	今天三月十五号。Jīntiān sān yuè shíwǔ hào.	오늘은 3월15일입니다.
날짜(요일)	明天星期日。Míngtiān xīngqīrì.	내일은 일요일입니다.
날씨	今天晴天。Jīntiān qíngtiān.	오늘은 맑습니다.
가격	一斤苹果两块五毛钱。Yì jīn píngguǒ liǎng kuài wǔ máo qián.	사과 한 근은 2위안 50전입니다.
나이	爷爷今年九十八岁。Yéye jīnnián jiǔshíbā suì.	할아버지는 올해 98세입니다.
국적	他上海人，我英国伦敦人。Tā Shànghǎirén, wǒ Yīngguó Lúndūnrén.	그는 上海 사람이고 나는 영국 런던 사람입니다.

(5) 부사어

시간명사와 방위명사는 부사어로도 사용된다.

| 시간명사 | 您明天来吗？Nín míngtiān lái ma? | 당신은 내일 오십니까? |
| 방위명사 | 我们里面谈。Wǒmen lǐmiàn tán. | 우리 안에서 이야기하죠. |

2 특징

(1) 수식의 제한

명사는 수량사의 수식을 받을 수 있다.

我有一个朋友。Wǒ yǒu yí ge péngyou. — 나는 친구가 한 명 있습니다.

他家有两辆车。Tā jiā yǒu liǎng liàng chē. — 그의 집은 차가 두 대 있습니다.

我买了三支笔。Wǒ mǎile sān zhī bǐ. — 나는 펜을 세 자루 샀습니다.

我爸爸钓了四条鱼。Wǒ bàba diàole sì tiáo yú. — 우리 아버지는 물고기를 네 마리 낚았습니다.

명사는 일반적으로 부사의 수식을 받을 수 없다.

* 很我   * 不中国   * 都朋友   * 都朋友喜欢我。

 수사와 양사, 수량사에 관해서는 196쪽 수사와 203쪽 양사를 참조하세요.

> **TIP** 부사의 명사 수식
>
> 시간, 범위 등을 나타내는 부사 즉, '才', '都', '刚', '已经', '就', '一共' 등은 서술어 역할을 하는 명사를 수식할 수 있다.
>
> 还早呢，现在才两点钟，不用着急。
> 我今年都五十八了，儿子刚八岁。
> 她今年已经七十了。
> 我钱包里就一块钱。
> 两件衬衫一共一百五。

아직 일러요. 이제 겨우 두 시인 걸요. 서두를 필요 없습니다.
나는 올해 이미 쉰여덟이 되었는데, 아들은 이제 막 여덟 살입니다.
그녀는 올해 이미 70(세)입니다.
내 지갑 안에는 딱 1위안뿐입니다.
셔츠 두 벌 합해서 150위안입니다.

(2) 복수형 표현

중국어의 명사는 복수 형식이 따로 없다. 하지만 사람을 가리키는 단어는 복수접미사 '们'을 사용하여 복수 형식으로 만들 수 있다.

人们　　我们　　老师们　　女士们　　朋友们　　记者们　　孩子们

단, 명사 앞에 수량사가 있거나 문장 중에 복수임을 나타내는 말이 있으면 '们'을 사용할 수 없다.

三个同学 sān ge tóngxué	* 三个同学们	학교 친구 세 명
几个同学 jǐ ge tóngxué	* 几个同学们	학교 친구 몇 명
很多同学 hěn duō tóngxué	* 很多同学们	많은 학교 친구들
不少同学 bù shǎo tóngxué	* 不少同学们	적지 않은 학교 친구들

TIP 복수를 표현하는 기타 방법

단수와 복수를 엄격히 구분해서 표현하는 영어와 달리 중국어의 명사는 본래 형식적으로 단수, 복수의 구별이 없다. 문장 내에서 복수를 표현하는 방법은 위에서 설명한 '사람을 나타내는 단어+们' 외에 다음과 같은 것이 있다.

(1) 명사 앞에 수사와 양사 혹은 부정양사를 사용한다.

수사+양사	三支铅笔	three pencils
수사+양사	十七个孩子	seventeen kids
부정양사	很多水果	many fruits
부정양사	这些书	these books

연필 세 자루
아이 17명
많은 과일
이 책들

(2) 문장 중에 복수를 나타내는 단어를 명사 앞 혹은 뒤에 사용한다.
所有人都来了。Everyone has arrived.
一切手续都已经办好了。All procedures have already been completed.
客人都来了。All the guests came.
东西全在桌子上。All the things are on the table.

모든 사람이 다 왔습니다.
모든 절차는 이미 다 마쳤습니다.
손님들이 다 오셨습니다.
물건들이 전부 책상 위에 있습니다.

(3) 명사의 중첩

양사 성질을 갖는 일부 1음절 명사는 중첩할 수 있다.

天天 tiāntiān (=每天 měitiān)
人人 rénrén (=每人 měi rén)
事事 shìshì (=每件事 měi jiàn shì)
时时 shíshí (=每时 měi shí)

날마다(=매일)
사람마다(=모든 사람)
일마다(=모든 일)
때마다(=매 시간)
▶ 时时=每时每刻=常常

이 경우 '매~, ~마다, 모든~'이라는 의미를 나타낸다.

他天天来。Tā tiāntiān lái.

그는 날마다 옵니다.

人人都要遵守交通规则。
Rénrén dōu yào zūnshǒu jiāotōng guīzé.

这位经理在公司里**事事**过问。
Zhè wèi jīnglǐ zài gōngsīli shìshì guòwèn.

开车的时候，你要**时时**小心。
Kāichē de shíhou, nǐ yào shíshí xiǎoxīn.

> 사람들은 모두 교통법규를 준수해야 합니다.
>
> 이 사장님은 회사에서 사사건건 참견하십니다.
>
> 운전할 때는, 언제나 조심해야 합니다.

3 분류

명사는 단어가 나타내는 의미에 따라 다음과 같이 분류할 수 있다.

(1) 고유명사专有名词

나라명, 지명, 사람이름, 책명 등 고유한 사물을 나타내는 단어이다.

中国　亚洲　北京　黄河　长城　孙中山　毛泽东　《家》

> ▶《家》: 중국 작가 '巴金'의 장편소설

(2) 보통명사一般名词

수를 셀 수 있는 가산명사와 셀 수 없는 불가산명사로 분류할 수 있다. 가산명사는 다시 낱개로 되어 있는 명사인 개체명사와 덩어리로 되어 있는 집합명사로 분류할 수 있다.

가산명사可数名词	개체명사个体名词	人　鱼　羊　花　树　笔　车　山 爸爸　老师　朋友　大夫　工人 经理　孩子　家长　记者　电脑 鼠标　学校　城市
	집합명사集体名词	人民　人类　观众　车辆　花草 树木　书本　房屋　服装　纸张
불가산명사不可数名词		友谊　汉语　经济　思想 概念　精神　道德　道理

(3) 장소명사处所名词/处所词

教室　学校　门口　周围　附近　对面　外地　本地
郊区　内地

(4) 시간명사时间名词/时间词

早上　中午　今天　星期一　去年　上午　八月　春天
以前　刚才　小时　分钟　古代　平时　最近　现在
过去　将来

(5) 방위명사方位名词/方位词

上　下　前　后　里　外　东　西　南　北　左　右
上边　后面　里边　外面　对面　中间　旁边 등

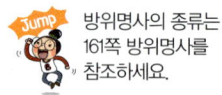
방위명사의 종류는 161쪽 방위명사를 참조하세요.

4 장소 명사, 시간 명사, 방위 명사

(1) 장소명사

① 장소명사로만 쓰이는 것

방위명사	上边　后面　里边　外面　中间　旁边 东方　西方　南方　北方
장소를 나타내는 대체사	这儿(这里)　那儿(那里)　哪儿(哪里)
방위명사＋보통명사	里屋　后院　前楼

② 보통명사와 장소명사를 겸하는 것

지명	亚洲　北京　四川　海淀区　王府井　中关村　长白山
기관명	学校　商店　车站　公园　教室　宿舍　银行 幼儿园　图书馆　博物馆　市政府

③ 보통명사의 장소화

중국어는 한국어와 달리 장소명사가 아닌 보통명사를 장소명사처럼 사용할 경우 다음 두 가지 방법을 통해서 장소명사로 만들어야 한다.

인칭대체사/사람을 나타내는 명사 ＋这儿/那儿	我这儿　你那儿　老师那儿
보통명사＋단순방위명사	天上　书里　桥下　楼上　身旁 心里　眼前　桌子上

天上掉馅儿饼是不可能的。
Tiān shàng diào xiànrbǐng shì bù kěnéng de.

我们在书里寻找什么? Wǒmen zài shūli xúnzhǎo shénme?

你的书在桌子上。Nǐ de shū zài zhuōzi shàng.

하늘에서 떡고물이 떨어지는 것은 불가능하다(공짜로 얻는 것은 없다).

우리는 책 속에서 무엇을 찾는가?

네 책은 책상 위에 있어.

(2) 시간명사

시간명사란 시간(날짜, 시각, 계절 등)을 나타내는 명사를 말한다. 시간명사는 특정 시점을 나타내는 시각과 특정 동작이나 행위가 발생한 후 지속 혹은 경과된 시간을 나타내는 시간량으로 분류할 수 있다.

시각				什么时候?					질문방법
시	一点	两点	三点	……	……	十点	十一点	十二点	几点?
분	一分	二分	三分	……	……	十分	三十分	五十九分	几分?
하루	早晨 凌晨	早上	上午	中午	下午	傍晚	晚上	半夜	
날짜	一号 一日	二号 二日	三号 三日	……	……	二十号 二十日	三十号 三十日		几号?
날	大前天	前天	昨天	今天	明天	后天	大后天		哪天?
요일	星期一 周一	星期二 周二	星期三 周三	星期四 周四	星期五 周五	星期六 周六	星期天 星期日 周日	周末	星期几?
		上个星期	这个星期	下个星期					哪个星期?
월	一月	二月	三月	……	……	十月	十一月	十二月	几月?
년	1年	15年	……	207年	800年	1000年	1988年	2017年	哪(一)年? 几几年?
	大前年	前年	去年	今年	明年	后年	大后年		

시간량				多长时间?					질문방법
시간	一(个)小时	两(个)小时	三(个)小时	……	……	十(个)小时	十一(个)小时	十二(个)小时	几(个)小时?
분간	一分钟	两分钟	三分钟	……	……	十分钟	三十分钟	六十分钟	几分钟? 多少分钟?
며칠간	一天	两天	三天	……	……	二十天	三十天	一百天	几天? 多少天?
요일	一个星期 一周	两个星期 两周	三个星期 三周	……	……	十个星期 十周	十一个星期 十一周	五十二个星期 五十二周	几个星期? 几周? 多少周?
몇 개월간	一个月	两个月	三个月	……	……	十个月	十一个月		几个月?
몇 년간	一年	两年	三年	……	十年	十二年	二十年	一百年	几年? 多少年?

기타 시간명사에는 다음과 같은 것이 있다.

> 刚才　以前　以后　当时　以来　过去　现在　将来
> 春节　清明　端午　小时候　劳动节　中秋节　21世纪　등

시간명사는 문장에서 주로 부사어 기능을 담당하며 이 밖에 주어, 목적어, 관형어, 서술어를 담당한다.

① 부사어: 시간명사는 자주 문장 내에서 부사어로 사용되는데, 이때 시간명사는 주로 서술어 앞에 출현하지만 주어 앞에 출현하기도 한다.

你明天来。Nǐ míngtiān lái.
→ (后天不用来了,)明天你来。

당신은 내일 오세요.
→ (모레는 올 필요 없고) 내일 오세요.

我下午去学校。Wǒ xiàwǔ qù xuéxiào.
→ (下午你做什么?)下午我去学校。

나는 오후에 학교에 갑니다.
→ (오후에 뭐하세요?) 오후에 나는 학교에 갑니다.

他每天早上六点起床。Tā měitiān zǎoshang liù diǎn qǐchuáng.
→ (他几点起床?)每天早上六点他起床。

그는 매일 오전 여섯 시에 일어납니다.
→ (그는 몇 시에 일어납니까?) 매일 오전 여섯 시에 그는 일어납니다.

他小时候就失去了父母。Tā xiǎoshíhou jiù shīqùle fùmǔ.
→ (他其实挺可怜的,)小时候他就失去了父母。

그는 어렸을 때 부모를 잃었습니다.
→ (그는 사실 매우 불쌍합니다) 어렸을 때 그는 부모를 잃었거든요.

② 주어: 시간명사는 주어로 사용된다.

明天是我妈妈的生日。Míngtiān shì wǒ māma de shēngrì.
冬天快要到了。Dōngtiān kuàiyào dào le.
21世纪是信息时代。Èrshíyī shìjì shì xìnxī shídài.

내일은 우리 엄마 생일입니다.

겨울이 금방 옵니다.

21세기는 정보화시대입니다.

③ 서술어: 명사서술어문에서 이미 살펴본 바와 같이 시간명사는 서술어로 사용될 수 있다.

명사서술어문은 27쪽을 참조하세요.

今天星期六。Jīntiān xīngqīliù.
明天国庆节。Míngtiān Guóqìng Jié.

오늘은 토요일입니다.

내일은 건국기념일입니다.

④ 관형어: 시간명사가 관형어가 될 때는 뒤에 '的'를 수반한다.

这是今天的报纸。Zhè shì jīntiān de bàozhǐ.
新年的钟声敲响了。Xīnnián de zhōngshēng qiāoxiǎng le.
春天的桃花一片红。Chūntiān de táohuā yí piàn hóng.
三天的时间能去哪儿旅游?
Sān tiān de shíjiān néng qù nǎr lǚyóu?

이것은 오늘 신문입니다.

새해의 종소리가 울립니다.

봄의 복숭아 꽃이 온통 붉습니다.

3일 동안 어디로 여행갈 수 있습니까?

⑤ 목적어: 시간명사는 일부 동사의 목적어로 사용될 수 있다. 또는 전치사의 목적어로 사용되기도 한다.

他俩的婚礼就在今天。Tā liǎ de hūnlǐ jiù zài jīntiān.
我生日那天是星期六。Wǒ shēngrì nà tiān shì xīngqīliù.
他每天工作到深夜。Tā měitiān gōngzuò dào shēnyè.
从明天开始，我不抽烟了。
Cóng míngtiān kāishǐ, wǒ bù chōuyān le.

그 둘의 결혼식은 바로 오늘입니다.
내 생일 (그날)은 토요일입니다.
그는 매일 밤늦게까지 일합니다.
내일부터, 나는 더이상 담배를 피우지 않겠습니다.

(3) 방위명사

방위명사는 방향 혹은 위치를 나타내는 명사이다. 방위명사는 단순방위명사와 복합방위명사로 나눌 수 있다.

① 단순방위명사

주로 1음절로 된 다음과 같은 방위명사를 말하며, 단독으로는 거의 사용되지 않는다.

上　下　左　右　前　后　里　内　外　中　旁
东　南　西　北

단순방위명사 '里', '上'은 자주 단독으로 명사 뒤에 사용되어 장소를 나타낸다.

楼里　屋子里　院子里　楼上　桌子上　书架上　树上

국가명, 지역명처럼 장소를 나타내는 고유명사 뒤에는 '里', '上'을 사용하지 않는다.

我在中国。Wǒ zài Zhōngguó.　　　＊我在中国里。
她在法国。Tā zài Fǎguó.　　　＊她在法国上。

나는 중국에 있습니다.
그녀는 프랑스에 있습니다.

사물을 나타내는 명사가 장소를 나타낼 때는 반드시 뒤에 '里', '上'을 사용해야 한다.

书在抽屉里。Shū zài chōuti li.　　　＊书在抽屉。
杯子在橱柜里。Bēizi zài chúguì li.　　　＊杯子在橱柜。
桌子上有几本书。　　　＊桌子有几本书。
Zhuōzi shang yǒu jǐ běn shū.

책은 서랍 안에 있습니다.
컵은 찬장 안에 있습니다.
책상 위에 책이 몇 권 있습니다.

② 복합방위명사

2음절로 된 방위명사를 말하며, 단순방위명사 앞에 '以', '之'를 더하거나 뒤에 '边', '面', '头'를 더해 이루어진다. 보통명사처럼 문장 내에서 주어, 목적어, 관형어로 사용할 수 있으며 부사어로 사용하기도 한다.

복합방위명사의 구성 관계를 표로 나타내면 아래와 같다.

	东/西/南/北	上/下	前/后	左/右	里	外	内	中	旁	间
以~	+	+	+	-	-	+	+	-	-	-
之~	-	+	+	-	-	+	+	+	-	+
~边	+	+	+	+	+	+	-	-	+	-
~面	+	+	+	+	+	+	-	-	-	-
~头	+	+	+	-	+	+	-	-	-	-
기타	东南 东北 西南 西北	上下	前后	左右	里外 / 内外			当中		中间

▶ '+'는 결합이 가능함을 나타내고 '-'는 결합이 불가능함을 나타낸다

복합방위명사는 단독으로 주어, 목적어로 사용될 수 있다.

주어 外边很冷。Wàibian hěn lěng. — 바깥은 춥습니다.

목적어 老师在里面。Lǎoshī zài lǐmiàn. — 선생님은 안에 계십니다.

복합방위명사는 '的'를 수반하여 관형어가 될 수 있다.

你去坐后面的座位吧。
Nǐ qù zuò hòumiàn de zuòwèi ba. — 뒤쪽 자리로 가서 앉으세요.

左边的女孩儿就是我女朋友。
Zuǒbian de nǚháir jiùshì wǒ nǚpéngyou. — 왼편의 여자아이가 바로 제 여자친구입니다.

복합방위명사는 명사 뒤에서 그 사물과 관련된 구체적인 장소를 나타낸다.

桌子上面放着一些书。
Zhuōzi shàngmiàn fàngzhe yìxiē shū. — 책상 위에 책이 몇 권 놓여있습니다.

我把椅子放在了厨房里面。
Wǒ bǎ yǐzi fàngzàile chúfáng lǐmiàn. — 나는 의자를 주방 안에 놓아 두었습니다.

图书馆外面就是操场。
Túshūguǎn wàimiàn jiùshì cāochǎng. — 도서관의 바깥은 운동장입니다.

他在我后边。Tā zài wǒ hòubian. — 그는 내 뒤에 있습니다.

你后面是谁？Nǐ hòumiàn shì shéi? — 당신 뒤는 누구입니까?(당신 뒤에는 누가 있습니까?)

복합방위명사는 단독으로 문장을 구성할 수 있다.

A: 老师在哪儿? Lǎoshī zài nǎr? — 선생님은 어디에 있습니까?

B: 上面。/里边。Shàngmiàn. / Lǐbian. — 위에 있습니다/안에 있습니다.

문장에서 밑줄 친 명사의 쓰임(문장성분)을 적어 봅시다.

| 보기 | 주어 서술어 목적어 관형어 부사어 보어 |

1. <u>太阳</u>出来了。 ➡ _____

2. 我吃<u>米饭</u>。 ➡ _____

3. 现在<u>八点钟</u>。 ➡ _____

4. 衣服在<u>左边</u>的箱子里。 ➡ _____

5. 您<u>明天</u>来吗? ➡ _____

동사

동사란 동작이나 행위 등을 나타내는 단어를 가리킨다.
때문에 동사는 문장 내에서 주로 서술어 기능을 하지만 중국어의 동사가 모두 동일한 기능과 문법 특징을 가지고 사용되는 것은 아니다. 의미와 기능에 따라 좀 더 세부적인 분류가 가능하며 종류별로 각기 다른 기능과 문법적 특징을 가진다.

동사란 사람이나 사물의 동작, 행위, 생리 혹은 심리 활동과 상태, 존재, 발전, 변화와 소실을 나타내는 단어를 가리킨다. 때문에 동사는 문장 내에서 주로 서술어 기능을 하지만 중국어의 동사가 모두 동일한 기능과 문법 특징을 가지고 사용되는 것은 아니다. 의미와 기능에 따라 좀 더 세부적인 분류가 가능하며 종류별로 각기 다른 기능과 문법적 특징을 가진다.

1 기능

동사는 문장에서 주로 서술어로 사용된다. 때로 주어, 관형어, 목적어, 보어, 부사어로 사용되기도 한다.

(1) 서술어

客人都来了。Kèrén dōu láile.
你喝水吗? Nǐ hē shuǐ ma?
你是哪国人? Nǐ shì nǎ guó rén?
考试现在开始。Kǎoshì xiànzài kāishǐ.

손님들이 모두 오셨습니다.
물 마실래요?
당신은 어느 나라 사람입니까?
시험을 지금 시작합니다.

(2) 주어

동사가 주어로 사용될 때는 명사처럼 해석하는 것이 자연스럽다.

迟到总比不来好。Chídào zǒng bǐ bù lái hǎo.
笑可以使人忘掉烦恼。Xiào kěyǐ shǐ rén wàngdiào fánnǎo.
讨论已经结束。Tǎolùn yǐjīng jiéshù.
分析很重要。Fēnxī hěn zhòngyào.

지각하는 것(지각)은 어쨌든 안 오는 것보다는 낫다.
웃는 것(웃음)은 걱정을 잊게 합니다.
토론하는 것(토론)은 이미 끝났습니다.
분석한다는 것(분석)은 중요합니다.

(3) 관형어

동사가 관형어로 사용될 때는 구조조사 '的'를 수반해야 한다.

这是我喜欢看的书。Zhè shì wǒ xǐhuan kàn de shū.
이것은 내가 즐겨 읽는 책입니다.

离开的时候请关灯。Líkāi de shíhou qǐng guāndēng.
떠날 때 불을 꺼주세요.

(4) 목적어

동사는 또 다른 동사의 목적어가 되거나 전치사의 목적어가 되기도 한다.

我喜欢看电影。Wǒ xǐhuan kàn diànyǐng.
나는 영화 보는 것을 좋아합니다.

现在开始讨论。Xiànzài kāishǐ tǎolùn.
지금 토론을 시작합니다.

我对大家的帮助表示感谢。
Wǒ duì dàjiā de bāngzhù biǎoshì gǎnxiè.
여러분들의 도움에 감사를 표시합니다.

赢比输好。Yíng bǐ shū hǎo.
이기는 것은 지는 것보다 좋습니다.

(5) 보어

钱包弄丢了。Qiánbāo nòngdiū le.
지갑을 잃어버렸습니다.

大家没听懂。Dàjiā méi tīngdǒng.
모두들 못 알아 들었습니다.

我看得见。Wǒ kàn de jiàn.
나는 볼 수 있습니다.

我们做不完。Wǒmen zuò bu wán.
우리는 완수할 수 없습니다.

(6) 부사어

동사가 부사어로 사용될 때는 구조조사 '地'를 수반해야 한다.

我钦佩地看着他。Wǒ qīnpèi de kànzhe tā.
나는 경탄하며 그를 보고 있습니다.

她抱歉地低下了头。Tā bàoqiàn de dīxiàle tóu.
그녀는 미안해하며 고개를 숙였습니다.

这几天股市不停地跌。Zhè jǐ tiān gǔshì bù tíng de diē.
요 며칠 증시가 계속 하락합니다.

2 특징

(1) 부정문

대부분의 동사는 부정부사 '不'와 '没'로 부정할 수 있다.

S + 不/没 + V(+ O)。

我不去，我想在家休息。Wǒ bú qù, wǒ xiǎng zài jiā xiūxi.
난 안 갈래. 집에서 쉬고 싶어.

我没有兄弟姐妹。Wǒ méiyǒu xiōngdì-jiěmèi.
나는 형제자매가 없습니다.

以前我没来过这儿。Yǐqián wǒ méi láiguo zhèr.
예전에 나는 여기에 온 적이 없습니다.

(2) 상조사 사용

대부분의 동사는 상조사(동태조사) '了', '着', '过'를 수반할 수 있다.

S + V + 了/着/过(+ O)。

我去图书馆借了一本书。Wǒ qù túshūguǎn jièle yì běn shū.
> 나는 도서관에 가서 책을 한 권 빌렸습니다.

外面正下着雨。Wàimiàn zhèng xiàzhe yǔ.
> 밖에는 마침 비가 오고 있습니다.

我去过上海一次。Wǒ qùguo Shànghǎi yí cì.
> 나는 上海에 한 번 가봤습니다.

(3) 정도부사 수식

대부분의 동사는 '很'과 같은 정도부사의 수식을 받을 수 없지만, 심리동사는 '很, 非常, 十分, 比较, 有点儿, 挺' 등과 같은 정도부사의 수식을 받을 수 있다. 그런데 이 경우에는 반드시 목적어를 수반하게 된다.

S + 很 + V심리동사 + O。

* 你很喝水吗?

我很喜欢一个人在海边散步。
Wǒ hěn xǐhuan yí ge rén zài hǎibiān sànbù.
> 나는 혼자 해변에서 산책하는 것을 아주 좋아합니다.

四川人挺爱吃辣的。Sìchuānrén tǐng ài chī là de.
> 四川 사람들은 매운 음식 먹는 것을 아주 좋아합니다.

(4) 목적어 수반

타동사는 뒤에 목적어를 수반할 수 있다.

S + V + O。

你想看这个连续剧吗? Nǐ xiǎng kàn zhège liánxùjù ma?
> 이 연속극을 보고 싶나요?

我今天中午吃中国菜了。Wǒ jīntiān zhōngwǔ chī zhōngguócài le.
> 나는 오늘 점심에 중국 음식을 먹었습니다.

(5) 보어 수반

일반적으로 보어를 수반할 수 있다.

S + V + C。

衣服洗干净了。Yīfu xǐ gānjìng le.
> 옷은 깨끗이 빨았습니다.

这家餐厅装修得太棒了。Zhè jiā cāntīng zhuāngxiū de tài bàng le.
> 이 식당은 인테리어를 너무 멋지게 했습니다.

(6) 동사 중첩

대부분의 동작동사는 중첩하여 사용할 수 있다.

你也尝尝，很好吃。Nǐ yě chángchang, hěn hǎochī. 너도 맛 좀 봐. 맛있어.

你等一等，我马上就好。Nǐ děng yi děng, wǒ mǎshàng jiù hǎo. 잠시 기다려. 금방 돼.

3 분류

(1) 의미에 따른 분류

① 동작동사: 흔히 말하는 동사로 동작이나 행위를 나타낸다. 전체 동사 중 수량이 가장 많다.

吃 喝 看 听 说 买 走 跑 跳 打 飞 玩 洗
学习 休息 洗澡 游泳 介绍

② 존재, 출현, 소실동사: 존재, 소유, 발생, 출현, 소실 등의 의미를 갖는 동사를 가리킨다.

在 有 死 丢 灭 具有 发生 出现

③ 이동방향동사: 동작이나 행위의 이동방향을 나타내는 동사를 가리킨다.

来 去 上 下 进 出 回 过 起
上来 下去 进来 出去 回来 过去 起来

④ 관계동사(연결동사): 주로 주어와 목적어 간의 관계를 나타내는데 사용되는 동사를 가리킨다.

是 有 叫 姓 像 属于 成为 当作 等于

⑤ 상태동사: 생리, 심리, 정신상태를 나타내는 동사를 가리킨다.

病 醉 醒 想 爱 恨 喜欢 讨厌 希望 害怕 生气

⑥ 사역동사: '~에게 ~하도록 하다'는 의미를 가지는 동사를 가리킨다.

请 让 叫 使 要 约 派 安排 请求 要求 邀请

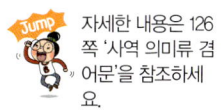

자세한 내용은 126쪽 '사역 의미류 겸어문'을 참조하세요.

(2) 기능에 따른 분류

동사는 목적어의 수반 여부에 따라서 타동사及物动词와 자동사不及物动词로 분류할 수 있으며, 타동사는 다시 하나의 목적어를 수반하는 일반타동사와 두 개의 목적어를 수반하는 이중목적어 타동사로 분류할 수 있다. 이와 함께 조동사助动词도 기능에 따른 동사의 하위 분류이다.

① 타동사: 목적어를 수반하는 동사를 가리킨다.
- 일반타동사: 穿 看 骑 听 说 写 做 学习 研究 访问 讨论
  进行 加以 开始 讨厌
- 이중목적어 타동사: 教 问 给 还 借 叫 称 告诉 通知

 이중목적어에 대해서는 47쪽을 참조하세요.

② 자동사: 목적어를 수반하지 않는 동사로, 일반자동사와 이합동사离合词로 나눌 수 있다.
- 일반자동사: 活 醒 躺 站 出发 休息 出生 胜利 失败 前进
- 이합동사: 见面 睡觉 结婚 出差

 이합동사에 대해서는 169쪽과 부록을 참조하세요.

③ 조동사: 동사 앞에 쓰여, 그 동사의 기본 의미에 의지, 능력, 의무, 허가, 추측 등의 의미를 더해주는 동사를 가리킨다.
要 想 能 会 可以 得 应(该) 肯 敢

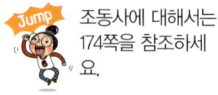 조동사에 대해서는 174쪽을 참조하세요.

4 동사의 중첩

(1) 중첩 형식

① 1음절 동사(A)의 중첩 형식은 'AA' 혹은 'A—A', 'A了A', 'A了—A'이다.

미발생 동작   A(—)A   看(—)看
발생한 동작   A了(—)A   看了(—)看

你尝尝吧，很好吃。
Nǐ chángchang ba, hěn hǎochī.

我夸她漂亮，她害羞地笑了笑。
Wǒ kuā tā piàoliang, tā hàixiū de xiàole xiào.

맛 좀 보세요, 맛있습니다.

내가 예쁘다고 칭찬하자, 그녀는 부끄러워 하며 웃었습니다.

② 2음절 동사(AB)의 중첩 형식은 'ABAB', 'AB了AB'이며 중간에 '—'를 첨가할 수 없다.

미발생 동작   ABAB   学习学习
발생한 동작   AB了AB   学习了学习

你刚下飞机，今晚先休息休息，我们明天再聊。
Nǐ gāng xià fēijī, jīnwǎn xiān xiūxi xiūxi, wǒmen míngtiān zài liáo.

막 비행기에서 내렸으니, 오늘 저녁은 우선 좀 쉬고, 우리 내일 다시 이야기합시다.

③ 동사와 목적어의 구조로 되어 있는 이합동사(AB)는 'AAB' 혹은 'A—AB', 'A了AB'의 형태로 중첩한다.

미발생 동작   AAB   聊聊天

　　　　　　A→AB　　　聊一聊天
발생한 동작　A了AB　　　聊了聊天

请你帮帮忙吧。Qǐng nǐ bāngbang máng ba.　　　좀 도와 주세요.

他热情地和我握了握手。Tā rèqíng de hé wǒ wòle wòshǒu.　　　그는 반갑게 나와 악수를 했습니다.

④ 동사 중첩 후에는 성조 변화가 발생하는데 일반적으로 두 번째 음절은 경성으로 읽는다.

看看 kànkan

学习学习 xuéxi xuéxi

(2) 동사 중첩 형식의 의미

① 동작행위의 지속된 시간이 짧고 횟수가 적음을 나타낸다.

您再坐坐，吃了饭再走吧。
Nín zài zuòzuo, chīle fàn zài zǒu ba.　　　좀 더 있다가, 식사하시고 가세요.

② '한 번 해 보다'라는 시도의 느낌을 나타낸다.

这是我做的菜，你尝尝。
Zhè shì wǒ zuò de cài, nǐ chángchang.　　　이건 내가 만든 음식인데요, 맛 좀 보세요.

③ 큰 부담없이 가볍게 어떤 일을 한다는 느낌을 나타낸다.

周末我一般在家听听音乐，运动运动，休息休息。
Zhōumò wǒ yìbān zài jiā tīngting yīnyuè, yùndong yùndong, xiūxi xiūxi.　　　주말에 나는 일반적으로 집에서 음악을 듣고, 운동을 하고, 쉽니다.

④ 문장 전체의 느낌을 부드럽게 해준다.

妈，您太辛苦了，多休息休息！
Mā, nín tài xīnkǔ le, duō xiūxi xiūxi.　　　어머니, 너무 고생 많으셨어요, 푹 좀 쉬세요.

5 이합동사 离合词

이합동사는 '결합合'되어 있을 때는 단어처럼 사용되고, '분리离'되어 있을 때에는 구처럼 사용되는 특수한 형태의 동사를 가리키는데, '동사(V)＋목적어(Vo)'의 내부구조를 가지고 있다.

(1) 문법 특징

① 일반적으로 이합동사 뒤에 바로 목적어가 출현할 수 없다.

이합동사는 이미 '동사+목적어'의 구조를 가지고 있으므로, 뒤에 다시 목적어가 출현할 수 없으며, 목적어는 이합동사의 사이에 출현하거나 전치사와 결합하여 이합동사의 앞에 출현해야 한다.

V + O + V_O/ pre + O + VV_O

帮他忙 bāng tā máng	* 帮忙他	그를 돕다
(这么晚了)上什么网? (Zhème wǎn le) shàng shénme wǎng?	* 上网什么?	(이렇게 늦었는데) 무슨 인터넷을 한다고?
跟她结婚 gēn tā jiéhūn	* 结婚她	그녀와 결혼하다
和朋友见面 hé péngyou jiànmiàn	* 见面朋友	친구와 만나다

② 상조사 '了', '着', '过'는 이합동사의 사이에 출현해야 한다.

V + 了/着/过 + V_O

我想大学毕了业就参加工作。
Wǒ xiǎng dàxué bìle yè jiù cānjiā gōngzuò.
나는 대학을 졸업하자마자 취업하려고 합니다.

我们边走边聊着天，很开心。
Wǒmen biān zǒu biān liáozhe tiān, hěn kāixīn.
우리는 걸으면서 이야기를 나눕니다. 즐겁습니다.

我们一次也没吵过架。Wǒmen yí cì yě méi chǎoguo jià.
우리는 한 번도 말다툼을 한 적이 없습니다.

③ 결과보어, 가능보어, 동량보어, 시량보어 등은 이합동사의 사이에 출현해야 한다.

V + C + V_O

결과보어 他每天上完课就回家。
Tā měitiān shàngwán kè jiù huí jiā.
그는 매일 수업이 끝나면 집에 갑니다.

가능보어 这件事我实在帮不上忙。
Zhè jiàn shì wǒ shízài bāng bu shàng máng.
이 일은 내가 정말이지 도와줄 수 없어.

동량보어 我跟她只见过一次面。
Wǒ gēn tā zhǐ jiànguo yí cì miàn.
나는 그녀와 단지 한 번 만난 적이 있습니다.

시량보어 我想和你聊一会儿天儿。
Wǒ xiǎng hé nǐ liáo yíhuìr tiānr.
나는 너와 잠시 이야기를 나누고 싶어.

시량보어 我每天早上跑一个小时步。
Wǒ měitiān zǎoshang pǎo yí ge xiǎoshí bù.
나는 매일 아침 한 시간 동안 달리기를 합니다.

④ '수사+양사'나 '지시대체사+양사'도 이합동사의 사이에 출현해야 한다.

V + 수사 + 양사 + V_o / V + 지시대체사 + 양사 + V_o

随便开两句玩笑，别当真。
Suíbiàn kāi liǎng jù wánxiào, bié dàngzhēn.

你何必操这份心！Nǐ hébì cāo zhè fèn xīn!

그냥 농담 몇 마디 한 거야. 진담으로 여기지 마.

뭐하러 이렇게 애태워(이렇게 애태울 필요 있어)!

(2) 자주 사용되는 이합동사

搬家	帮忙	报名	毕业	吵架	吃惊	出差	出国	出门
出院	打包	打车	打架	打折	打针	倒车	道歉	点名
动手	读书	堵车	发烧	放假	放心	放学	分手	干杯
过年	害怕	滑雪	加班	加油	减肥	见面	讲话	降价
结婚	就业	开车	开会	开玩笑	开学	看病	考试	
离婚	理发	聊天	留学	留言	没事	免费	排队	排名
跑步	起床	签名	签字	请假	请客	入学	散步	伤心
上班	上课	上网	上学	生病	生气	睡觉	说话	跳舞
停车	洗澡	下班	下课	休假	有名	着急	照相	住院
走路	做客	做梦						

 이합동사 예문은 부록을 참조하세요.

我毕业于北京大学中文系。
Wǒ bìyè yú Běijīng Dàxué Zhōngwénxì.

我爸爸到上海出了一趟差。
Wǒ bàba dào Shànghǎi chūle yí tàng chāi.

我还得倒一次车才能到家。
Wǒ hái děi dǎo yí cì chē cái néng dào jiā.

为大家的健康干杯。Wèi dàjiā de jiànkāng gānbēi.

我们害了怕，他们更会欺负我们。
Wǒmen hài le pà, tāmen gèng huì qīfu wǒmen.

你还在生我的气吗？Nǐ hái zài shēng wǒ de qì ma?

她生了孩子，休了两个月的假。
Tā shēngle háizi, xiūle liǎng ge yuè de jià.

你着什么急呀？Nǐ zháo shénme jí ya?

나는 北京大学 중문과를 졸업했습니다.

우리 아버지가 上海로 출장을 한 번 다녀오셨습니다.

차를 한번 더 갈아타야 집에 도착할 수 있습니다.

모두의 건강을 위해 건배합시다.

우리가 겁을 내면, 그들이 더 우리를 괴롭힐 거야.

너 아직 나한테 화가 나 있니?

그녀는 아이를 낳고, 두 달 동안 쉬었습니다.

뭘 그렇게 서둘러/조급해 하니?

(3) 이합동사의 목적어와 결합하는 전치사

pre + O + VV₀

① **跟/和 + O +** | 见面　结婚　谈话　跳舞　开玩笑 |
| 吵架　打架　分手　干杯　离婚　聊天　生气 |

我跟他见过一次面。 Wǒ gēn tā jiànguo yí cì miàn. — 나는 그와 한 번 만난 적이 있습니다.
我想跟他结婚。 Wǒ xiǎng gēn tā jiéhūn. — 나는 그와 결혼하고 싶습니다.
我想和你谈一会儿话。 Wǒ xiǎng hé nǐ tán yíhuìr huà. — 나는 너와 잠시 이야기하고 싶어.
我还和她跳过舞呢。 Wǒ hái hé tā tiàoguo wǔ ne. — 나는 그녀와 춤도 춘 적이 있는 걸.
我是跟你开玩笑的，你别当真。
Wǒ shì gēn nǐ kāi wánxiào de, nǐ bié dàngzhēn. — 네게 농담한 거야. 진담으로 여기지 마.

② **为/替 + O +** | 着急 |

大家都为/替你着急呢。 Dàjiā dōu wèi/tì nǐ zháojí ne. — 다들 너를 위해 걱정하고 있어.

③ **向 + O +** | 道歉 |

我向你道歉！ Wǒ xiàng nǐ dàoqiàn! — 너한테 용서를 빌게.

④ | 毕业 | **+ 于 + O**

她毕业于北京大学。 Tā bìyè yú Běijīng Dàxué. — 그녀는 북경대학을 졸업했습니다.

> **TIP 지속동사와 비지속동사**
>
> 동사는 또한 동작 행위의 지속성 여부에 따라 지속동사와 비지속동사(순간동사)로 분류할 수 있다.
> ① 지속동사: 等　盼　看　听　躺　坐
> ② 비지속동사: 来　去　死　出国　结婚　离开　认识
>
> 지속동사는 지속을 나타내는 상조사 '着'와 함께 사용할 수 있지만 비지속동사는 불가능하다.
> 看着　坐着　*来着　*死着

도전 실전 문제

다음 문장의 잘못된 부분을 찾아 고쳐 봅시다.

1. 你很喝水吗?
   ➡

2. 请你帮忙帮忙吧。
   ➡

3. 我想结婚他。
   ➡

4. 这是我喜欢看书。
   ➡

5. 妈, 您太辛苦了, 多休息一休息!
   ➡

조동사

조동사란 동사(구) 앞에서 화자의 주관적인 생각인 '의지, 능력, 의무, 추측' 등을 나타내는 단어를 가리킨다. 능원동사能愿动词라고도 한다.

조동사는 일반적으로 동사(구) 앞에서 동사의 의미를 도와주는 역할, 즉 객관적인 사실에 대해 말하는 사람의 주관적인 생각을 문장에서 드러내는 동사를 가리킨다. 능원동사能愿动词라고도 한다.

1 구조

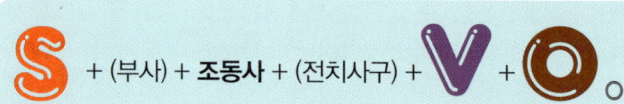

긍정문 S + 조동사 + V + O 。

他会说汉语。 Tā huì shuō Hànyǔ.   그는 중국어를 할 줄 압니다.

부정문 S + 不 + 조동사 + V + O 。

他不会说汉语。 Tā bú huì shuō Hànyǔ.   그는 중국어를 할 줄 모릅니다.

의문문 S + 조동사 + V + O + 吗?

他会说汉语吗? Tā huì shuō Hànyǔ ma?   그는 중국어를 할 줄 압니까?

S + 조동사 + 不 + 조동사 + V + O ?

他会不会说汉语? Tā huì bu huì shuō Hànyǔ?   그는 중국어를 할 줄 압니까 모릅니까?

2 특징

(1) 동사(구)와 결합

동사(구) 앞에 쓰여 서술어가 되며, '의지, 능력, 의무, 추측' 등의 주관적인 의미를 나타낸다.

| 의지 | 下课后我要去银行。Xiàkè hòu wǒ yào qù yínháng. | 수업 후에 나는 은행에 갈 겁니다. |

| 능력 | 我会说英语。Wǒ huì shuō Yīngyǔ. | 나는 영어를 할 줄 압니다. |

| 의무 | 别客气，今天我应该请你吃饭。 Bié kèqi, jīntiān wǒ yīnggāi qǐng nǐ chī fàn. | 사양하지 마세요, 오늘은 마땅히 제가 음식을 대접해야 합니다. |

| 추측 | 首尔明天要下雪。Shǒu'ěr míngtiān yào xià xuě. | 서울은 내일 눈이 올 겁니다. |

(2) 단독 사용

대부분의 조동사는 대답에서 단독으로 서술어가 될 수 있다.

A: 你要喝水吗? Nǐ yào hē shuǐ ma?

B: 要。Yào.

A: 明天你能来吗? Míngtiān nǐ néng lái ma?

B: 能。Néng.

A: 你会不会去? Nǐ huì bu huì qù?

B: 会。Huì.

A: 可以进来吗? Kěyǐ jìnlai ma?

B: 可以。Kěyǐ.

A: 물 마실래요?
B: 마시겠습니다.

A: 내일 올 수 있어요?
B: 올 수 있습니다.

A: 갈 줄 알아요 몰라요?/너 갈 거니 안 갈거니?
B: 갈 줄 압니다./갈 거야.

A: 들어가도 됩니까?
B: 들어와도 됩니다.

일부 조동사는 대답이 아닌 상황에서도 단독으로 서술어가 될 수 있다.

你坐地铁可以，打的也可以。Nǐ zuò dìtiě kěyǐ, dǎdī yě kěyǐ.

你这样做，很不应该。Nǐ zhèyàng zuò, hěn bù yīnggāi.

지하철을 타도 되고, 택시를 타도 됩니다.

이렇게 하면, 정말 안 되는 겁니다.

(3) 의문문

긍정부정의문문을 만들 수 있다.

这里可(以)不可以抽烟? Zhèli kě(yǐ) bu kěyǐ chōuyān?

你能不能拿一下行李? Nǐ néng bu néng ná yíxià xíngli?

我们要不要先去吃饭? Wǒmen yào bu yào xiān qù chī fàn?

여기서 담배 피워도 되나요 안 되나요?
짐을 좀 들어 주실 수 있습니까 없습니까?
우리 먼저 밥 먹으로 갈까요 말까요?

(4) 부정문

부정부사 '不'로 부정문을 만들 수 있다.

我不想跟你说话。Wǒ bù xiǎng gēn nǐ shuōhuà.

他不应该说这句话。Tā bù yīnggāi shuō zhè jù huà.

这个字不能这么写。Zhège zì bù néng zhème xiě.

나는 너와 말하고 싶지 않아.

그는 이 말을 해서는 안 되었어.

이 글자는 이렇게 쓰면 안 돼.

(5) 부사의 수식

일부 조동사는 부사의 수식을 받을 수 있다.

我很想见到他。Wǒ hěn xiǎng jiàndào tā.

你一定要说实话。Nǐ yídìng yào shuō shíhuà.

我们这次一定能赢。Wǒmen zhè cì yídìng néng yíng.

A: 老师，你连这个都不知道吗？
　　Lǎoshī, nǐ lián zhège dōu bù zhīdào ma?

B: 难道老师就一定得什么都知道吗？
　　Nándào lǎoshī jiù yídìng děi shénme dōu zhīdào ma?

나는 그를 무척 만나고 싶습니다.

반드시 사실대로 말해야 합니다.

우리는 이번에 반드시 이길 수 있습니다.

선생님, 이것도 모르세요?

설마 선생님이라고 반드시 뭐든 다 알아야 하는 것은 아니잖니?

(6) 중첩과 상조사의 제한

동작성이 없으므로 중첩할 수 없다.

这本书你可以借一个月。　　　* 这本书你可以可以借一个月。
Zhè běn shū nǐ kěyǐ jiè yí ge yuè.

这件事你应该早点儿告诉我。* 这件事你应该应该早点儿告诉我。
Zhè jiàn shì nǐ yīnggāi zǎo diǎnr gàosu wǒ.

이 책은 한 달 동안 대여할 수 있습니다.

이 일은 좀 더 일찍 나한테 알려줬어야지.

동작성이 없으므로 상조사 '了', '着', '过'를 수반할 수 없다.

他会说汉语。Tā huì shuō Hànyǔ.　　　* 他会了说汉语。

我要去公园。Wǒ yào qù gōngyuán.　　* 我要着去公园。

그는 중국어를 할 줄 압니다.

나는 공원에 갈 거야.

> **TIP** 명사 앞에 온 '조동사'?, '동사'?
>
> '得, 该, 会, 要' 등은 명사 앞에 출현하여 동사로 사용될 수도 있다.
>
> 这个工程得三个月才能完工。 소요되다
> 下一个该我发表了？ ~차례이다
> A: 她会什么？　　B: 她会武术。 할 줄 안다
> 他要一台电脑。 원하다
> 坐飞机从广州到上海要几个小时？ 소요되다
> 她要我帮她把箱子拿下来。 요구하다

이 공사는 3개월이 걸려야 완공할 수 있습니다.
다음은 제가 발표할 차례인가요?
A: 그녀는 뭘 할 줄 압니까?
B: 그녀는 우슈를 할 줄 압니다.
그는 컴퓨터를 한 대 원합니다.
비행기로 广州에서 上海까지 몇 시간 걸립니까?
그녀가 나한테 트렁크를 내려달라고 합니다.

3 분류

조동사는 일반적으로 단어가 나타내는 의미에 따라 아래와 같이 분류할 수 있다.

| 의지 | 要, 想 |
| 능력 | 能, 会, 可以 |

| 의무 | 得, 要 / 应该, 应, 该
| 허가 | 可以, 能
| 추측 | 得, 要 / 应该, 应, 该 / 会, 能
| 기타 | 敢, 肯, 愿意

4 의미와 용법

(1) 의지: 要, 想

① 要: 주체의 어떤 일에 대한 의지를 나타낸다. (강한 의지: ……하겠다, ……하려 한다)

我要学游泳。Wǒ yào xué yóuyǒng.   나는 수영을 배울 거야.
▶ 결심했음을 나타낸다.

她要见见你。Tā yào jiànjiàn nǐ.   그녀는 너를 만나려고 해.

我有话要说。Wǒ yǒu huà yào shuō.   나는 할 말이 있습니다.

我大学毕业以后要考研究生。
Wǒ dàxué bìyè yǐhòu yào kǎo yánjiūshēng.
나는 대학 졸업 후 대학원 시험을 보려고 합니다.

'要'의 부정 형식은 '不要'가 아닌 '不想'을 사용한다. '不要'는 금지의 의미를 나타내며, '别'와 같은 의미이다.

我要喝茶，不想喝咖啡。   * 不要喝咖啡。
Wǒ yào hē chá, bù xiǎng hē kāfēi.
저는 커피 마시지 않고, 차를 마시겠습니다.

你不要说谎。(=你别说谎。)
Nǐ bú yào shuōhuǎng.
너 거짓말 하지 마.

不要随地吐痰。(=别随地吐痰。)
Búyào suídì tǔ tán.
아무 데나 침 뱉지 마세요.

② 想: 주체의 어떤 일에 대한 바람, 계획, 예정을 나타낸다. (약한 의지: ……하고 싶어 하다)

我想去旅游。Wǒ xiǎng qù lǚyóu.   나는 여행을 가고 싶습니다.

我也想跟你一块儿去。Wǒ yě xiǎng gēn nǐ yíkuàir qù.   나도 너랑 같이 가고 싶어.

她一直想到云南旅行。Tā yìzhí xiǎng dào Yúnnán lǚxíng.   그녀는 줄곧 云南에 여행 가고 싶어 합니다.

'想'의 부정 형식은 '不想'을 사용한다.

他不想考大学。Tā bù xiǎng kǎo dàxué.
> 그는 대입시험을 보고 싶어하지 않습니다.

我不想再染头发了，听说染发对身体不好。
Wǒ bù xiǎng zài rǎn tóufa le, tīngshuō rǎnfà duì shēntǐ bù hǎo.
> 나는 더 이상 염색하지 않을 거예요. 염색이 건강에 좋지 않다고 하더군요.

③ '想'과 '要'의 차이점은 의지의 강약에 의해 구별된다. '要'는 이미 결정된 상황에서, '想'은 아직 결정하지 않고 생각만 하고 있는 상황에서 사용한다. 따라서 '要'는 강한 의지를, '想'은 약한 의지를 표현한다.

▶ 要는 'will'에 해당함.

我要给他打一个电话。Wǒ yào gěi ta dǎ yí ge diànhuà.
> 제가 그에게 전화하겠습니다.
> ▶ 이미 결정함.

我想给他打一个电话。Wǒ xiǎng gěi tā dǎ yí ge diànhuà.
> 저는 그에게 전화하고 싶습니다.
> ▶ 아직 결정하지 않음.

'要'는 말하는 사람의 강렬한 주관적인 바람을 표현하므로 '想'보다 어감이 강하다. 그래서 '要' 앞에는 일반적으로 '一定'이 오고 '想' 앞에는 '很', '非常', '特别', '有点儿' 등이 온다.

我一定要去北京留学。　　　＊我一定想去北京留学。
Wǒ yídìng yào qù Běijīng liúxué.
> 나는 꼭 北京으로 유학 갈거야.
> ▶ 중국으로 출국하기 전 다리를 다친 상황에서.

我非常想去香港旅游。
Wǒ fēicháng xiǎng qù Xiānggǎng lǚyóu.
> 나는 홍콩 여행을 대단히 가고 싶습니다.
> ▶ 여행 가고 싶은 생각은 있으나 구체적인 계획이나 실천 의지는 없음.

(2) 능력: 能, 会, 可以

① 能: 어떤 일을 할 수 있는 능력(선천적인 능력, 습득한 구체적인 능력, 회복한 능력)이 있음을 나타낸다.

鸟为什么能飞? Niǎo wèi shénme néng fēi?
> 새는 왜 날 수가 있을까?

他一分钟能打三十个汉字。
Tā yì fēn zhōng néng dǎ sānshí ge Hànzì.
> 그는 1분에 한자 30자를 타이핑할 수 있습니다.

小李能说四种语言：汉语、英语、西班牙语和阿拉伯语。
Xiǎo Lǐ néng shuō sì zhǒng yǔyán: Hànyǔ、Yīngyǔ、Xībānyáyǔ hé Ālābóyǔ.
> 小李는 중국어, 영어, 스페인어, 아랍어 네 가지 언어를 말할 수 있습니다.

奶奶的白内障治好以后又能看书了。
Nǎinai de báinèizhàng zhìhǎo yǐhòu yòu néng kàn shū le.
> 할머니는 백내장을 다 치료한 후 다시 책을 읽을 수 있게 되었습니다.

'能够'와 같은 의미를 가지고 있으며 서로 대체해서 사용할 수 있다. 부정은 '不能'을 사용한다.

我爷爷一顿能喝下一斤白酒。
Wǒ yéye yí dùn néng hēxià yì jīn báijiǔ.
> 우리 할아버지는 한 끼에 고량주 한 근을 마실 수 있습니다.

→ 我爷爷一顿能够喝下一斤白酒。

她生病了，不能多说话。
Tā shēngbìng le, bù néng duō shuōhuà.

그녀는 병이 나서, 말을 많이 할 수 없습니다.

② 会: 학습을 통해 어떤 기능을 습득하였음을 나타낸다. 부정은 '不会'를 사용한다.

这孩子刚会走路，还不会说话。
Zhè háizi gāng huì zǒulù, hái bú huì shuōhuà.

이 아이는 막 걸을 수 있게 되었지만 아직 말은 할 줄 모릅니다.

她以前不会说普通话，现在会说了。
Tā yǐqián bú huì shuō pǔtōnghuà, xiànzài huì shuō le.

그녀는 예전에 표준중국어를 할 줄 몰랐는데 지금은 할 수 있게 되었습니다.

我不会滑冰。Wǒ bú huì huábīng.

나는 스케이트를 탈 줄 모릅니다.

③ 可以: 어떤 일을 할 수 있는 능력이 있음을 나타낸다. 부정은 '不可以'가 아닌 '不能'을 사용한다.

我一天可以记住40个生词。
Wǒ yì tiān kěyǐ jìzhù sìshí ge shēngcí.

나는 하루에 새 단어 40개를 외울 수 있습니다.

这本书我今天就可以看完。
Zhè běn shū wǒ jīntiān jiù kěyǐ kànwán.

이 책은 오늘 다 읽을 수 있습니다.

我一天不能记住40个生词。
Wǒ yì tiān bù néng jìzhù sìshí ge shēngcí.

나는 하루에 새 단어 40개를 외울 수 없습니다.

④ 주어의 능력을 나타내는 조동사는 주로 '能'과 '会'를 사용하는데, 처음 어떤 동작을 배워 익혀 할 줄 알게 된 것에는 '会'를, 어떤 능력을 회복하게 된 것은 '能'을 사용한다. '可以'는 주로 허가 의미를 나타내는 경우에 사용한다.

습득 小弟弟会走路了。Xiǎo dìdi huì zǒulù le.

막내 남동생이 걸을 수 있게 되었습니다.

회복 他病好了，能下床了。Tā bìng hǎo le, néng xiàchuáng le.

그는 병이 다 나아서, 병상에서 내려올 수 있습니다.

습득 我在驾校学了一个多月，拿到了驾照，现在会开车了。
Wǒ zài jiàxiào xuéle yí ge duō yuè, nádào le jiàzhào, xiànzài huì kāichē le.

나는 운전학원에서 1개월 남짓 배우고, 면허증을 땄습니다. 이제 운전할 줄 압니다.

회복 几个月前我的胳膊受伤了，不过现在好了，又能开车了。
Jǐ ge yuè qián wǒ de gēbo shòushāngle, búguò xiànzài hǎo le, yòu néng kāichē le.

몇 달 전 팔을 다쳤는데, 지금은 나아서, 다시 운전할 수 있게 되었습니다.

능력의 습득 후 어떤 수준이나 정도에 도달했음을 나타낼 때는 '能'을 쓴다.

她一分钟能打300个字。　　　　＊她一分钟会打300个字。
Tā yì fēn zhōng néng dǎ sānbǎi ge zì.

你能听懂法语吗?　　　　　　　＊你会听懂法语吗?
Nǐ néng tīngdǒng Fǎyǔ ma?

> 그녀는 1분에 300자를 타이핑할 수 있습니다.
>
> 넌 프랑스어 알아들을 수 있니?

'不能不'는 '반드시 ~해야 한다'라는 의미를 나타내고, '不会不'는 '반드시 ~할 것이다'라는 의미를 나타낸다. 그러나 의문이나 추측을 나타내는 문장에서 '不能不'와 '不会不'는 모두 가능성이 있음을 나타낸다.

明天是我的生日，你不能不来啊!
Míngtiān shì wǒ de shēngrì, nǐ bù néng bù lái a!

明天是你的生日，我不会不去的。
Míngtiān shì nǐ de shēngrì, wǒ bú huì bú qù de.

他不能不/不会不答应吧?
Tā bù néng bù/bú huì bù dāying ba?

> 내일 내 생일인데, 너 안 오면 안 돼!
>
> 내일 네 생일인데, 내가 안 갈 수 없지.
>
> 그가 승락하지 않을 수 없겠죠?

(3) 의무: 得, 要 / 应该, 应, 该

'得', '要', '应该', '应', '该'는 모두 의무(~해야 함)를 나타내지만, '得', '要'는 주관성이 부가된 강한 의무를 나타내고 '应该', '应', '该'는 사회적인 통념이나 상식적인 기준에서의 의무를 나타낸다.

① 得: 주관성이 부가된 강한 의무를 나타내며, 부정은 '不用', '不必'를 사용한다.

这事儿得开会决定。Zhè shìr děi kāihuì juédìng.

他病得这么严重，得去医院看看。
Tā bìng de zhème yánzhòng, děi qù yīyuàn kànkan.

要取得好成绩，就得努力学习。
Yào qǔdé hǎo chéngjì, jiù děi nǔlì xuéxí.

不用那么努力学习。Búyòng nàme nǔlì xuéxí.

不必提前完成任务。Búbì tíqián wánchéng rènwu.

> 이 일은 회의로 결정해야 합니다.
>
> 그는 병이 이렇게 심하니, 병원에 가서 진료해야 합니다.
>
> 좋은 성적을 얻으려면 열심히 공부해야 합니다.
>
> 그렇게 열심히 공부할 필요 없습니다.
>
> 임무를 앞당겨 완수하지 않아도 됩니다.

② 要: 주관성이 부가된 강한 의무를 나타낸다. 부정은 '不用, 不必'를 사용한다.

星期五上午我要上课，我没有时间。
Xīngqīwǔ shàngwǔ wǒ yào shàngkè, wǒ méiyǒu shíjiān.

爸，您身体不好，要少抽烟、少喝酒。
Bà, nín shēntǐ bù hǎo, yào shǎo chōuyān、shǎo hē jiǔ.

> 금요일 오전에 나는 수업을 해야 해서, 난 시간이 없습니다.
>
> 아버지, 건강이 안 좋으시니, 담배는 덜 피우시고 술도 덜 마시세요.

这种水果要洗干净再吃。
Zhè zhǒng shuǐguǒ yào xǐ gānjìng zài chī.

이런 과일은 깨끗이 씻은 다음 먹어야 합니다.

星期五下午不用上课，我有时间。
Xīngqīwǔ xiàwǔ búyòng shàngkè, wǒ yǒu shíjiān.

금요일 오후엔 강의를 들을 필요가 없어서, 나는 시간이 있습니다.

他上班不必坐地铁。Tā shàngbān búbì zuò dìtiě.

그는 출근할 때 지하철을 타지 않아도 됩니다.

③ 应该, 应, 该: 사회적인 통념, 상식의 기준에서의 의무를 나타낸다. 입말에서는 주로 '该'를 사용한다. 부정은 '不应该, 不该'를 사용한다.

应该爱护公共财产。Yīnggāi àihù gōnggòng cáichǎn.

공공재산은 아끼고 보호해야 합니다.

不用谢，这是我应该做的。
Búyòng xiè, zhè shì wǒ yīnggāi zuò de.

고맙긴요. 이 일은 제가 당연히 해야 할 일인걸요.

这个问题应尽快解决。Zhège wèntí yīng jǐnkuài jiějué.

이 문제는 마땅히 신속히 해결해야 합니다.

十二点了，该睡了。Shí'èr diǎn le, gāi shuì le.

12시가 되었으니, 자야 해요.

张学友的演唱会太精彩了，你真该去看看。
Zhāng Xuéyǒu de yǎnchànghuì tài jīngcǎi le, nǐ zhēn gāi qù kànkan.

张学友의 콘서트는 너무 훌륭해. 너 꼭 가서 좀 봐야 해.

他还是个孩子，你不该这样骂他。
Tā hái shì ge háizi, nǐ bù gāi zhèyàng mà tā.

걔 아직 어린아이잖아요, 그렇게 야단쳐서는 안 돼요.

(4) 허가: 可以, 能

① 可以: 사회적인 통념, 상식의 기준에서 허가나 허락을 나타낸다.

我可以进来吗？Wǒ kěyǐ jìnlai ma?

들어가도 되나요?

这儿可以吸烟吗？Zhèr kěyǐ xīyān ma?

여기에서 담배 피워도 됩니까?

谁都可以提意见。Shéi dōu kěyǐ tí yìjiàn.

누구나 의견을 제시해도 됩니다.

这本书，我可以看看吗？Zhè běn shū, wǒ kěyǐ kànkan ma?

이 책, 제가 좀 봐도 될까요?

你已经18岁了，这件事可以自己决定了。
Nǐ yǐjīng shíbā suì le, zhè jiàn shì kěyǐ zìjǐ juédìng le.

넌 이미 열여덟 살이니, 이 일은 스스로 결정해도 된단다.

'허락, 허가'를 나타내는 '可以'는 주로 '不能'을 사용하여 부정하며, 때로 '不可以'를 사용할 수도 있다는 점에서 '능력'을 나타내는 '可以'의 부정형과는 다르다.

现在不能休息。Xiànzài bù néng xiūxi.

지금은 쉴 수 없습니다/쉬면 안 됩니다.

这儿不能吸烟。Zhèr bù néng xīyān.

여기에서 담배 피울 수 없습니다/피우면 안 됩니다.

这儿不可以抽烟。Zhèr bù kěyǐ chōuyān.

여기에서 담배 피우면 안됩니다.

② 能: 사회적인 통념, 상식의 기준에서 허가나 허락을 나타낸다. 주로 의문문과 부정문(不能)에서 사용한다.

这部电影能带孩子来看吗?
Zhè bù diànyǐng néng dài háizi lái kàn ma?

이 영화는 아이를 데려와 봐도 되나요?

小王病好了吗? 今天他能来上班吗?
Xiǎo Wáng bìng hǎo le ma? Jīntiān tā néng lái shàngbān ma?

小王은 병이 나았나요? 오늘 출근할 수 있나요?

屋里闷热, 能不能打开窗户?
Wū li mēnrè, néng bu néng dǎkāi chuānghu?

방안이 후텁지근한데, 창문을 좀 열어도 될까요?

腿伤没有好, 现在还不能下地走路。
Tuǐshāng méiyǒu hǎo, xiànzài hái bù néng xiàdì zǒulù.

다리 부상이 다 낫지 않아서, 지금은 아직 병상에서 내려와 걸을 수 없습니다.

没有老板的同意, 我们不能去。
Méiyǒu lǎobǎn de tóngyì, wǒmen bù néng qù.

사장님의 동의가 없으면, 우리는 갈 수 없습니다.

对不起, 先生, 这里不能抽烟。
Duìbùqǐ, xiānsheng, Zhèli bù néng chōuyān.

죄송합니다. 선생님. 여기에서 담배를 피우시면 안됩니다.

③ '可以'는 단독으로 서술어로 사용할 수 있으나 '能'은 사용할 수 없다는 차이가 있다.

你用这个方法也可以。　　　　　* 你用这个方法也能。
Nǐ yòng zhège fāngfǎ yě kěyǐ.

이 방법을 사용하셔도 됩니다.

또 '能'은 주로 의문문과 부정문에, '可以'는 긍정문에 더 많이 사용하며 부정은 주로 '不能'을 사용한다.

不能让她一个人承担这么多的工作。
Bù néng ràng tā yí ge rén chéngdān zhème duō de gōngzuò.

그녀 혼자 이렇게 많은 일을 감당하게 할 수 없습니다.

生的柿子不能吃, 很涩, 放熟了才可以吃。
Shēng de shìzi bù néng chī, hěn sè, fàngshú le cái kěyǐ chī.

익지 않은 감은 떫어서 먹을 수 없습니다. 놔뒀다가 익은 다음에야 먹을 수 있습니다.

(5) 추측: 得, 要/应该, 应, 该/会, 能

이것은 모두 추측을 나타내는데 오른쪽으로 갈수록 추측의 강도가 약해진다.

得, 要 〉 应该, 应, 该 〉 会, 能
반드시 ~할 것이다　　~할 것이다　　아마 ~할 것이다

즉, '得, 要'는 강한 추측에 사용하고, '应该, 应, 该'는 중간 정도의 추측에 사용하며, '会, 能'은 약한 추측에 사용한다.

① 得, 要: 주관성이 부가된 강한 추측을 나타낸다. 부정은 '不会'를 사용한다.

快加件儿衣服，不然又得着凉了。
Kuài jiā jiànr yīfu, bùrán yòu děi zháoliáng le.

빨리 옷을 껴입으세요. 안 그러면 또 감기듭니다.

爸爸要是知道你这么骗他，他准得气死。
Bàba yàoshi zhīdào nǐ zhème piàn tā, tā zhǔn děi qìsǐ.

네가 이렇게 자신을 속인 걸 아버지가 만일 안다면, 틀림없이 분통이 터질 거야.

这样做要出问题的。
Zhèyàng zuò yào chū wèntí de.

이렇게 하면 문제가 생길 겁니다.

你这样的说话方式，迟早要吃大亏的。
Nǐ zhèyàng de shuōhuà fāngshì, chízǎo yào chī dà kuī de.

너의 이런 말하는 방식, 조만간 큰 손해를 보게 될 거야.

这样做也不会出问题的。
Zhèyàng zuò yě bú huì chū wèntí de.

이렇게 해도 문제가 생기지 않을 겁니다.

② 应该, 应, 该: 사회적인 통념, 상식 수준에서 당연히 그러할 것이라는 추측을 나타낸다. 부정은 '不应该', '不该'를 사용한다.

这种材料应该比较结实。
Zhè zhǒng cáiliào yīnggāi bǐjiào jiēshi.

이런 재료는 (당연히) 비교적 튼튼할 겁니다.

今天出门早，应该不会迟到。
Jīntiān chūmén zǎo, yīnggāi bú huì chídào.

오늘은 집을 일찍 나서서, (당연히) 지각하지 않을 겁니다.

他今年该大学毕业了吧?
Tā jīnnián gāi dàxué bìyè le ba?

그는 올해 (당연히) 대학을 졸업하겠죠?

你是东北人，不应该怕冷。
Nǐ shì dōngběirén, bù yīnggāi pà lěng.

너는 东北 사람이니, (당연히) 추위를 안 타겠지.

③ 会, 能: 실현가능성이 낮은 추측을 나타낸다. '会'는 주로 부정문에서, '能'은 주로 의문문에서 사용한다.

今天晚上他一定会来。
Jīntiān wǎnshang tā yídìng huì lái.

오늘 저녁 그는 반드시 올 겁니다.
▶'一定'을 추가하면 추측의 정도가 높아짐.

等你长大了，你就会明白这个道理了。
Děng nǐ zhǎngdà le, nǐ jiù huì míngbai zhège dàolǐ le.

네가 어른이 되면, 이 이치를 깨닫게 될 거야.

A: 他会不会忘了? Tā huì bu huì wàng le?
B: 不会吧。Bú huì ba.

A: 그가 잊었을까요?
B: 그럴리가요.

今天的会议，他一定能来。Jīntiān de huìyì, tā yídìng néng lái.

오늘 회의에 그는 꼭 올 겁니다.

A: 看天气能下雨吗? Kàn tiānqì néng xià yǔ ma?
B: 阳光这么好，哪能下雨?
Yángguāng zhème hǎo, nǎ néng xià yǔ.

A: 날씨를 보면 비가 올까요?
B: 햇볕이 이렇게 좋은데 어떻게 비가 오겠어요?

(6) 기타

'敢', '肯', '愿意'와 같은 단어는 심리동사(敢[dare to+V], 肯[would gladly+V/be content to+V], 愿意[want to+V])에 가깝지만 대다수의 문법서와 『现代汉语词典』에서 조동사로 분류하고 있다.

① 敢: '어떤 일을 할 용기나 배짱胆量이 있음'을 나타낸다. 주로 부정문이나 반어문에서 사용한다.

老板说的话，谁敢不听?
Lǎobǎn shuō de huà, shéi gǎn bù tīng?

我不敢说他会哪一天来。
Wǒ bù gǎn shuō tā huì nǎ yì tiān lái.

我在哈尔滨看到有人冬泳，你敢不敢?
Wǒ zài Hā'ěrbīn kàndào yǒu rén dōngyǒng, nǐ gǎn bu gǎn?

사장님이 하신 말씀을, 누가 감히 안 듣겠습니까?

나는 그가 어느 날에 올 건지 감히 말 못하겠습니다.

내가 하얼빈에서 어떤 사람이 겨울 수영을 하는 걸 봤는데 넌 (겨울 수영을 할) 용기가 있니 없니?

② 肯: '기꺼이 ~하다'라는 의미를 나타낸다. 주로 부정문이나 반어문에서 사용한다.

在教育孩子方面，她肯花时间和精力。
Zài jiàoyù háizi fāngmiàn, tā kěn huā shíjiān hé jīnglì.

他不肯加入我们足球队。Tā bù kěn jiārù wǒmen zúqiúduì.

아이 교육 방면에 있어, 그녀는 시간과 (정신적 육체적)노력을 기꺼이 아끼지 않습니다.

그는 우리 축구팀에 가입하려 하지 않습니다.

③ 愿意: '~하기를 (진심으로) 원하다(바라다)'라는 의미를 나타낸다.

A: 你愿意嫁给我吗? Nǐ yuànyì jià gěi wǒ ma?
B: 我愿意。Wǒ yuànyì.

我不愿意跟他合作。Wǒ bú yuànyì gēn tā hézuò.

A: 나랑 결혼해 줄래요?
B: 그럴게요.

나는 그와 협력하기를 원하지 않습니다.

TIP 조동사 정리표

의미	긍정형	부정형	예문
의지	要 想	不想	我一定要去北京留学。 我非常想去香港旅游。 他不想考大学。
능력	能 会 可以	不能 不会 不能	他一分钟能打三十个汉字。 她生病了，不能多说话。 这孩子刚会走路，还不会说话。 我一天可以记住40个生词。 我一天不能记住40个生词。

의무	得 要 应该, 应, 该	不用, 不必 不用, 不必 不应该, 不该	要取得好成绩，就得努力学习。 不用那么努力学习。 这种水果要洗干净再吃。 他上班不必坐地铁。 不用谢，这是我应该做的。 十二点了，该睡了。 他还是个孩子，你不该这样骂他。
허가	可以 能	不能, 不可以 不能	谁都可以提意见。 这儿不能吸烟。/ 这儿不可以抽烟。 这部电影能带孩子来看吗？ 没有老板的同意，我们不能去。
추측	得 要 应该 应 该 会 能	不会 不会 不应该, 不该 不会 不会	爸爸要是知道你这么骗他，他准得气死。 这样做要出问题的。 这样做也不会出问题的。 这种材料应该比较结实。 你是东北人，不应该怕冷。 等你长大了，你就会明白这个道理了。 阳光这么好，哪能下雨?
기타	敢 肯 愿意	不敢 不肯 不愿意	老板说的话，谁敢不听？ 他不肯加入我们足球队。 A: 你愿意嫁给我吗？ B: 我愿意。

도전 실전 문제

괄호에 들어갈 알맞은 조동사를 보기에서 골라 봅시다.

보기 会 能 要 可以 应该

1. 这本书我今天就(   )看完。 (이 책은 오늘 다 읽을 수 있습니다.)

2. 这事儿(   )开会决定。 (이 일은 회의로 결정해야 합니다.)

3. 我不(   )滑冰。 (나는 스케이트를 탈 줄 모릅니다.)

4. 她(   )见见你。 (그녀는 너를 만나려고 해.)

5. 阳光这么好, 哪(   )下雨?
   (햇볕이 이렇게 좋은데 어떻게 비가 오겠어요?)

# 형용사

형용사란 사람, 사물의 성질이나 모습을 나타내는 단어를 가리킨다.
형용사는 서술어성 형용사와 비서술어성 형용사로 분류할 수 있는데, 서술어성 형용사는 다시 성질형용사와 상태형용사로 분류할 수 있다.

형용사는 사람, 사물의 성질이나 모습을 나타내는 단어를 가리킨다. 형용사는 서술어성 형용사와 비서술어성 형용사로 분류할 수 있는데, 서술어성 형용사는 다시 성질형용사와 상태형용사로 분류할 수 있다.

1 기능

형용사는 문장에서 주로 관형어, 서술어, 부사어, 보어로 사용되며 때로 주어와 목적어로 사용되기도 한다.

(1) 관형어

형용사의 주요 기능은 문장 내에서 관형어로 쓰여 체언(주어, 목적어)을 수식하는 것으로, 이는 형용사의 가장 중요한 문법적 기능이다.

我女朋友有一双大眼睛。 Wǒ nǚpéngyou yǒu yì shuāng dà yǎnjing.
내 여자친구는 큰 눈을 가졌습니다.

这家店有很多漂亮的衣服。
Zhè jiā diàn yǒu hěn duō piàoliang de yīfu.
이 가게에는 예쁜 옷이 많습니다.

云南给我留下了很深刻的印象。
Yúnnán gěi wǒ liúxiàle hěn shēnkè de yìnxiàng.
云南은 내게 깊은 인상을 남겨 주었습니다.

(2) 서술어

형용사의 또 다른 주요 기능은 서술어가 되는 것이다.

他很着急。 Tā hěn zháojí. 그는 초조합니다.
这个房间很大。 Zhège fángjiān hěn dà. 이 방은 큽니다.
这朵花很好看。 Zhè duǒ huā hěn hǎokàn. 이 꽃은 예쁩니다.
这个孩子很聪明。 Zhège háizi hěn cōngming. 이 아이는 똑똑합니다.

단, 형용사는 일반적으로 단독으로 서술어가 되지 못하고 앞에 '很'류의 정도부사를 함께 사용해야 한다.

> **TIP** 형용사와 정도부사
>
> 정도부사 없이 서술어로 사용된 형용사는 비교나 대조의 의미를 지니고 있으며 단독으로 사용되는 경우 완전한 문장을 구성하지 못하여 듣는 사람이 그 문장은 불완전하다는 느낌을 갖게 된다.
>
> *他着急。
>   他着急，我也着急。 그는 초조하고 나도 초조합니다.
> *这个房间大。
>   这个房间大，那个房间不大。 이 방은 크고 저 방은 크지 않습니다.
> *这件衣服颜色深。
>   这件衣服颜色深，那件浅。 이 옷은 색이 진하고 저 옷은 옅습니다.
>
> 하지만 대화의 상황이나 맥락상 비교의 의미를 나타내는 문장에서는 정도부사의 수식 없이 형용사가 단독으로 서술어가 되기도 한다.
>
> A: 我很着急。   B: 我也着急。 A: 나는 초조해. B: 나도 초조해.
> A: 我的房间很大。 B: 我的房间小。 A: 내 방은 큽니다. B: 내 방은 작습니다.
>
> 형용사 뒤에 보어를 사용해도 완전한 문장이 된다.
> 走了一整天，我累极了。 하루 종일 걸었더니 엄청 피곤합니다.

(3) 부사어

快说！ Kuài shuō! 빨리 말하세요!

请慢用！ Qǐng màn yòng! 천천히 드세요!

正确(地)理解。 Zhèngquè (de) lǐjiě 정확히 이해하다.

糊里糊涂地签字。 Húlihútú de qiānzì 얼떨결에 서명하다.

我今天早来了二十分钟。 Wǒ jīntiān zǎo láile èrshí fēnzhōng. 나는 오늘 20분 일찍 왔습니다.

主人热情地接待我们。 Zhǔrén rèqíng de jiēdài wǒmen. 주인은 친절하게 우리를 맞이합니다/접대합니다.

(4) 보어

결과보어 饭已经做好了。 Fàn yǐjīng zuòhǎo le. 밥은 이미 다 됐습니다.

결과보어 对不起，我没看清楚。 Duìbuqǐ, wǒ méi kàn qīngchu. 미안합니다. 제대로 못 봤습니다.

결과보어 刚才老师说的话你都听明白了吗？
Gāngcái lǎoshī shuō de huà nǐ dōu tīng míngbai le ma? 좀 아까 선생님이 한 말 너 다 이해했니?

상태보어 他菜炒得很香。 Tā cài chǎo de hěn xiāng. 그는 요리를 맛있게 합니다.

> **TIP** 상태보어로 사용되는 형용사와 '很'
>
> 상태보어로 사용되는 형용사가 단독으로 보어가 될 때는 비교의 의미를 가지고 있다.
>
> 我看，还是妈妈说得对。 내가 보기에는 역시 엄마 말이 맞아.
> → 爸爸说得不太对。 아빠 말은 그다지 맞지 않아.
>
> 비교의 의미를 갖지 않고 단지 일반적으로 상태의 묘사만을 나타내는 경우에는 형용사 앞에 정도부사 '很'을 수반한다.
> 你今天穿得很漂亮。 너 오늘 예쁘게 입었다.

2 특징

(1) 정도부사의 수식

서술어로 사용될 경우 '很, 最, 非常' 등과 같은 정도부사의 수식을 받아야 한다. 가장 일반적으로 사용하는 정도부사 '很'은 약하게 읽으며 '매우, 대단히'라는 의미는 없다.

S + 很 + A。

这孩子很可爱。 Zhè háizi hěn kě'ài. 이 아이는 귀엽습니다.
这里风景最美。 Zhèli fēngjǐng zuì měi. 이곳 풍경이 가장 아름답습니다.
房间非常干净。 Fángjiān fēicháng gānjìng. 방이 대단히 깨끗합니다.

(2) 부정문

부정부사 '不'를 사용해서 부정할 수 있다.

S + 不 + A。

房间不干净。 Fángjiān bù gānjìng. 방이 깨끗하지 않습니다.

'没'를 사용한 것은 '형용사+了'의 부정 형식이다.

S + 没 + A。

A: 他的脸红了。 Tā de liǎn hóng le. 그의 얼굴이 빨개졌어.
B: 哪有啊！他的脸还没红呢。 아니야! 그의 얼굴은 아직 빨개지지 않았어.
　Nǎ yǒu a! Tā de liǎn hái méi hóng ne.

(3) 의문문

긍정부정의문문을 만들 수 있다.

S + A + 不 + A？

那里风景美不美？ Nàli fēngjǐng měi bu měi? 그곳 풍경은 아름다운가요 아름답지 않은가요?

房间干净不干净? Fángjiān gānjìng bu gānjìng?

방이 깨끗한가요 깨끗하지 않은가요?

> **TIP** 긍정부정의문문
> 2음절 형용사의 경우 다음과 같이 두 번째 음절을 생략하여 긍정부정의문문을 만들 수 있다.
> 房间干(净)不干净?
> 他做事认(真)不认真?

방이 깨끗한가요, 깨끗하지 않은가요?
그는 일하는 게 착실한가요, 착실하지 않은가요?

(4) 보어

뒤에 보충성분 즉, 보어를 수반할 수 있다.

这孩子聪明极了。Zhè háizi cōngmíng jíle.
你这件衣服漂亮得很。Nǐ zhè jiàn yīfu piàoliang de hěn.

이 아이는 엄청 똑똑합니다.
너 이 옷 굉장히 예쁘다.

(5) 중첩

일부 형용사는 중첩해서 사용할 수 있다. 중첩한 후에는 '매우 ~하다'의 의미를 나타낸다.

她个子高高的, 眼睛大大的, 头发长长的。
Tā gèzi gāogāo de, yǎnjing dàdà de, tóufa chángcháng de.

그녀는 키가 늘씬하고, 눈이 크고, 머리가 깁니다.

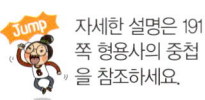

자세한 설명은 191쪽 형용사의 중첩을 참조하세요.

③ 분류

(1) 서술어성 형용사

① 성질형용사: 사람·사물의 성질이나 모습을 나타내는 단어로, 주로 관형어나 서술어로 사용한다. 대부분의 형용사는 성질형용사이며, '很', '最', '非常' 등과 같은 정도부사의 수식을 받을 수 있다. 성질형용사는 다시 다음과 같이 분류할 수 있다.

사람, 사물의 성질을 나타내는 형용사	好 坏 冷 热 对 错 正确 严重
사람, 사물의 모습을 나타내는 형용사	大 小 高 矮 红 绿 漂亮

② 상태형용사: 사람, 사물의 상태를 나타내는 단어를 가리킨다. 상태형용사는 '很'과 같은 정도부사의 수식을 받지 못하며 관형어와 서술어로 사용될 때 '的'와 함께 사용된다. 상태형용사는 형태에 따라 다음과 같이 분류할 수 있다.

'명사+형용사'형	雪白　笔直　血红　冰凉　漆黑　瓦蓝
'형용사+중첩접미사'형	绿油油　香喷喷　胖乎乎　冷冰冰
'형용사+里+형용사'형	土里土气　糊里糊涂　啰里啰唆
성질형용사의 중첩 형식	大大　小小　好好　漂漂亮亮　干干净净

▶ 주로 혐오와 경멸의 의미를 나타냄.

(2) 비서술어성 형용사非谓(语)形容词

관형어(명사 수식) 기능만 있고 서술어로 사용할 수 없는 형용사를 '비서술어성 형용사'라고 부른다. 비서술어성 형용사는 주로 사람·사물의 속성이나 특징을 나타내는 한편 구별이나 분류의 기능을 가지고 있어 '구별사区别词' 혹은 '속성사属性词'라고 부르기도 한다. 그 특징은 다음과 같다.

① 명사만 수식할 수 있고 서술어, 부사어, 보어로 사용할 수 없다.

　　男朋友 - 女朋友

　　正教授 - 副教授

　　黑白电视 - 彩色电视

　　中式服装 - 西式服装

　　* 他的病急性。

　　* 这颗珍珠天然。

남자친구–여자친구

정교수–부교수

흑백TV–컬러TV

중국식 의복–서양식 의복

② 정도부사의 수식을 받을 수 없다.

　　* 很男　　* 很大型

③ 일부 비서술어성 형용사는 '非'를 사용해서 반대의 속성을 나타낼 수 있다.

　　高档 - 非高档 고급 – 비고급(* 不高档)

　　主要 - 非主要 주요 – 비주요(* 不主要)

대개 단독으로는 문장의 주어나 목적어가 될 수 없지만, '비서술어성 형용사+的'의 형태로 구를 이루면 주어와 목적어로 사용할 수 있다.

　　男的向左走，女的向右走。
　　Nánde xiàng zuǒ zǒu, nǚde xiàng yòu zǒu.

　　他的病是急性的。Tā de bìng shì jíxìng de.

　　这颗珍珠是天然的。Zhè kē zhēnzhū shì tiānrán de.

남자는 왼쪽으로 걸어가고, 여자는 오른쪽으로 걸어갑니다.

그의 병은 급성입니다.

이 진주는 천연진주입니다.

④ 종류

1음절	男-女　正-副　金-银　雌-雄　公-母 单-双
2음절	黑白-彩色　中式-西式　个别-共同　主要-次要 天然-人工　急性-慢性　良性-恶性　国营-私营
	初级-中级-高级　小号-中号-大号 低档-中档-高档

4 형용사의 중첩

일부 형용사는 중첩할 수 있는데 중첩한 형용사는 '매우 ~하다'는 강조의 의미를 나타내게 되므로, 다시 정도부사로 수식할 수 없다. 중첩한 형용사는 상태에 대한 묘사에 주로 사용되며, 문장 내에서 관형어·부사어·서술어·보어가 될 수 있다.

(1) 성질형용사의 중첩 형식

　① A → AA: 大 - 大大　长 - 长长　轻 - 轻轻　慢 - 慢慢

> **TIP** 형용사 중첩형의 발음 변화
>
> 1음절 성질형용사를 중첩한 후, 두번째 음절의 성조는 본래의 성조보다 약하게 읽거나 혹은 제1성으로 읽는다. 한편, 1음절 성질형용사는 중첩한 후 '얼화(儿化)' 되기도 하는데 이때 두 번째 음절의 성조는 제1성으로 읽는다.
>
> AA : AA / AĀ　　好好 hǎohǎo　hǎohāo
> AAル : AĀル　　好好儿 hǎohāor

这孩子有一双大大的眼睛。
Zhè háizi yǒu yì shuāng dàdà de yǎnjing.
이 아이는 매우 큰 눈을 가졌습니다.

你们一定要好好学习。Nǐmen yídìng yào hǎohǎo xuéxí.
너희는 반드시 아주 열심히 공부해야 해.

他慢慢地从楼上走了下来。
Tā mànmàn de cóng lóu shàng zǒule xiàlái.
그는 대단히 천천히 위층에서 걸어 내려왔습니다.

他的脸黑黑的。
Tā de liǎn hēihēi de.
그의 얼굴은 까무잡잡합니다.

　② AB → AABB: 整齐 - 整整齐齐　明白 - 明明白白
　　　　　　　　老实 - 老老实实　干净 - 干干净净
　　　　　　　　漂亮 - 漂漂亮亮　清楚 - 清清楚楚

他们高高兴兴地骑自行车走了。
Tāmen gāogaoxìngxìng de qí zìxíngchē zǒu le.

我听得清清楚楚的。
Wǒ tīng de qīngqingchǔchǔ de.

这间屋子打扫得干干净净的。
Zhè jiān wūzi dǎsǎo de gānganjìngjìng de.

그들은 매우 즐겁게 자전거를 타고 갔습니다.

나는 매우 분명하게 들었습니다.

이 방을 엄청 깨끗하게 청소했습니다.

(2) 상태형용사의 중첩 형식

① AB(상태형용사) → ABAB(상태형용사)

雪白 – 雪白雪白　　冰凉 – 冰凉冰凉
漆黑 – 漆黑漆黑　　笔直 – 笔直笔直

衬衣洗得很干净，雪白雪白的。
Chènyī xǐ de hěn gānjìng, xuěbái xuěbái de.

他的手冰凉冰凉的。
Tā de shǒu bīngliáng bīngliáng de.

셔츠를 깨끗이 빨아서 눈처럼 새하얗습니다.

그의 손은 얼음처럼 찹니다.

② AB(성질형용사) → A里AB(상태형용사)

糊涂 – 糊里糊涂　　慌张 – 慌里慌张　　土气 – 土里土气
啰唆 – 啰里啰唆　　小气 – 小里小气　　流气 – 流里流气
傻气 – 傻里傻气　　古怪 – 古里古怪

③ A(성질형용사) → ABB(상태형용사)

绿油油　　红通通　　干巴巴　　暖洋洋
乱哄哄　　孤零零　　热乎乎　　冷冰冰

5 형용사와 '的'

형용사가 관형어로 사용될 때 직접 체언을 수식하기도 하지만, 아래와 같이 구조조사 '的'를 사용하는 경우도 있다.

(1) 1음절 형용사

1음절 형용사는 일반적으로 '的'를 사용하지 않고 직접 수식한다.

新书　　白衬衫　　凉开水

새 책/흰 셔츠/찬물

하지만 수식성을 강조하고 싶을 경우 1음절 형용사에 '的'를 사용해서 수식할 수 있다.

新的书　　白的衬衫　　凉的开水

새 책/흰 셔츠/찬 물

(2) 2음절 형용사

2음절 형용사가 1음절로 된 체언을 수식할 경우 '的'를 사용해야 한다.

好看的画　　重要的事　　温馨的家

예쁜 그림/중요한 일/아늑한 집

2음절 형용사가 2음절로 된 체언을 수식하는 경우에는 '的'를 사용해도 되고 사용하지 않아도 된다.

可靠(的)朋友　　幸福(的)生活　　亲密(的)爱人

믿을만한 친구/행복한 생활/다정한 배우자(아내/남편)

(3) 상태형용사

상태형용사(형용사의 중첩 형식도 포함)는 반드시 '的'를 사용해야 한다.

暖洋洋的屋子　　冷冰冰的河水　　雪白的毛衣

따스한 집/차디찬 강물/새하얀 스웨터

小孩子红红的脸蛋、大大的眼睛真可爱。
Xiǎoháizi hónghóng de liǎndàn, dàdà de yǎnjing zhēn kě'ài.

어린 아이의 새빨간 볼, 커다란 눈이 정말 귀엽습니다.

6 형용사와 '地'

형용사가 부사어로 사용될 때 직접 용언(동사, 형용사)을 수식하기도 하지만, 구조조사 '地'를 사용하는 경우도 있다.

(1) 1음절 형용사

'多, 少, 早, 晚, 快, 慢' 등과 같은 1음절 형용사가 부사어로 사용될 때에는 직접 뒤의 용언을 수식할 수 있다.

多休息少看电视。Duō xiūxi shǎo kàn diànshì.
他经常早出晚归。Tā jīngcháng zǎo chū wǎn guī.
时间不多了，快走。Shíjiān bù duō le, kuài zǒu.
天气冷了，多穿一点儿衣服。Tiānqì lěng le, duō chuān yìdiǎnr yīfu.
我今天早来了二十分钟。Wǒ jīntiān zǎo láile èrshí fēnzhōng.

많이 쉬고, TV는 조금 봅니다.

그는 늘 일찍 나가고 늦게 돌아옵니다.
시간이 많지 않습니다. 빨리 가십시오.
날씨가 추워졌습니다. 옷을 좀 많이 입으세요.
나는 오늘 20분 일찍 왔습니다.

(2) 2음절 형용사

2음절 형용사가 부사어로 사용될 때 '地'를 사용해도 되고 사용하지 않아도 되지만, '地'를 사용할 경우 묘사의 기능이 강조된다.

老师把作业仔细(地)看了一遍。
Lǎoshī bǎ zuòyè zǐxì (de) kànle yí biàn.

선생님이 숙제를 자세히 한 번 봤습니다.

结婚是大事，要认真(地)考虑。
Jiéhūn shì dàshì, yào rènzhēn (de) kǎolù.

결혼은 큰일입니다. 진지하게 생각해 봐야 합니다.

小刘每次都积极(地)参加足球赛。
Xiǎo Liú měi cì dōu jījí (de) cānjiā zúqiúsài.

小刘는 매번 적극적으로 축구 시합에 참여합니다.

일부 2음절 형용사는 반드시 '地'를 수반하여 뒤의 용언을 수식해야 한다.

他清楚地回答了我们的问题。
Tā qīngchu de huídá le wǒmen de wèntí.

그는 우리들의 질문에 분명하게 대답했습니다.

大家高兴地唱起歌来。Dàjiā gāoxìng de chàngqǐ gē lái.

모두들 즐겁게 노래를 부르기 시작합니다.

(3) 중첩된 형용사

1음절 형용사가 중첩된 후 부사어로 사용되면 '地'를 사용해도 되고 사용하지 않아도 된다.

母亲紧紧(地)抱着自己的孩子。
Mǔqīn jǐnjǐn (de) bàozhe zìjǐ de háizi.

어머니가 자기의 아이를 꼭 껴안고 있습니다.

天气慢慢(地)暖和了。Tiānqì mànmàn (de) nuǎnhuo le.

날씨가 서서히 따뜻해졌습니다.

他们早早(地)出发了。Tāmen zǎozǎo (de) chūfā le.

그들은 일찌감치 출발했습니다.

2음절 형용사가 중첩된 후 부사어로 사용되면 '地'를 사용해야 한다.

我父母辛辛苦苦地把我们养大。
Wǒ fùmǔ xīnxinkǔkǔ de bǎ wǒmen yǎngdà.

우리 부모님은 고생스럽게 우리를 키웠습니다.

他每天都高高兴兴地来上课。
Tā měitiān dōu gāogaoxìngxìng de lái shàngkè.

그는 매일 아주 즐겁게 수업하러 옵니다.

(4) 상태형용사

상태형용사가 부사어로 사용되면 '地'를 사용해야 한다.

孩子一个人孤零零地待在家里，真可怜。
Háizi yí ge rén gūlínglíng de dāi zài jiā li, zhēn kělián.

아이 혼자 외롭게 집에서 지내다니. 정말 불쌍하군요.

他笔直地坐在长沙发上。
Tā bǐzhí de zuò zài cháng shāfā shang.

그는 긴 소파에 꼿꼿하게 앉아 있습니다.

도전 실전 문제

다음 문장의 잘못된 부분을 찾아 고쳐 봅시다.

1. 这个房间没大。
   ➡ _____

2. 他的手冰冰凉凉的。
   ➡ _____

3. 他清楚回答了我们的问题。
   ➡ _____

4. 我今天来了早二十分钟。
   ➡ _____

5. 他的病是急性。
   ➡ _____

수사

수사란 숫자를 나타내는 단어를 가리킨다.
수량의 많고 적음을 나타내는 기수와, 순서를 나타내는 서수로 나뉜다.

1 기능

(1) 주어

六是三的两倍。Liù shì sān de liǎng bèi.   6은 3의 2배입니다.

(2) 목적어

这是十，不是千。Zhè shì shí, bú shì qiān.   이것은 十이지 千이 아닙니다.
十的一半是五。Shí de yíbàn shì wǔ.   10의 절반은 5입니다.

(3) 관형어

十的二分之一是五。Shí de èr fēnzhī yī shì wǔ.   10의 1/2은 5입니다.
三的两倍是六。Sān de liǎng bèi shì liù.   3의 2배는 6입니다.

(4) 서술어

三七二十一。Sān qī èrshíyī.   3×7은 21입니다.(3×7=21)
她今年二十。Tā jīnnián èrshí.   그녀는 올해 20(살)입니다.

2 특징

(1) 서수를 표현하는 경우를 제외하면 수사는 일반적으로 명사를 직접 수식할 수 없고, 중간에 양사를 사용하여야 한다.

一个人　　两本书　　三条鱼　　五支毛笔　　六辆汽车

(2) 수사가 기타 숫자 앞에서 관형어로 사용될 경우 '的'를 사용해야 한다.

三的五倍是十五。Sān de wǔ bèi shì shíwǔ.

五是十的二分之一。Wǔ shì shí de èr fēnzhī yī.

> 3의 5배는 15입니다.
>
> 5는 10의 1/2입니다.

3 분류

(1) 기수

수량의 많고 적음을 나타내는 수를 가리킨다. 기수에는 정수, 자릿수, 분수, 소수, 배수, 어림수 등이 포함된다.

정수	一 二 三 四 五 六 七 八 九
자릿수	个 十 百 千 万 十万 百万 千万 亿(万万)
분수	三分之二(2/3)　百分之六十(60%)　千分之一(1/1000)
소수	零点三(0.3)　三点一四(3.14)　二十点七五(20.75)
배수	一倍　两倍　二十倍
어림수	三四　多(十多个)　几(几千年)

(2) 서수

순서를 나타내는 수를 가리킨다. 친족호칭, 년월일, 등급, 학년, 층수, 버스 노선, 항공편, 선박편, 기관, 학급 등이 서수에 속한다. 일반적으로 기수 앞에 '第'를 사용하여 나타낸다.

第一　第一个　第二课　第三页　第四名　第五天　第六排

그러나 다음과 같은 서수 표현은 '第' 없이 수사를 명사 앞에 사용해서 나타낸다.

① 형제 등 친족호칭

老大　老二　大哥　二哥　二叔　三姐　四弟

他有两个孩子，老大是男孩儿，老二是女孩儿。
Tā yǒu liǎng ge háizi, lǎodà shì nánháir, lǎo'èr shì nǚháir.

我有三个姐姐，大姐是医生，二姐是大学教授，三姐是公司经理。
Wǒ yǒu sān ge jiějie, dàjiě shì yīshēng, èrjiě shì dàxué jiàoshòu, sānjiě shì gōngsī jīnglǐ.

> 그는 아이가 둘 있습니다. 맏이는 남자 아이이고, 둘째는 여자 아이입니다.
>
> 나는 누나/언니가 셋입니다. 큰 누나/언니는 의사이고, 둘째 누나/언니는 대학교수이고, 셋째 누나/언니는 회사 사장입니다.

② 년월일

9年　949年　1978年　2008年　2020年

一月　二月　十月　十一月　十二月

一号　二号　三日　十日　三十一日

2018年2月28日

> **TIP** 년, 월, 일, 요일의 표시법
> ① 중국어에서 열두 달의 명칭은 '一月 二月 三月 …… 十一月 十二月'이다.
> ② 날짜는 '숫자' 뒤에 '日'이나 '号'를 더하는데 통상 글말에서는 '日'를 입말에서는 '号'를 쓴다.
> 　一号　二号　三号 …… 三十号
> ③ 요일은 '星期一　星期二 …… 星期六　星期天(星期日)'라고 말한다. 통상 글말에서는 '星期日', 입말에서는 '星期天'으로 한다. '星期' 대신에 '周'를 쓰기도 한다.
> 　周一　周二　周三　周四　周五　周六　周日
> ④ 날짜는 '……年……月……日(/号)星期……' 순이다. 구체적인 시간이 있으면 역시 큰 것부터 작은 것 순으로 배열한다.
> 　一九八九年八月三十一号，星期四 1989년 8월 31일, 목요일
> 　星期三上午八点半 수요일 오전 8시 반

③ 등급이나 학년

一级　二级　三年级　　　　　　　　　　　　　　1급/2급/3학년

④ 건물의 층수

二楼　三层　　　　　　　　　　　　　　　　　　2동(2층)/3층

我家住五层。Wǒ jiā zhù wǔ céng.　　　　　　우리 집(식구들)은 5층에 삽니다.

⑤ 버스 노선, 항공편, 선박편

7路(公交车)　625次(航班)　　　　　　　　　　7번(버스)/625편(항공편/선박편)

我每天坐88路公交车上班。　　　　　　　　　　나는 매일 88번 버스를 타고 출근합니다.
Wǒ měitiān zuò bā shí bā lù gōngjiāochē shàngbān.

⑥ 기관이나 학급

一班　二班　一厂　二厂　　　　　　　　　　　1반/2반/제1공장/제2공장

4 읽는 방법

(1) 숫자 읽기

각 자릿수와 1이 결합하는 경우 '1'을 읽는지 여부, '0'이 숫자 가운데 올 때와 숫자 끝에 올 때 읽는 방법에 주의해야 한다.

1	2	3	4	5	6	7	8	9
一	二	三	四	五	六	七	八	九

10	100	1,000	10,000	100,000	1,000,000	10,000,000	100,000,000
十	一百	一千	一万	十万	一百万	一千万	一亿

11	111	1,111	11,111
十一	一百一十	一千一百一十一	一万一千一百一十一

20	202	220	2,002	2,020	2,200	2,220
二十	二百零二	二百二(十)	两千零二	两千零二十	两千二(百)	两千二百二(十)

숫자 가운데 '0'이 여러 개 있어도 한 번만 읽고, 숫자 끝에 오는 경우 '0'은 읽지 않으며 자릿수만 읽거나 자릿수도 읽지 않아도 된다.

(2) 번호 읽기

전화번호, 방호수, 년도, 버스 노선번호, 자동차 번호 등은 자릿수를 포함하지 않고 읽는다.

① 전화번호

王老师的手机号码是18810299776。
Wáng lǎoshī de shǒujī hàomǎ shì yāo bā bā yāo líng èr jiǔ jiǔ qī qī liù.

王 선생님의 휴대전화 번호는 18810299776입니다.

② 방호수

我的房间号码是1304。
Wǒ de fángjiān hàomǎ shì yāo sān líng sì.

내 방 번호는 1304입니다.

③ 년도

他是1988(一九八八)年出生的。
Tā shì yī jiǔ bā bā nián chūshēng de.

그는 1988년에 태어났습니다.

④ 버스 노선번호

去爱宝乐园坐1500-2路公交车。
Qù Àibǎo Lèyuán zuò yāo wǔ líng líng gàng èr lù gōngjiāochē.

에버랜드에 가려면 1500-2번 버스를 탑니다.

⑤ 자동차 번호

我的车牌号是京G9085。
Wǒ de chēpáihào shì Jīng G jiǔ líng bā wǔ.

내 차 번호는 京G9085입니다.

> **TIP** 자릿수에 따라 다른 번호 읽기
> ① 번호가 한 자리, 두 자리 수인 경우에는 일반적으로 자릿수를 함께 읽는다.
>   1: 一   12: 十二   23: 二十三   34: 三十四
> ② 세 자리수의 번호는 자릿수를 읽어도, 읽지 않아도 된다.
>   123: 一二三   一百二十三
> ③ 네 자리수 이상의 번호는 자릿수를 읽지 않는다.
>   1234: 一二三四

(3) '二'과 '两'

　① 단독으로 양사 앞에 올 때는 '两'을 사용한다.

　　两个苹果　　两块钱　　　　　　　　　　사과 두 개 / 2위안

　　两把椅子　　两层 - 二层　　　　　　　　의자 두 개 / 두 층-(제)2층

　② 두 자리수 이상의 숫자일 경우에는 '二'을 사용한다.

　　十二个学生　　二十二本书　　　　　　　학생 12명 / 책 22권

　③ 자릿수 '百' 앞에는 '两' 혹은 '二' 모두 가능하지만, '千, 万, 亿' 앞에는 일반적으로 '两'을 사용한다.

　　250: 两百五 / 二百五

　　2,345: 两千三百四十五

　　23,456: 两万三千四百五十六

　④ 도량형 단위 '两(50克)' 앞에는 '二'을 사용한다.

　　我喝二两白酒就会醉。Wǒ hē èr liǎng báijiǔ jiù huì zuì.　　나는 백주 두 량(100ml)만 마셔도 취합니다.

　　我买了二两茶叶。Wǒ mǎile èr liǎng cháyè.　　나는 차 두 량(100g)을 샀습니다.

5 어림수 표시법

(1) 숫자＋숫자

1에서 9까지 두 개의 서로 인접한 숫자를 함께 사용하여 어림수를 나타낼 수 있다. 그러나 9와 10, 10과 11은 사용할 수 없다.

▶ '九十'는 어림수가 아니라 90을 의미함.

　　一两天　　五六块　　一二十斤　　二三百本

　　七千五六百个　　八九万块

한두 날(하루 이틀) / 5, 6 위안 / 1, 2십(10~20) 근 / 2, 3백 권
7천5, 6백 개 / 8, 9만 위안

　　这个医院有三四百个护士。
　　Zhège yīyuàn yǒu sānsìbǎi ge hùshi.

이 병원은 간호사가 3, 4백 명 있습니다.

这里离火车站有五六十公里。
Zhèli lí huǒchēzhàn yǒu wǔliùshí gōnglǐ.

여기는 기차역에서 5, 6십 킬로미터 됩니다.

每个班都有十七八个学生。
Měi ge bān dōu yǒu shíqībā ge xuésheng.

반마다 17, 8명의 학생이 있습니다.

(2) 多

'多'는 다음과 같이 수량사 중간이나 수량사 뒤에 출현하여 해당 숫자를 초과하는 확정적이지 않은 나머지 수가 있음을 나타낸다.

① 한 자릿수(1~9) 또는 두 자릿수 이상이면서 끝 자릿수가 0이 아닌 경우(예: 23, 45, 356), '多'는 수량사 뒤에 출현해야 한다.

수사 + 양사 + 多(+ 명사)

一斤多水果　　　两块多钱　　　七十一公斤多

사과 한 근 남짓 / 2위안 남짓 / 71근 남짓

② 두 자릿수 이상이면서 끝 자릿수가 0인 경우(예: 10, 20, 300, 450, 6000, 7800 등), '多'는 수사와 양사 사이에 출현해야 한다.

수사 + 多 + 양사 + 명사

十多个人　　　二十多斤梨　　　三百多本书
四百五十多公里路　六千多块钱　　七千八百多张票

사람 10여 명 / 배 20여 근 / 책 300여 권 / 450여 킬로미터 길 / 6000여 위안 / 표 7800여 장

(3) 几

'几'는 1부터 9사이의 확정적이지 않은 수를 나타낼 수 있다.

① '几'가 일의 자릿수에 출현할 때

十几个　　　　二十几岁　　　一百三十几公斤

열 몇 개 / 20 몇 살 / 130 몇 킬로그램

② '几'가 수사의 첫 번째 숫자(자릿수 '十, 百, 千, 万' 등 앞)를 대신해서 출현할 때

几十个　　　　几百斤　　　　几千块

몇 십 개 / 몇 백 근 / 몇 천 위안

(4) 左右/上下/前后

'左右', '上下', '前后'는 수사구 혹은 수량사 뒤에 사용하여 그 숫자보다 조금 많거나 조금 적은 수를 나타낼 수 있다.

① 左右: 사용범위가 가장 넓다.

수　十五左右

15쯤

수량　二十个左右

20개 가량

금액　五百块左右

500위안 쯤

시각	八点半左右	8시 반 쯤
시간량	一个星期左右	일주일 정도
나이	三十岁左右	30살 가량
키, 길이	一米七左右	1미터 70 쯤

② 上下: 주로 나이, 높이(키), 무게 등에 사용된다.

나이	二十(岁)上下	20(살) 정도
높이(키)	一米八上下	1미터 80정도
무게	一百斤上下	100근 정도

③ 前后: 주로 특정시간(명사)과 함께 사용된다.

春节前后　　　　国庆前后　　　　　　　　설날쯤 / 건국기념일쯤

2000年前后　　　考试前后　　　　　　　　2000년쯤 / 시험 때쯤

> **TIP** '左右/上下/前后'의 사용 범위
>
> | | 左右 | 上下 | 前后 |
> |---|---|---|---|
> | 주요 용법 | 사용범위 가장 넓음 수(량), 금액, 나이, 키, 길이, 높이, 거리 등등. | 주로 나이, 높이(키), 무게 등에 사용. 금액, 거리에도 사용가능. | 주로 특정시간과 함께 사용. |
> | 시각 | 五点左右 | × | 五点前后 |
> | 시간량 | 五个小时左右
十天左右 | × | ×
*五个小时前后 |
> | 특정 시간 | ×
*元旦左右 | × | 元旦前后
200年前后
考试前后 |

도전 실전 문제

다음을 중국어로 말해 봅시다.

1. 1988년 　➡
2. 52,120위안 　➡
3. 예닐곱 개 　➡
4. 백여 개 　➡
5. 추석(중추절) 전후 　➡

 # 양사

양사란 사람, 사물 또는 동작의 수량단위를 나타내는 단어를 가리킨다. '분류사, 단위사, 단위명사'라고도 한다. 양사는 일반적인 상황에서 단독으로 문장성분이 될 수 없기 때문에 늘 수사나 지시대체사와 결합하여 수량사구를 이루어 문장성분이 된다.

1 기능

양사는 일반적인 상황에서 단독으로 문장성분이 될 수 없기 때문에 늘 수사나 지시대체사와 결합하여 수량사구를 이루어 문장성분이 된다.

(1) 관형어

她有一本中文书。Tā yǒu yì běn Zhōngwénshū.
그녀는 중국어책이 한 권 있습니다.

他买了一个杯子。Tā mǎile yí ge bēizi.
그는 컵을 한 개 샀습니다.

(2) 보어(동량보어)

我得去一趟我妈那儿。Wǒ děi qù yí tàng wǒ mā nàr.
나는 어머니한테 한 번 다녀와야 합니다.

(3) 부사어

今天要讲的内容很多，估计一次讲不完。
Jīntiān yào jiǎng de nèiróng hěn duō, gūjì yí cì jiǎng bu wán.
오늘 이야기할 내용이 많아서 아마도 한 번에 다 이야기할 수 없을 것입니다.

(4) 주어

一斤(苹果)多少钱？Yì jīn (píngguǒ) duōshao qián?
(사과) 한 근에 얼마입니까?

(5) 목적어

我想买两双(鞋)。Wǒ xiǎng mǎi liǎng shuāng (xié).
나는 (신발) 두 켤레 사고 싶습니다.

2 특징

(1) 비독립성

단독으로 문장성분을 담당할 수 없다. 단, 1음절 양사는 중첩 후 주어, 관형어, 부사어를 담당할 수 있다.

| 주어 | 个个都是优秀职员。 Gègè dōu shì yōuxiù zhíyuán. | 한 명 한 명 모두 우수한 직원입니다. |

| 관형어 | 条条大路通罗马。 Tiáotiáo dàlù tōng Luómǎ. | 모든 길은 로마로 통한다. |

| 부사어 | 怎么次次都能见到你? Zěnme cìcì dōu néng jiàndào nǐ? | 어떻게 매번 널 만날 수 있지? |

(2) 수량구

수사, 지시대체사, 의문대체사 '哪'와 함께 수량구를 이룬다.

수사+양사	一个 一条 一斤 一次 三张 五米 七下儿
지시대체사+양사	这个 这条 这次 这张 那件 那支 那双
의문대체사 '哪'+양사	哪位 哪个 哪些

양사 성질을 가지고 있는 일부 명사(준량사)는 양사의 도움 없이 바로 수사와 결합할 수 있다.

① 양사를 사용할 수 없는 명사: 年 周 天 分钟 秒钟 国

　　* 一个年 → 一年　　* 两个周 → 两周
　　* 一个天 → 一天　　* 哪个国人 → 哪国人

② 양사를 사용할 수 있는 명사: 星期 月 小时

　　一(个)星期　一(个)月　一(个)小时

▶ 一个月: 한 달(1개월)
▶ 一月: 1월

(3) 중첩

1음절 양사는 중첩할 수 있는데 '~마다(每~)'의 의미를 갖는다.

家家(每家)　年年(每年)　天天(每天)　个个(每个)
件件(每件)　条条(每条)　次次(每次)　张张(每张)

家家都有汽车。Jiājiā dōu yǒu qìchē.

我年年都去国外旅游。
Wǒ niánnián dōu qù guówài lǚyóu.

집집마다 다 자동차가 있습니다.

나는 해마다 해외로 여행을 갑니다.

양사 중첩식은 목적어로는 사용할 수 없다.

我认识他们每个人。　　　　　　　* 我认识他们个个。
Wǒ rènshi tāmen měi ge rén.

나는 그들 한 사람 한 사람을 압니다.

3 분류

(1) 명량사

사람이나 사물의 단위를 나타내는 단어로 수사와 결합하여 명사 앞에서 관형어로 사용된다.

도량형단위	米 mǐ 克 kè 千克 qiānkè 吨 dūn
화폐단위	元 yuán / 块 kuài 角 jiǎo / 毛 máo 分 fēn
시간단위	点 diǎn 分 fēn 秒 miǎo 刻 kè 小时 xiǎoshí 天 tiān
개체단위	个 gè 本 běn 辆 liàng 条 tiáo 支 zhī
집합단위	对 duì 副 fù 批 pī 双 shuāng 套 tào
부정량단위	点 diǎn 些 xiē

① 도량형 단위

길이 长度	米 mǐ 千米 qiānmǐ (公里 gōnglǐ) 厘米 límǐ 毫米 háomǐ	미터(m) 킬로미터(km) 센티미터(cm) 밀리미터(mm)
면적 面积	平方米 píngfāngmǐ 平方千米 píngfāng qiānmǐ (平方公里 píngfāng gōnglǐ)	평방미터(㎡) 평방킬로미터(㎢)
부피 体积,容积	立方米 lìfāngmǐ 升 shēng 毫升 háoshēng	입방미터(㎥) 리터(L, l) 밀리리터(Ml, ml)
무게 重量	斤 jīn 克 kè 千克 qiānkè (公斤 gōngjīn) 吨 dūn	근 그램(g) 킬로그램(kg) 톤(t)

② 화폐 단위

글말	입말	의미
元 yuán	块 kuài	위안(원)
角 jiǎo	毛 máo	0.1위안(10전)
分 fēn	分 fēn	0.01위안(1전)

화폐 액면상 표기: 圆

③ 시간 단위

시각		시간량	
点 diǎn	시	小时 xiǎoshí	시간
分 fēn	분	分钟 fēnzhōng	분
秒 miǎo	초	天 tiān	날(며칠/일수)

④ 개체 단위

양사	쓰임새	예문
个 ge	사람(명) 전용양사가 없는 명사	两个人 八个苹果, 五个笔记本, 五个学校 一个理想, 两个星期
本 běn	책	三本书
层 céng	건물의 층	十层大楼
朵 duǒ	꽃 구름	一朵花, 一朵玫瑰 两朵白云
份 fèn	신문, 잡지 서류	三份《人民日报》, 三份报纸 两份资料, 两份合同
幅 fú	그림	一幅山水画
家 jiā	기업(회사) 상점(가게)	一家电子公司 两家饭馆, 三家商店
件 jiàn	옷 짐 사건/일	一件衣服, 一件衬衫, 一件毛衣 一件行李 两件事
节 jié	교시(수업) 사물의 마디 글의 장절	上了三节课 四节甘蔗 第三章第五节
棵 kē	식물	一棵梧桐树/草/牡丹
口 kǒu	사람(가족) 가축 (물건을 담는)용기	一家两口人 三口猪 一口缸
辆 liàng	차량(자전거)	一辆汽车/自行车
篇 piān	문장(글, 논문)	一篇文章/论文
台 tái	기계	一台电脑/天文望远镜/机器
条 tiáo	가늘고 긴 것 (신문)기사/ 뉴스	一条裤子/裙子/围巾, 一条线/街/河, 一条鱼/腿 一条新闻
位 wèi	사람(분: 존중 의미)	一位客人, 两位老师, 各位, 诸位
页 yè	쪽(페이지)	三页
张 zhāng	종이류 침대/탁자 등 입/얼굴	一张纸, 两张地图 一张床, 两张桌子 一张嘴, 两张脸
支 zhī	가지(막대) 모양의 사물 노래	一支笔(铅笔/钢笔/毛笔), 一支烟 一支歌

▶ 전용양사가 있는 경우도 가능.
五所学校

只 zhī	쌍을 이루는 사물의 하나 동물(가금류, 새, 작은동물) 배(선박)	两只耳朵/手, 一只鞋/袜子/手套 一只鸡/鸟/兔子 一只小船
种 zhǒng	종류(사람, 사물)	这种人, 那种蔬菜, 两种意见, 各种情况
座 zuò	규모가 크고 고정된 물체	一座山, 一座高楼

⑤ 집합 단위

对 duì	성별, 좌우, 정반 등의 조합을 이룬 두 사람, 동물, 사물	一对夫妻, 一对蝴蝶, 一对翅膀
副 fù	짝을 이루는 물건 얼굴 표정	一副对联/手套/眼镜/象棋 三副耳环/扑克 一副笑脸, 一副可怜相
伙 huǒ	모여있는 사람들의 무리	一伙人, 好几伙学生
批 pī	대량의 화물 다수의 사람	一批货 一大批新工人
群 qún	무리를 이룬 사람이나 동물	一群人, 一群马/牛/蜜蜂/小鸟
双 shuāng	좌우 대칭이거나 짝을 이뤄 사용하는 물건	一双手/鞋/袜子/筷子
套 tào	세트(조합)를 이루는 물건	一套房间/家具/课本

⑥ 부정량 단위

点(儿) diǎn(r)	소량을 나타냄 수사 '一', '半'과 결합	买了点水果 吃点东西 一点儿苹果 一点儿问题 安静点儿, 别吵了。 半点儿消息 半点儿马虎
些 xiē	소량을 나타냄 수사 '一'와 결합	借了一些资料 有一些问题 这些苹果 一些人 放松些, 不要紧张。

과일을 좀 샀다
뭘 좀 먹다
사과 조금
문제 조금
좀 조용히 해, 떠들지 말고.
조금의 소식/약간의 소식
한 치의 소홀함/약간의 부주의함
자료를 좀 빌렸다
문제가 좀(몇 가지) 있다
이 사과들
사람들
좀 느긋하게 해, 긴장하지말고.

▶ 点을 보다 많이 사용하는데, 些가 点보다 더 많은 양을 나타냄.

(2) 동량사

동작이나 행위의 단위를 나타내는 단어로 수사와 결합하여 주로 동사 뒤에서 동량보어로 사용된다.

我们讨论过两次。Wǒmen tǎolùn guo liǎng cì.   우리는 두 번 토론했었습니다.

我去一趟。Wǒ qù yí tàng.   내가 한 번 갔다 올게.

자주 사용하는 동량사의 의미와 용법은 다음과 같다.

次 cì	반복적으로 일어날 수 있는 동작의 횟수 (가장 일반적으로 사용)	去过一次北京 那个电影我看过一次，但是没看完。	北京에 한 번 가본 적이 있다 그 영화는 한 번 본 적이 있지만 다 보지는 않았습니다.
遍 biàn	동작의 횟수 (처음부터 끝까지 전 과정이 있는 경우)	读了两遍, 问了三遍 从头到尾看一遍 那个电影我看过一遍, 真有意思。	(처음부터 끝까지)두 번 읽었다, 세 번 질문했다 처음부터 끝까지 한 번 보다 그 영화 나 한 번 봤는데 진짜 재미있어.
顿 dùn	식사(끼니), 질책, 권고, 욕 등의 행위	一天吃三顿饭 被他骂了一顿	하루에 세 끼 먹는다 그에게 한바탕 욕먹었다(혼났다)
场 chǎng	오락, 체육활동이 처음부터 끝까지 진행되는 횟수 cháng: 어떤 일의 과정	一场球赛, 两场舞会, 三场电影 昨天我们看了一场比赛。 一场恋爱, 一场大战, 白高兴了一场	구기 시합 한 게임, 무도회 두 차례, 영화 세 차례 어제 우리는 경기를 한 게임 봤다. 연애 한 번, 대전(큰 전쟁) 한 번, 괜히 한 번 좋아했네
回 huí	일이나 동작의 횟수	来一回, 听过一回 那是另一回事。	한 번 오다, 한 번 들은 적 있다 그건 또 다른 일이야.
趟 tàng	왕복의 횟수	来/去/跑一趟 他去了一趟美国。	한 번 다녀가다/다녀오다/뛰어갔다 오다 그는 미국에 한 번 다녀왔다.
下 xià	동작의 횟수 동사 뒤에서 '한 번 함', '시도해 봄'의 의미를 가짐	想一下, 等一下, 拍两下 试一下, 打听一下, 研究一下 请你稍微等一下。 他考虑了一下, 就同意了。	한 번 생각하다, 잠시 기다리다, 두 번 두드리다 한 번 시도해 보다, 한 번 알아 보다, 한 번 연구해 보다. 잠시 좀 기다려 주십시오. 그는 잠시 생각하더니 바로 동의했습니다.
番 fān	시간을 들여 애쓴 동작의 횟수	他仔细考虑了一番, 最终还是同意了。	그는 곰곰히 한 번 생각하더니 결국에는 그래도 동의했습니다.

> **TIP** 차용명량사와 차용동량사
>
> 명량사에는 전용명량사 외에 명사(주로 용기)를 차용해서 사용하는 '차용명량사'가 있고, 동량사에도 전용동량사 외에 도구나 인체 기관 등을 나타내는 명사를 차용해서 사용하는 '차용동량사'가 있다.
>
> ① 차용명량사: 杯子(一杯子水), 桌子(一桌子饭菜), 脸(一脸汗), 头(一头白发)
> ② 차용동량사: 眼(看了一眼), 脚(踢了一脚), 口(咬了一口), 刀(切了一刀)

4 시간 읽기

중국어에서 시간을 읽는 방식은 '…点…分'이다. '分' 앞이 두 자릿수일 때는 '分'을 생략할 수 있다. 1분~9분은 '零'을 함께 사용해야 한다.

    1:05 ⇒ 一点零五分   2:15 ⇒ 两点十五(分)
    7:52 ⇒ 七点五十二(分)

15분의 단위인 '刻'는 15분과 45분을 나타낼 경우에만 사용할 수 있다. 한 시간의 절반인 30분은 '半'으로 표현한다.

15분 ⇒ 一刻/十五(分)　　　30분 ⇒ 三十(分)/半 (* 二刻/两刻)

45분 ⇒ 三刻/四十五(分)　　6:15 ⇒ 六点一刻/六点十五(分)

6:45 ⇒ 六点三刻/六点四十五(分)　10:30 ⇒ 十点半/十点三十(分)

'…시 …분 전'이라고 표현하고 싶을 때는 '差…分…点'이라고 읽어야 한다.

2:55 ⇒ 差五分三点　　12:50 ⇒ 差十分一点

9:45 ⇒ 差十五分十点 / 差一刻十点

분 시	05분 五分	15분 十五分/一刻	30분 三十分/半	45분 四十五分/三刻	55분 五十五分/ 差五分…点
1	一点零五分				
2		两点十五(分) 两点一刻			
3			三点三十(分) 三点半		
4				四点四十五(分) 四点三刻 差十五分五点 差一刻五点	
5					五点五十五(分) 差五分六点

도전 실전 문제

괄호에 들어갈 알맞은 양사를 보기에서 골라 봅시다.

보기　本　朵　幅　个　家　件　口　辆　台　条　张　支　只　座

1. 一家两(　)人　　2. 一(　)星期　　3. 一(　)衣服

4. 一(　)自行车　　5. 一(　)床　　　6. 一(　)裤子

7. 一(　)高楼　　　8. 一(　)歌　　　9. 一(　)电脑

10. 一(　)山水画　11. 两(　)花　　12. 两(　)饭馆

13. 两(　)事　　　14. 两(　)耳朵　15. 三(　)书

대체사

대체사란 단어나 구 혹은 문장을 지시指別, 대체替代하는 단어를 가리킨다.
중국어의 대체사는 명사 뿐만 아니라 동사, 형용사, 수량사 또는 부사도 대체하는 역할을 한다. 또 지칭 대상에 따라 사람·사물을 대체하는 인칭대체사, 사람·사물·상황을 지칭하거나 구별하는 지시대체사, 의문을 나타내는 의문대체사로 분류할 수 있다.

1 기능

(1) 주어

인칭대체사	我是学生。Wǒ shì xuésheng.	나는 학생입니다.
인칭대체사	你叫什么名字？Nǐ jiào shénme míngzi?	너는 이름이 뭐니?
지시대체사	这是汉语课本。Zhè shì Hànyǔ kèběn.	이것은 중국어 교재(교과서)입니다.
지시대체사	这儿有很多小吃。Zhèr yǒu hěn duō xiǎochī.	여기에는 군것질 거리가 많습니다.
의문대체사	谁不喜欢钱？Shéi bù xǐhuan qián?	누가 돈을 싫어할까요?
의문대체사	什么是爱情？Shénme shì àiqíng?	뭐가 사랑일까?

(2) 목적어

인칭대체사	谁找我？Shéi zhǎo wǒ?	누가 나를 찾습니까?
지시대체사	他不在这儿。Tā bú zài zhèr.	그는 여기 없습니다.
의문대체사	你住哪儿？Nǐ zhù nǎr?	너 어디 사니?

(3) 관형어

인칭대체사	你的手机丢了？Nǐ de shǒujī diū le?	네 휴대폰을 잃어버렸다고?
지시대체사	这样的人不能相信。Zhèyàng de rén bù néng xiāngxìn.	이러한 사람은 믿을 수가 없습니다.
의문대체사	你要买几瓶？Nǐ yào mǎi jǐ píng?	몇 병을 사려고요?

(4) 부사어

| 지시대체사 | 你别那么说。Nǐ bié nàme shuō. | 그렇게 말하지 마십시오. |
| 의문대체사 | 你每天怎么上班？Nǐ měitiān zěnme shàngbān? | 넌 매일 어떻게 출근하니? |

(5) 서술어

의문대체사 她今天怎么了？ Tā jīntiān zěnme le?

의문대체사 你最近身体怎么样？ Nǐ zuìjìn shēntǐ zěnmeyàng?

지시대체사 好，就这样吧! Hǎo, jiù zhèyàng ba!

지시대체사 那样不行，要这样。 Nàyàng bù xíng, yào zhèyàng.

그녀는 오늘 왜 그래(무슨 일 있어)?
요즘 건강은 어때요?

좋습니다. 이렇게 하시죠!

그렇게는 안됩니다. 이렇게 해야 합니다.

(6) 보어

의문대체사 他字写得怎么样？ Tā zì xiě de zěnmeyàng?

의문대체사 他歌儿唱得怎么样？ Tā gēr chàng de zěnmeyàng?

그는 글씨 쓰는 게 어떠니(글씨 잘 쓰니)?
그는 노래 부르는 게 어떠니(노래 잘 부르니)?

서술어와 보어로 사용되는 대체사는 아주 제한적인데 '怎么样'은 자유롭게 서술어와 보어로 사용된다.

2 분류

대체사는 다음의 표와 같이 지칭 대상에 따라 사람·사물을 대체하는 인칭대체사, 사람·사물·상황을 지칭하거나 구별하는 지시대체사, 의문을 나타내는 의문대체사로 분류할 수 있다.

대체품사		인칭대체사			의문대체사	지시대체사	
		인칭	단수	복수		근칭	원칭
체언성	보통명사	1인칭	我	我们 咱们	谁 什么 哪	这	那
		2인칭	你 您	你们 -			
		3인칭	他 她 它	他们 她们 它们			
		기타	自己 (自个儿) 别人 人家				
	장소명사				哪儿 哪里 什么地方	这儿 这里	那儿 那里
	시간명사				哪会儿 多会儿 什么时候	这会儿	那会儿
	수량사				几 多少		

				怎样 怎么 怎么样	这样 这么样	那样 那么样
용언성	동사 형용사					
	부사			多(＋형용사) 为什么 怎么	这么	那么

3 인칭대체사

(1) 분류와 특징

① 인칭대체사는 1인칭, 2인칭, 3인칭으로 분류할 수 있으며 사람이나 사물을 대체한다.

你听我说。Nǐ tīng wǒ shuō.   너 내가 말하는 것 좀 들어봐.

她是老师。Tā shì lǎoshī.   그녀는 선생님이다.

这狗不咬人，不要怕它。Zhè gǒu bù yǎo rén, bú yào pà tā.   이 개는 사람을 물지 않으니, 겁내지 마세요.

② 단수와 복수의 구별이 있다. 복수는 인칭대체사 뒤에 접미사 '们'을 사용하여 나타낸다.

我们一起谈谈吧。Wǒmen yìqǐ tántan ba.   우리 같이 얘기 좀 하자.

他们是运动员。Tāmen shì yùndòngyuán.   그들은 운동 선수이다.

(2) 용법

① '我们'과 '咱们'은 1인칭 인칭대체사의 복수형식이다. '咱们'은 화자(말하는 사람)와 청자(말을 듣는 사람)를 다 포함한 형식으로 사용하며, '我们'은 화자와 청자를 포함한 형식과 화자만 포함하고 청자는 포함하지 않는 배제식으로 사용할 수 있다.

▶ 한국어에도 '우리(화자+청자)'와 '저희(화자)'라는 표현이 있다.

포함식 你等我一下，咱们一起走。
Nǐ děng wǒ yíxià, zánmen yìqǐ zǒu.   (너 나) 좀 기다려. 우리 함께 가자.

배제식 你快一点儿，我们在大门口等你。
Nǐ kuài yìdiǎnr, wǒmen zài dàménkǒu děng nǐ.   너 좀 서둘러. 우리 정문(입구)에서 기다리고 있어.

포함식 我们/咱们一起唱吧。
Wǒmen/Zánmen yìqǐ chàng ba.   우리 함께 노래해요.

② '您'은 '你'의 공손한 표현으로 사용된다.

您贵姓？Nín guì xìng?   성함이 어떻게 되세요?

您慢走。Nín màn zǒu. 조심해서 가세요/안녕히 가세요.
您真有福气。Nín zhēn yǒu fúqi. 정말 복이 많으십니다.

③ '他们'은 복수의 남성, '她们'은 복수의 여성, '它们'은 복수의 사물을 가리킨다. 남녀 모두를 가리키는 상황에서는 '他们'을 주로 사용한다.

他们三位老师都教过我。Tāmen sān wèi lǎoshī dōu jiāoguo wǒ. 그들 세 분 선생님은 모두 나를 가르쳤었다.
她们是女运动员。Tāmen shì nǚ yùndòngyuán. 그녀들은 여성 운동 선수이다.
兔子跑得很快，要抓住它们可不容易。 토끼는 달리는 게 빨라서, 그것들을 잡는 것은 정말 쉽지 않다.
Tùzi pǎo dé hěn kuài, yào zhuāzhù tāmen kě bù róngyì.

> **TIP** 자칭, 타칭, 범칭대체사
>
> 인칭대체사에는 이상의 1인칭, 2인칭, 3인칭 인칭대체사 이외에 다음과 같은 자칭(自己), 타칭(别人), 범칭대체사(人家)가 있다.
>
> (1) 自己
> '自己'는 다음과 같은 용법이 있다.
> ① 동격复指: 사람을 가리키는 명사나 대체사 뒤에 사용되어 그 가리키는 사람 '자신'을 나타낸다.
> 去不去你们自己决定。 가든 말든 너희들 스스로 결정해.
> 你自己知道该怎么做吧。 어떻게 해야 하는지 네 자신이 알겠지.
> 这件事儿都怪小王自己不好。 이 일은 다 小王 자신이 잘못해서 그런 거야.
> ② 재귀回指: 앞에서 말한 대상을 가리킨다.
> 他想了半天，自己也没弄明白。 그는 한참을 생각했지만 자신도 이해를 하지 못했습니다.
> 你这样下去，只会害了自己。 너 계속 이러면 너만 다칠 거야.
> ③ 범칭泛指: 확정적이지 않은 대상을 가리킨다.
> 自己的事情自己做。 자기의 일은 자기가 합니다.
> 提高汉语水平还是靠自己。 중국어 실력 향상은 결국 자신한테 달려 있다.
>
> (2) 别人
> '别人'은 '自己'와 상대되는 말로 어떤 사람(들) 이외의 사람을 가리킨다.
> 你能做的事，别人也能做。 네가 할 수 있는 일은 남도 할 수 있다.
> 不要把自己不想做的事让别人做。 자기가 하고 싶지 않은 일을 남에게 시키지 마라.
> 不要只顾自己，不顾别人。 남 생각은 않고 자기만 생각하지 마라.
>
> (3) 人家
> '人家'는 다음 세 가지 의미를 가지고 있다.
> ① 제3인칭(=他, 她)을 가리킨다.
> 人家都在认真看书，你怎么还在玩? 쟤는 열심히 공부하는데 넌 어째서 아직 놀고 있니?
> ② '自己'와 상대되는 다른 사람(=别人)을 가리킨다.
> 文章是写给人家看的，要明白易懂。 글은 남에게 보여주기 위해 쓰는 것이니 명료하고 쉬워야 한다.
> 人家做到的，我们为什么做不到? 다른 사람은 해 낸 것을 우리는 왜 해 낼 수 없습니까?
> ③ 말하는 사람 자신(=我)을 가리킨다. 일반적으로 여성이 많이 사용하며, 다소 애교스럽거나 불만이 섞인 느낌을 준다.
> 你怎么现在才来，让人家等这么久。 넌 어째서 이제야 오니? 사람을 이렇게 오래 기다리게 하고.

4 의문대체사

(1) 일반 용법

의문대체사의 기본적인 용법은 궁금한 내용을 물어 보는 것으로 상대방에게 대답을 요구할 때 사용한다.

- **사람-누구?** 那是谁? Nà shì shéi? — 거긴 누군가요?
- **사물-무엇?** 你手里拿的是什么? Nǐ shǒu li ná de shì shénme? — 너 손에 든 게 뭐니?
- **장소-어디?** 我去哪里找你? Wǒ qù nǎli zhǎo nǐ? — 내가 널 찾으러 어디로 가면 되니?
- **시간-언제?** 你什么时候毕业? Nǐ shénme shíhou bìyè? — 너 언제 졸업하니?
- **이유-왜?** 他为什么不开心? Tā wèishénme bù kāixīn? — 그는 왜 기분이 좋지 않은가요?

'怎么'는 방식과 원인을 물어 볼 때 사용된다.

방식 怎么 + V(+O)?

这个字怎么写? Zhège zì zěnme xiě? — 이 글자는 어떻게 씁니까?

你每天怎么去公司上班? Nǐ měitiān zěnme qù gōngsī shàngbān? — 넌 매일 어떻게 회사로 출근하니?

원인 怎么 + …… + V(+O)? / 怎么 + A + 了?

你怎么不去吃饭? Nǐ zěnme bú qù chī fàn? — 너 왜 밥 먹으러 안 가니?

你脸怎么红了? Nǐ liǎn zěnme hóng le? — 너 얼굴이 왜 벌게졌니?

(2) 특수 용법

의문대체사는 궁금한 내용을 물어 보는 상황이 아닌 경우에도 사용되는데 다음과 같은 세 가지 상황과 의미를 가진다.

① 임의지칭任指 : 가리키는 모든 사람(=누구나) 혹은 사물(=무엇이든지)을 나타낸다.

谁都说服不了他。Shéi dōu shuōfú bu liǎo tā. — 누구도 그를 설득할 수 없습니다.

我什么都知道。Wǒ shénme dōu zhīdào. — 나는 뭐든 다 알아.

② 허칭虚指: 말하지 못하거나 말할 수 없는 혹은 말하고 싶지 않은 사람이나 사물을 가리킨다.

他没说什么。Tā méi shuō shénme. — 그는 별 말 하지 않았습니다.

我似乎在哪儿见过他。Wǒ sìhū zài nǎr jiànguo tā. — 그를 어디선가 만난 적이 있는 듯합니다.

③ 비확칭不定指: 확정적이지 않은 사람이나 사물을 가리킨다. 동일한 의문대체사를 나란히 대응해서 사용하며 앞의 상황이 뒷부분을 결정한다.

你喜欢吃什么就吃什么。Nǐ xǐhuan chī shénme jiù chī shénme.   너 먹고 싶은 거/좋아하는 거 먹어.
谁先到谁买票。Shéi xiān dào shéi mǎi piào.   먼저 도착하는 사람이 표 사는 거다.

5 지시대체사

지시대체사는 '这(이)'와 '那(저, 그)'를 기본으로 이루어진다.

	공간处所	시간时候	사람·사물	성질·상태·방식·방법
'这'류	这儿/这里	这会儿	这个/这些	这么/这(么)样
'那'류	那儿/那里	那会儿	那个/那些	那么/那(么)样

▶ 这么/那么: 관형어, 부사어 역할 가능
▶ 这(么)样/那(么)样: 관형어, 부사어, 보어, 서술어 역할 가능

'这'류는 가리키는 것이 가까운 곳에 있는 경우近指에, '那'류는 먼 곳에 있는 경우远指에 사용한다.

我们在这儿休息吧。Wǒmen zài zhèr xiūxi ba.   우리 여기서 쉬어요.
那里风景很好。Nàli fēngjǐng hěn hǎo.   거기 경치가 좋습니다.
他们这会儿都忙着呢。Tāmen zhèhuìr dōu mángzhe ne.   그들은 지금 다 바쁩니다.
那会儿我还是个小孩儿。Nàhuìr wǒ hái shì ge xiǎoháir.   그때 나는 아직 어린애였습니다.
那个孩子真聪明！Nà ge háizi zhēn cōngming!   그 아이는 진짜 똑똑해.
这些书都是我买的。Zhè xiē shū dōu shì wǒ mǎi de.   이 책들은 다 내가 산 겁니다.
那我们就这么办吧。Nà wǒmen jiù zhème bàn ba.   그럼 우리 이렇게 합시다.
天气还不那么冷。Tiānqì hái bú nàme lěng.   날씨가 아직은 그렇게 춥진 않습니다.
好，就这样吧！Hǎo, jiù zhèyàng ba!   좋습니다. 이렇게 합시다!
怎么会有那样的事！Zěnme huì yǒu nàyàng de shì!   어떻게 그런 일이 있을 수 있나!

도전 실전 문제

괄호에 들어갈 알맞은 대체사를 보기에서 골라 봅시다.

> 보기   谁   哪里   什么   怎么   为什么

1. 那是(　　)?
2. 你脸(　　)红了?
3. 你手里拿的是(　　)?
4. 我去(　　)找你?
5. 他(　　)不开心?

부사

부사란 동사, 형용사, 부사 또는 문장 앞에서 수식이나 한정 작용을 하는 단어를 가리킨다. 부사는 주로 정도, 범위, 시간, 빈도, 부정, 양상, 상태, 접속 등의 각도에서 문장의 의미를 분명하게 알려 주는 역할을 한다.

부사란 주로 동사, 형용사, 부사 또는 문장 앞에서 수식이나 한정 작용을 하는 단어를 가리킨다. 부사는 주로 정도, 범위, 시간, 빈도, 부정, 양상, 상태, 접속 등의 각도에서 문장의 의미를 분명하게 알려 주는 역할을 한다.

1 기능

(1) 서술어 수식

부사의 주요 기능은 문장에서 부사어가 되는 것으로 주로 동사나 형용사를 수식한다.

她最漂亮。Tā zuì piàoliang. — 그녀가 가장 예쁩니다.

我不抽烟。Wǒ bù chōuyān. — 나는 담배를 피우지 않습니다.

我们正在休息。Wǒmen zhèng zài xiūxi. — 우리는 마침 쉬고 있습니다.

我非常喜欢打乒乓球。Wǒ fēicháng xǐhuan dǎ pīngpāngqiú. — 나는 탁구치는 것을 대단히 좋아합니다.

(2) 보어 역할

일부 부사는 형용사나 심리상태를 나타내는 동사 뒤에서 보어로 쓰이기도 한다.

今天热极了。Jīntiān rè jíle. — 오늘은 엄청 덥습니다.

最近天天加班，大家都觉得累得很。
Zuìjìn tiāntiān jiābān, dàjiā dōu juéde lèi de hěn. — 요즘 날마다 야근이라 모두들 아주 피곤합니다.

(3) 접속 역할

접속 역할을 하는 부사도 일부 있는데 동사, 형용사 또는 구, 절을 연결해 준다.

她每天下了班就去幼儿园接孩子。
Tā měitiān xiàle bān jiù qù yòu'éryuán jiē háizi. — 그녀는 매일 퇴근하면 유치원에 아이를 데리러 갑니다.

只有他来办，才能解决这个问题。
Zhǐyǒu tā lái bàn, cái néng jiějué zhège wèntí.

看到主人回来了，这小狗又蹦又跳的。
Kàndào zhǔrén huílaile, zhè xiǎo gǒu yòu bèng yòu tiào de.

常喝绿茶不但能清火，还对眼睛有好处。
Cháng hē lǜchá búdàn néng qīng huǒ, hái duì yǎnjing yǒu hǎochù.

그가 와서 처리해야만, 이 문제를 해결할 수 있습니다.

주인이 돌아온 걸 보고, 이 강아지는 펄쩍펄쩍 뜁니다.

녹차를 자주 마시면 열을 내릴 뿐만 아니라, 눈에도 좋습니다.

2 특징

(1) 대부분의 부사는 일반적으로 중첩해서 쓸 수 없다. 그러나 일부 부사는 중첩 형식을 가지고 있다.

渐渐　常常　刚刚　仅仅　白白　偏偏

(2) 대부분의 부사는 단독으로 질문에 답할 수 없다. 그러나 '不, 别, 当然, 也许, 一定, 马上, 没有' 등 일부 부사는 단독으로 질문에 답하는 말로 사용할 수 있다.

A: 喂，你什么时候来? Wèi, nǐ shénme shíhou lái?
B: 马上。Mǎshàng.

A: 你昨天去单位了吗? Nǐ zuótiān qù dānwèi le ma?
B: 没有。Méiyǒu.

A: 여보세요, 언제 와요?
B: 곧 (갑니다).

A: 어제 회사에 갔어요?
B: 아니요.

(3) 일반적으로 명사를 수식하거나 한정할 수 없다.

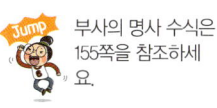
부사의 명사 수식은 155쪽을 참조하세요.

(4) 대부분의 부사는 문장 앞에 쓸 수 없다. 그러나 '到底, 究竟, 大概, 也许, 难道, 难怪' 등의 일부 부사는 문장 전체를 수식하기도 한다. 이러한 부사는 주어 뒤, 서술어 앞에도 사용할 수 있다.

到底你去不去吃饭呀?　　　　（=你到底去不去吃饭呀?）
Dàodǐ nǐ qù bu qù chī fàn ya?

也许他已经回来了。　　　　（=他也许已经回来了。）
Yěxǔ tā yǐjīng huílaile.

도대체 밥 먹으러 가니 안 가니?

아마도 그는 이미 돌아왔을 겁니다.

3 분류

정도부사	很　十分　可　太　更　最　极　非常　多么　稍微　有点儿
범위부사	都　全　只　才　仅仅　一起

시간부사	才　刚(刚)　在　正　正在　从来　已经　马上　快(要)　就要
빈도부사	常(常)　经常　往往　总(是)　老(是)　偶尔　又　再　还
부정부사	不　没有　别　不必　不用
양상부사	一定　肯定　必然　准　大概　也许　当然 可(是)　真　的确　确实　到底　究竟　几乎 差点儿　居然　甚至　其实　难道　难怪
상태부사	渐渐　逐渐　亲自　仍然　互相　不禁
접속부사	才　就　更　还　都　只　不　非　再　也　连　倒

(1) 不

주관적 서술과 객관적 서술 모두 나타낼 수 있다.

① 시간적 제약이 없는 상태를 부정한다. 이런 상태는 대부분 객관적 상태이지만, '의지, 의무, 계획, 평가, 판단, 추측' 등의 주관적 상태인 경우도 있다.

　a. 형용사 앞이나 일부 인지를 나타내는 상태동사 앞에서 주·객관적 상태를 부정한다.

　　你摘的苹果都不红，不甜。(객관적, 상태)　　네가 딴 사과는 모두 빨갛지도 않고, 달지도 않다.
　　Nǐ zhāi de píngguǒ dōu bù hóng, bù tián.

　　A: 延吉夏天热吗？　　　B: 延吉夏天不热。(객관적, 상태)
　　Yánjí xiàtiān rè ma?　　Yánjí xiàtiān bú rè.
　　A: 延吉는 여름에 덥니?
　　B: 延吉는 여름에 덥지 않아.

　　A: 上午的考试难吗？　　B: 不难。(과거, 주관적, 상태)
　　Shàngwǔ de kǎoshì nán ma?　　Bù nán.
　　A: 오전의 시험은 어려웠니?
　　B: 안 어려웠어.

　　去年我不知道这件事。(과거, 객관적, 상태) ＊去年我没知道这件事。
　　Qùnián wǒ bù zhīdào zhè jiàn shì.
　　작년에 나는 이 일을 몰랐어.

　b. 관계동사 앞에서 '성질, 속성' 등과 같은 객관적 상태를 부정한다.

　　她不是我姐姐。(객관적, 상태-성질)
　　Tā bú shì wǒ jiějie.
　　그녀는 우리 언니/누나가 아니다.

　　小时候他不像妈妈，现在越来越像了。(과거, 객관적, 상태-성질)
　　Xiǎo shíhou tā bú xiàng māma, xiànzài yuèláiyuè xiàng le.
　　어렸을 적 그는 엄마를 닮지 않았었는데, 지금은 점점 닮아간다.

　　＊小时候他没像妈妈，现在越来越像了。

　c. 조동사 앞에서 '의지, 의무, 추측, 능력' 등의 주·객관적 상태를 부정한다.

　　他不会说日语。(객관적, 능력)
　　Tā bú huì shuō Rìyǔ.
　　그는 일본어를 할 줄 모른다.

他今天不能来上课。(객관적, 능력)
Tā jīntiān bù néng lái shàngkè.

그는 오늘 수업하러 올 수 없다.

明天我不想出去玩儿。(미래, 주관적, 의지)
Míngtiān wǒ bù xiǎng chūqu wánr.

내일 나는 나가서 놀지 않을 거야(나가서 놀고 싶지 않아).

② 시간적 제약이 있는 동작동사의 주관적 '의지, 추측'을 부정하거나, 객관적 '상황, 계획, 습관' 등을 부정한다.

今天晚上他不出去。(주관적, 의지/객관적, 상황)
Jīntiān wǎnshang tā bù chūqu.

오늘 저녁에 그는 나가지 않을 것이다./나가지 않는다.

明天我不去看电影了。(미래, 주관적, 의지)
Míngtiān wǒ bú qù kàn diànyǐng le.

내일 나는 영화를 보러 가지 않기로 했다.(원래는 보러 가기로 했지만 생각을 바꿈)

A: 明天下雨吗?   B: 不下。(미래, 주관적, 추측)
   Míngtiān xià yǔ ma?   Bú xià.

A: 내일 비가 올까?
B: 안 올거야.

A: 下星期开运动会吗?   B: 不开。(미래, 객관적, 계획)
   Xià xīngqī kāi yùndònghuì ma?   Bù kāi.

A: 다음 주에 운동회가 열리니?
B: 안 열려.

他从来不抽烟，不喝酒。(객관적, 습관)
Tā cónglái bù chōu yān, bù hē jiǔ.
* 他从来没抽烟，没喝酒。

그는 이제껏 담배를 피운 적도 없고, 술을 마신 적도 없다.

(2) 没(有)

객관적 서술만 나타낼 수 있다.

① 동작동사 앞에서 현재나 과거의 완료, 결과, 경험, 진행, 지속을 부정하거나 소유동사 '有' 앞에서 소유를 부정한다. 관계동사나 일부 인지를 나타내는 상태동사를 부정할 수 없다.

我没吃早饭呢。(객관적, 완료)
Wǒ méi chī zǎofàn ne.

나는 아침을 먹지 않았어요.

昨天晚上我没出去。(과거, 객관적, 완료)
Zuótiān wǎnshang wǒ méi chūqu.

어제 저녁에 나는 나가지 않았다.

我还没做完作业。(객관적, 결과)
Wǒ hái méi zuòwán zuòyè.

나는 아직 숙제를 다 하지 않았다.

我没学过汉语。(객관적, 경험)
Wǒ méi xuéguo Hànyǔ.

나는 중국어를 배운 적이 없다.

妈妈没(在)看电视，她在做饭呢。(객관적, 진행)
Māma méi (zài) kàn diànshì, tā zài zuò fàn ne.

엄마는 텔레비전을 보고 있지 않고, 밥을 하고 있다.

窗户关上了，没开着。(객관적, 지속)
Chuānghu guānshàng le, méi kāizhe.

창문은 닫혀 있지, 열려 있지 않습니다.

我没躺着，坐着呢。(객관적, 지속)
Wǒ méi tǎngzhe, zuòzhe ne.

나는 누워 있지 않고, 앉아 있다.

如果下次他还没注意到，就提醒他一下。(가설-미래, 객관적, 완료)
Rúguǒ xià cì tā hái méi zhùyì dào, jiù tíxǐng tā yī xià.

만약 다음 번에 그가 조심하지 못하면, 그에게 좀 알려주어라.

我没有姐姐。(객관적, 소유)
Wǒ méi yǒu jiějie.

나는 언니/누나가 없다.

② 조동사 앞에서 과거의 객관적 능력을 부정한다.

昨天身体很不舒服，我没能上学。(과거, 객관적, 능력)
Zuótiān shēntǐ hěn bù shūfu, wǒ méi néng shàngxué.

어제 몸이 너무 좋지 않아서, 나는 학교에 갈 수 없었다.

 형용사의 부정은 188쪽 (2) 부정문을 참조하세요.

③ 형용사 앞에서 상태의 변화를 부정한다.

苹果还没红，不能摘。(객관적, 변화)
Píngguǒ hái méi hóng, bù néng zhāi.

사과가 아직 익지 않아서, 딸 수 없다.

洗澡水还没热。(객관적, 변화)
Xǐzǎoshuǐ hái méi rè.

목욕물이 아직 데워지지 않았다.

(3) 还 / 再 / 又

이 세 부사는 모두 동작 상태의 반복을 나타내지만 구체적인 용법은 다소 차이가 있다.

① '还'와 '再'는 발생하지 않은 일의 반복을 나타내며, '又'는 이미 발생한 일의 반복을 나타낸다.

王老师不在，你明天再来吧。
Wáng lǎoshī bú zài, nǐ míngtiān zài lái ba.

王 선생님은 계시지 않으니, 내일 다시 오세요.

明年我还要(再)来中国。Míngnián wǒ hái yào (zài) lái Zhōngguó.
今年一月他又去了中国。Jīnnián yī yuè tā yòu qùle Zhōngguó.
小王今天又没来上课。Xiǎo Wáng jīntiān yòu méi lái shàngkè.

내년에 나는 또 (다시) 중국에 올 겁니다.
올해 1월에 그는 또 중국에 갔습니다.
小王은 오늘 또 수업에 오지 않았습니다.

② 조동사 '要, 想' 등과 함께 출현할 경우 '还'는 조동사 앞에, '再'는 조동사 뒤에 사용한다.

还 + 要/想 + V
要/想 + 再 + V   ⟶   还 + 要/想 + 再 + V

我还想听一会儿音乐。Wǒ hái xiǎng tīng yíhuìr yīnyuè.
我要再复习一遍。Wǒ yào zài fùxí yí biàn.

나는 음악을 아직 좀 더 듣고 싶습니다.
나는 한 번 더 복습을 해야 합니다.

明天我还想再来。Míngtiān wǒ hái xiǎng zài lái.

내일 나는 또 다시 오고 싶습니다.

③ 아직 발생하지 않은 일에 대해 물어볼 때는 일반적으로 '还'를 사용한다.

明年你还来中国吗？Míngnián nǐ hái lái Zhōngguó ma?

내년에 또 중국에 오나요?

你还要买别的东西吗？Nǐ hái yào mǎi biéde dōngxi ma?

다른 물건을 더 사려고 합니까?

(4) 就 / 才

① '就'는 어떤 상황이나 상태가 '이름, 빠름, 쉬움, 순조로움'을 나타내고, '才'는 이와 반대 의미인 '늦음, 느림, 쉽지 않음, 순조롭지 않음'을 나타낸다.

이름 八点上课，他七点就来了。
Bā diǎn shàngkè, tā qī diǎn jiù lái le.

여덟 시에 수업 시작인데, 그는 일곱 시에 왔습니다.

늦음 八点上课，他八点一刻才来。
Bā diǎn shàngkè, tā bā diǎn yí kè cái lái.

여덟 시에 수업 시작인데, 그는 여덟 시 15분에야 왔습니다.

빠름 我看了一遍就记住了。Wǒ kànle yí biàn jiù jìzhù le.

나는 한 번 보고 바로 기억했습니다.

느림 我看了十遍才记住。Wǒ kànle shí biàn cái jìzhù.

나는 열 번을 보고 비로소 기억했습니다.

순조로움 我去了一次就买到了。Wǒ qùle yí cì jiù mǎidào le.

나는 한 번 가서 바로 샀습니다.

순조롭지 않음 我去了三次才买到。Wǒ qùle sān cì cái mǎidào.

나는 세 번 가서 비로소 샀습니다.

② '就'는 또한 수가 크고 횟수가 많으며 능력이 좋음을 나타내며, '才'는 반대로 수가 작고 횟수가 적으며 능력이 좋지 않음을 나타낸다.

큼 他一个人就吃了一斤饺子。
Tā yí ge rén jiù chīle yì jīn jiǎozi.

그는 혼자서 만두 한 근을 먹었습니다.

작음 我们三个人才吃了一斤饺子。
Wǒmen sān ge rén cái chīle yì jīn jiǎozi.

우리 세 사람이 겨우 만두 한 근을 먹었습니다.

많음 他一天就看了两场电影。
Tā yì tiān jiù kànle liǎng chǎng diànyǐng.

그는 하루 동안 영화 두 편을 봤습니다.

적음 去年一年他才看了两场电影。
Qùnián yì nián tā cái kànle liǎng chǎng diànyǐng.

작년 한 해 동안 그는 겨우 영화 두 편을 봤습니다.

这个沙发一般两个人才搬得动，可他一个人就搬动了。
Zhège shāfā yìbān liǎng ge rén cái bān de dòng, kě tā yí ge rén jiù bāndòng le.

이 소파는 일반적으로 두 사람이 겨우 옮길 수 있는데, 그는 혼자서 옮겼습니다.

도전 실전 문제

주어진 단어를 알맞은 곳에 넣어 문장을 만들어 봅시다.

1. [也许]　他 已经 回来 了。
   ➡

2. [又]　小王 今天 没 来 上课。
   ➡

3. [不]　明天 我 去 看 电影 了。
   ➡

4. [还]　我 想 听 一会儿 音乐。
   ➡

5. [就]　我 看 了 一遍 记住 了。
   ➡

전치사

전치사란 명사, 대체사 혹은 명사성구와 결합하여 전치사구를 이루는 단어를 가리킨다. 전치사구는 동사 앞에서 부사어 역할을 하며, 동사가 나타내는 동작·행위가 진행되는 시간·공간·관련 대상·목적·원인·근거·방식·도구 등을 구체적으로 알려주는 역할을 한다.

전치사란 명사, 대체사 혹은 명사성구와 결합하여 전치사구를 이루는 단어를 가리킨다. 전치사구는 동사 앞에서 부사어 역할을 하며, 동사가 나타내는 동작·행위가 진행되는 시간·공간·관련 대상·목적·원인·근거·방식·도구 등을 구체적으로 알려주는 역할을 한다.

1 기능

(1) 부사어

전치사구는 동사나 문장 앞에 위치하여 서술어를 수식한다. 이는 전치사구의 주요 기능이다.

- **대상** 我对中国饮食文化很感兴趣。
  Wǒ duì Zhōngguó yǐnshí wénhuà hěn gǎn xìngqù.
  > 나는 중국 음식문화에 관심이 아주 많습니다.

- **장소** 我弟弟在一家网络公司工作。
  Wǒ dìdi zài yì jiā wǎngluò gōngsī gōngzuò.
  > 내 동생은 한 인터넷(IT) 회사에서 근무합니다.

- **목적** 为我们的友谊干杯! Wèi wǒmen de yǒuyì gānbēi!
  > 우리들의 우정을 위하여 건배!

(2) 관형어

일부 전치사구는 구조조사 '的'를 수반한 후 관형어로 사용할 수 있다.

- **대상** 请说说你对这个问题的看法。
  Qǐng shuōshuo nǐ duì zhège wèntí de kànfǎ.
  > 이 문제에 대한 당신의 의견을 좀 말씀해 주십시오.

- **대상** 我听说过很多关于月亮的传说。
  Wǒ tīngshuōguo hěn duō guānyú yuèliang de chuánshuō.
  > 나는 달과 관련된 전설을 많이 들었습니다.

(3) 보어

일부 전치사구는 동사 뒤에 위치하여 보어를 담당한다. 보어를 담당하는 전치사구를 이루는 전치사는 '往, 向, 于, 自'에 한정된다.

| 공간 | 这列火车开往北京。
Zhè liè huǒchē kāi wǎng Běijīng. | 이 열차는 北京으로 갑니다.
▶ 열차나 버스, 항공편의 안내 방송 등에서 주로 사용. |

| 공간 | 依靠学习和实践走向未来。
Yīkào xuéxí hé shíjiàn zǒu xiàng wèilái. | 학습과 실천으로 미래를 향해 나아갑시다.
▶ 글말에서 주로 사용. |

| 시간/공간 | 我毕业于2000年。
Wǒ bìyè yú èr líng líng líng nián. | 나는 2000년에 졸업했습니다.
▶ 글말에서 주로 사용. |

这个古城闻名于全世界。
Zhè ge gǔchéng wénmíng yú quán shìjiè.

이 고성은 전 세계적으로 유명합니다.
▶ 글말에서 주로 사용.

| 공간 | 游客来自世界各地。
Yóukè lái zì shìjiè gèdì. | 관광객이 세계 각지에서 옵니다.
▶ 글말에서 주로 사용. |

2 특징

(1) 전치사는 단독으로 주어나 서술어 등 문장성분으로 사용할 수 없다.

'把书 책을', '从韩国 한국에서', '对你 당신에 대해' 등과 같이 명사성 성분과 전치사구를 구성하여 문장성분으로 사용된다.

(2) 전치사구는 일반적으로 단독으로 서술어가 될 수 없다.

그러나 특정한 맥락이 있는 대화에서는 전치사구 단독으로 대답할 수 있다.

A: 今天在哪儿见面？Jīntiān zài nǎr jiànmiàn?
B: 在学校门口。Zài xuéxiào ménkǒu.

A: 오늘 어디에서 만날까요?
B: 학교 정문에서.

3 분류

전치사는 결합하는 단어가 나타내는 의미에 따라 아래와 같이 분류할 수 있다.

시간		在 从 离 当 于 打 自从
공간(장소, 방향)		在 从 离 向 往 于 由 打 朝
관련 대상	대상	和 跟 同 与/对 对于 关于/向 朝 给 替 为
	비교	比 跟 同 有 像
	행위자	被 叫 让 给 由
	수동자	把 将 拿 管
	배제	除 除了
목적		为 为了
원인		为 由 由于 因为
근거		按 照 按照 据 根据 凭(着)
방식, 도구		通过 随着/用 拿

(1) 시간

> 在过去，这种事根本算不了什么。
> Zài guòqù, zhè zhǒng shì gēnběn suàn bu liǎo shénme.
>
> 离2018年还有三天。Lí èr líng yī bā nián hái yǒu sān tiān.
>
> 当你有困难的时候，你首先想到的是谁?
> Dāng nǐ yǒu kùnnan de shíhou, nǐ shǒuxiān xiǎngdào de shì shéi?
>
> 他生于1974年。Tā shēngyú yī jiǔ qī sì nián.
>
> 打明儿起，每天早上跑半个小时步。
> Dǎ míngr qǐ, měitiān zǎoshang pǎo bàn ge xiǎoshí bù.
>
> 我自从练了瑜伽，身体健康多了。
> Wǒ zìcóng liànle yújiā, shēntǐ jiànkāng duō le.

과거에 이러한 일은 전혀 아무 일도 아니었습니다.

2018년까지 3일 남았습니다.

네게 어려움이 있을 때 가장 먼저 생각나는 사람이 누구니?

그는 1974년에 태어났습니다.

내일부터 매일 아침에 30분씩 달립니다.

나는 요가를 하고부터 몸이 아주 건강해졌습니다.

(2) 공간

> 中国大学生一般都在学校宿舍住。
> Zhōngguó dàxuéshēng yìbān dōu zài xuéxiào sùshè zhù.
>
> 请大家往里走。Qǐng dàjiā wǎng lǐ zǒu.
>
> 黄河发源于青海。Huánghé fāyuán yú Qīnghǎi.
>
> 朝前走一步就可以了。Cháo qián zǒu yí bù jiù kěyǐ le.

중국 대학생은 일반적으로 다 학교 기숙사에 삽니다.

여러분 모두 안으로 걸어 가십시오.
黄河는 青海에서 발원합니다.

앞으로 한 걸음만 가면 됩니다.

(3) 관련 대상

> 我想和你们一起去，可以吗?
> Wǒ xiǎng hé nǐmen yìqǐ qù, kěyǐ ma?
>
> 我对中国文化有兴趣，所以我学习汉语，而且经常去中国旅行。
> Wǒ duì Zhōngguó wénhuà yǒu xìngqù, suǒyǐ wǒ xuéxí Hànyǔ, érqiě jīngcháng qù Zhōngguó lǚxíng.
>
> 妈妈给我打了电话，让我早点回家。
> Māma gěi wǒ dǎle diànhuà, ràng wǒ zǎodiǎn huíjiā.
>
> 我把身份证给弄丢了。
> Wǒ bǎ shēnfènzhèng gěi nòngdiū le.
>
> 这件事由我来处理，你可以放心。
> Zhè jiàn shì yóu wǒ lái chǔlǐ, nǐ kěyǐ fàngxīn.
>
> 他长得又矮又胖，大家都管他叫小胖子。
> Tā zhǎng de yòu ǎi yòu pàng, dàjiā dōu guǎn tā jiào xiǎopàngzi.

나는 너희들과 함께 가고 싶은데, 괜찮니?

나는 중국문화에 관심이 많아서 중국어를 배우고 게다가 중국에 여행을 자주 갑니다.

어머니가 전화를 해서 나더러 일찍 집에 오라고 합니다.

나는 신분증을 잃어버렸습니다.

이 일은 내가 처리할 테니, 당신은 안심하세요.

그는 키가 작고 뚱뚱하게 생겨서 다들 그를 뚱뚱이라고 부릅니다.

(4) 목적

　　我为学习汉语去中国留了一年学。
　　Wǒ wèi xuéxí Hànyǔ qù Zhōngguó liúle yì nián xué.

　　大家这么做是为了你。Dàjiā zhème zuò shì wèile nǐ.

나는 중국어를 배우기 위해 중국에서 1년 동안 유학했습니다.

모두가 이렇게 하는 것은 너를 위한 거야.

(5) 원인

　　大家为你取得的成绩而感到骄傲。
　　Dàjiā wèi nǐ qǔdé de chéngjì ér gǎndào jiāo'ào.

　　由感冒引起了肺炎。
　　Yóu gǎnmào yǐnqǐle fèiyán.

　　由于各种原因，去中国旅行的计划最后取消了。
　　Yóuyú gè zhǒng yuányīn, qù Zhōngguó lǚxíng de jìhuà zuìhòu qǔxiāo le.

　　他因为这件事受到了处分。
　　Tā yīnwèi zhè jiàn shì shòudàole chǔfèn.

모두 네가 얻은 성적에 자랑스러워 하고 있어.

감기로 인해 폐렴이 생겼네요.

각종 원인으로 인해 중국에 여행 가려던 계획은 결국 취소되었습니다.

그는 이 일로 인해 처벌을 받았습니다.

(6) 근거

　　大家照我说的做吧!
　　Dàjiā zhào wǒ shuō de zuò ba!

　　按照学校规定，你必须今年毕业。
　　Ànzhào xuéxiào guīdìng, nǐ bìxū jīnnián bìyè.

　　本片据同名小说改编。
　　Běn piàn jù tóngmíng xiǎoshuō gǎibiān.

　　根据调查，情况不是这样的。
　　Gēnjù diàochá, qíngkuàng bú shì zhèyàng de.

여러분 모두 제가 말한 대로 해 주세요.

학교 규정에 따라서 너는 반드시 올해에 졸업해야 해.

이 영화는 동명소설을 바탕으로 각색한 것입니다.

조사에 따르면 상황은 그렇지 않습니다.

(7) 방식, 도구

　　咱们以后可以通过邮件联系。
　　Zánmen yǐhòu kěyǐ tōngguò yóujiàn liánxì.

　　他喜欢用钢笔写字。Tā xǐhuan yòng gāngbǐ xiězì.

우리 앞으로 메일로 연락해도 돼요.

그는 만년필로 글씨 쓰는 것을 좋아한다.

4 주요 전치사의 용법 비교

(1) 对 / 对于

'对'와 '对于'는 동작과 관련 있는 대상을 소개하며 대부분의 경우 바꾸어 사용할 수 있다.

你对/对于这件事有什么看法?
Nǐ duì/duìyú zhè jiàn shì yǒu shénme kànfǎ? 　　당신은 이 일에 대해 어떤 생각을 가지고 있습니까?

抽烟对/对于身体没什么好处。
Chōuyān duì/duìyú shēntǐ méi shénme hǎochù. 　　흡연은 건강에 좋은 것이 별로 없습니다.

'对'는 입말, '对于'는 글말에서 사용하는데, 일반적으로 '对于'를 사용하는 곳에는 '对'도 사용 가능하지만, '对'를 사용하는 곳에는 '对于'를 사용하지 못하는 곳도 많다.

① 사람이 사람을 상대하는 경우를 나타낼 경우 '对'만 사용할 수 있다.

老师对我们很好。Lǎoshī duì wǒmen hěn hǎo. 　　선생님은 우리에게 잘해줍니다.

他对客人非常热情。Tā duì kèrén fēicháng rèqíng. 　　그는 손님에게 대단히 친절합니다.

② 동작이나 행위의 대상을 소개할 경우 '对'만 사용할 수 있다.

他对我笑了笑。
Tā duì wǒ xiàole xiào. 　　그는 나를 향해 한 번 웃었습니다.

妈妈对我说:"明天再去,可以吗?"
Māma duì wǒ shuō: "Míngtiān zài qù, kěyǐ ma?" 　　어머니는 내게 "내일 다시 가자. 괜찮겠니?"라고 말했습니다.

③ 조동사와 부사 앞 혹은 뒤에서는 '对'만 사용할 수 있다.

我们会对客人的行程做出安排的。
Wǒmen huì duì kèrén de xíngchéng zuòchū ānpái de. 　　우리는 손님의 여행 일정에 대해 스케줄을 짤 겁니다.

他对这件事很有看法。Tā duì zhè jiàn shì hěn yǒu kànfǎ. 　　그는 이 일에 대해 의견이 많습니다.

(2) 朝 / 向 / 往

① '朝+N, 向+N, 往+N'은 모두 동작동사 앞에서 방향을 나타낼 수 있다.

你朝/向/往这边看。
Nǐ cháo/xiàng/wǎng zhèbiān kàn. 　　이쪽을 (향해서) 보세요.

火车朝/向/往上海开去。
Huǒchē cháo/xiàng/wǎng Shànghǎi kāiqu. 　　기차는 上海로 갑니다.

一下课,学生们就朝/向/往操场跑去。
Yí xiàkè, xuéshengmen jiù cháo/xiàng/wǎng cāochǎng pǎoqu. 　　수업이 끝나자마자, 학생들이 운동장으로 뛰어 갑니다.

② '朝+N, 向+N'은 상태동사 '躺, 站, 坐, 伸, 停, 开' 등의 앞에서 방향을 나타낼 수 있지만, '往+N'은 불가능하다.

面朝/向东躺着。　　　　　　　　＊面往东躺着。
Miàn cháo/xiàng dōng tǎngzhe.

얼굴을 동쪽으로 하고 누워 있습니다.

我房间的窗户朝/向南开。　　　＊我房间的窗户往南开。
Wǒ fángjiān de chuānghu cháo/xiàng nán kāi.

내 방의 창문은 남쪽으로 나 있습니다.

③ '向'은 '冲, 走, 流, 奔, 射, 飞, 通' 등과 같은 일부 1음절 동사 뒤에 출현해서 방향을 나타낼 수 있다.

河水流向大海。Héshuǐ liú xiàng dàhǎi.

강물은 바다로 흘러간다.

④ '往' 역시 '开, 送, 寄, 派, 运, 飞, 通' 등과 같은 일부 1음절 동사 뒤에 출현해서 방향을 나타낼 수 있다.

寄往国外的信不能用这种信封。
Jì wǎng guówài de xìn bù néng yòng zhè zhǒng xìnfēng.

해외로 부치는 편지는 이런 봉투를 사용하면 안 됩니다.

这条路通往海边。Zhè tiáo lù tōng wǎng hǎibiān.

이 길은 해변으로 통합니다.

⑤ '朝+N, 向+N'은 대상을 나타낼 수 있다. '点头, 挥手, 摆手, 瞪眼, 使眼色'와 같은 신체 동작동사의 앞에서는 '朝, 向' 모두 출현할 수 있지만, '道歉, 请教, 借, 打听' 등과 같은 동사 앞에서는 '向+N'만 출현할 수 있다.

妈妈朝/向我点点头，然后仔细考虑了我提出的问题。
Māma cháo/xiàng wǒ diǎndian tóu, ránhòu zǐxì kǎolǜle wǒ tíchū de wèntí.

어머니는 나를 향해서 고개를 끄덕이더니 내가 제기한 문제를 유심히 생각했습니다.

他朝/向我招了招手，让我进去说话。
Tā cháo/xiàng wǒ zhāolezhāo shǒu, ràng wǒ jìnqu shuōhuà.

그는 나에게 손짓을 해서 들어와서 말하라고 했습니다.

你去向他道个歉就没事了。
Nǐ qù xiàng tā dào ge qiàn jiù méishì le.

네가 그에게 가서 용서를 빌면 돼(아무 일 없어).

我来向您请教。
Wǒ lái xiàng nín qǐngjiào.

나는 당신에게 가르침을 청하러 왔습니다(당신에게 배우겠습니다).

向图书馆借了三本书。
Xiàng túshūguǎn jièle sān běn shū.

도서관에서 책을 세 권 빌렸습니다.

很多人向我打听她的消息。
Hěn duō rén xiàng wǒ dǎting tā de xiāoxi.

많은 사람들이 나에게 그녀의 소식을 물어봅니다.

> **TIP** 전치사와 동사
>
> 중국어의 전치사는 타동사에서 변화된 것인데 '在, 给' 같은 일부 전치사는 동사의 의미로도 여전히 사용되고 있다. 이러한 단어는 문장 내에서의 출현위치와 맥락, 의미 등을 고려해서 동사로 사용되었는지 전치사로 사용되었는지 판단해야 한다.
>
> **전치사** 他在家做什么?   그는 집에서 뭐합니까?
> **동사** 他在家吗?   그는 집에 있습니까?
>
> **전치사** 他给我买一本书。   그는 나에게 책을 한 권 사 줍니다.
> **동사** 他给我一本书。   그는 나에게 책을 한 권 줍니다.

도전 실전 문제

괄호에 들어갈 알맞은 전치사를 보기에서 골라 봅시다.

> **보기** 把 对 给 和 往 为 向 由 在

1. (　　)我们的友谊干杯！

2. 请说说你(　　)这个问题的看法。

3. 这列火车开(　　)北京。

4. 我(　　)身份证给弄丢了。

5. 我想(　　)你们一起去, 可以吗?

6. (　　)过去, 这种事根本算不了什么。

7. 这件事(　　)我来处理, 你可以放心。

8. 他(　　)客人非常热情。

9. 我来(　　)您请教。

10. 他(　　)我买一本书。

# 접속사

접속사란 단어와 단어, 구와 구, 절과 절을 서로 연결하면서 두 연결성분 간의 문법적 관계를 나타내는 단어를 가리킨다.
수식 기능을 가지지 않으며 단지 접속기능만 가진다. 접속사는 나타내는 의미관계에 따라 크게 등위접속사联合连词와 종속접속사偏正连词로 분류할 수 있다.

> **TIP 접속사와 접속어**
> 중국어에는 접속사 외에도 접속부사가 문장과 문장의 연결에 사용되는데 이 두 가지 술어를 통틀어서 '접속어'라고 한다.

1 기능과 특징

① 단어, 구 혹은 절을 연결하여 두 연결성분 간의 문법적 관계를 나타낸다.
② 수식 기능을 가지지 않으며 단지 접속기능만 가진다.
③ 단독으로 사용할 수 없고, 단독으로 질문에 대답할 수도 없으며, 중첩할 수 없다.

2 분류

접속사는 나타내는 의미관계에 따라 크게 등위접속사联合连词와 종속접속사偏正连词로 분류할 수 있다.

(1) 등위접속사

앞뒤의 말을 동등한 자격으로 연결하는 접속사로 연결하는 두 성분이 병렬, 점층, 선택 관계를 가짐을 나타낸다.

병렬	和 跟 同 与 (以)及 并(且) 而
점층	不但 不仅 并(且) 而且 甚至 况(且) 何况
선택	还是 或(者) 不是……就是…… 与其…… 宁可……

(2) 종속접속사

주절(앞에 위치한 주된 문장)과 종속절(뒤에 위치한 따르는 문장)을 연결하는 접속사로, 두 절(주절과 종속절)이 전환·인과·가정·조건·양보의 관계를 가짐을 나타낸다.

전환	虽然 尽管 但是 可是 不过 然而
인과	因为 所以 因此 由于
가정	如果 要是 假如 若 若是
조건	只要 只有 不管 无论 不论
양보	即使 就是 哪怕

(3) 접속사와 접속부사

일부 접속사는 '只要……就……', '只有……才……', '如果……就……', '既然……就……', '无论……都……', '宁可……也不……'처럼 자주 접속부사와 어울려 사용된다. 접속부사는 서술어를 수식하면서 앞뒤 어구를 연결하는 기능도 가진다.

只要你愿意，就可以参加。Zhǐyào nǐ yuànyì, jiù kěyǐ cānjiā.

네가 원하기만 하면, 참가해도 돼.

只有在紧急情况下，才能使用这个装置。
Zhǐyǒu zài jǐnjí qíngkuàng xià, cái néng shǐyòng zhè ge zhuāngzhì.

긴급상황에서만, 이 장치를 사용할 수 있습니다.

无论我怎么说，他都不听。
Wúlùn wǒ zěnme shuō, tā dōu bù tīng.

내가 어떻게 말하든, 그는 듣지 않습니다.

他宁可自己吃点儿亏，也不愿亏了别人。
Tā nìngkě zìjǐ chī diǎnr kuī, yě bú yuàn kuīle biérén.

그는 자신이 손해를 좀 볼지라도, 남에게 손해 끼치길 원치 않습니다.

(4) 연결하는 문법 단위에 따른 분류

접속사는 연결하는 문법단위에 따라 다음과 같이 분류할 수도 있다.

단어나 구 연결	절 연결
和 跟 同 与 (以)及	虽然 尽管 但是 可是 不过 然而 因为 所以 因此 由于 只要 只有 不管 无论 不论 如果 要是 假如 若(是) 即使 就是 哪怕
或(者) 还是 并(且) 而(且)	

Part 6 품사   231

3 주요 접속어(접속사, 접속부사)의 용법

(1) 대등관계: 병렬并列관계

두 절은 서로 수식이나 설명 관계가 아닌 대등한 관계이며 주로 어떤 상황에 대해 묘사한다.

① 두 가지 동작이 동시 진행되고 있음을 나타낸다.

一边……(,)一边……。 (……하면서, ……한다)

我们一边喝咖啡一边聊天儿。
Wǒmen yìbiān hē kāfēi yìbiān liáotiānr.

우리는 커피를 마시며 이야기를 나눕니다.

他跟我一样，都喜欢一边跑步，一边听音乐。
Tā gēn wǒ yíyàng, dōu xǐhuan yìbiān pǎobù, yìbiān tīng yīnyuè.

그는 나처럼 달리기를 하면서 음악 듣는 것을 좋아합니다.

② 두 가지 동작, 상태, 상황이 동시에 존재함을 나타낸다.

又……(,)又……。 (……하기도 하고, ……하기도 하다)

我现在又累又饿。Wǒ xiànzài yòu lèi yòu è.

나는 지금 피곤하기도 하고 배도 고픕니다.

西瓜又大又圆。Xīguā yòu dà yòu yuán.

수박이 크고 둥글다.

他家的孩子又爱学习，又爱帮助别人。
Tā jiā de háizi yòu ài xuéxí, yòu ài bāngzhù biérén.

그 집 아이는 공부도 좋아하고, 남을 돕는 것도 좋아합니다.

生日晚会上大家又唱歌，又喝酒，玩得很开心。
Shēngrì wǎnhuì shàng dàjiā yòu chàng gē, yòu hē jiǔ, wán de hěn kāixīn.

생일파티에서 모두가 노래도 부르고 술도 마시면서, 신나게 놀았습니다.

既……(,)又/也……。 (……하기도 하고/……할 뿐만 아니라, ……하기도 하다)

这小孩子既聪明又可爱。
Zhè xiǎoháizi jì cōngming yòu kě'ài.

이 어린애는 똑똑하기도 하고/똑똑할 뿐만 아니라 귀엽기도 합니다.

他既会说英语，也会说汉语。
Tā jì huì shuō Yīngyǔ, yě huì shuō Hànyǔ.

그는 영어도 할 줄 알고, 중국어도 할 줄 압니다.

(2) 대등관계: 순차承接관계

선후 순서에 따라 몇 가지 동작이나 사건이 발생함을 나타낸다.

① 두 동작의 선후 순서를 나타냄.

先……, 然后/再……。 (먼저 ……하고, 그 다음에/또 ……하다)

昨天我们先去了长城，然后去了故宫。
Zuótiān wǒmen xiān qùle Chángchéng, ránhòu qùle Gùgōng.

어제 우리는 먼저 만리장성에 가고, 그런 다음에 고궁(故宫 : 자금성紫禁城)에 갔습니다.

我先去运动一会儿，再去吃饭。
Wǒ xiān qù yùndòng yíhuìr, zài qù chī fàn.

나는 먼저 운동을 좀 하고, 그 다음에 밥 먹으로 갑니다.

② 앞뒤로 발생한 동작의 순서를 나타낸다.

首先……，然后/接着……(最后)……。

(우선……하고, 그 다음에/연이어……(하고, 마지막으로……)한다)

到家以后，她首先给父母做好了饭，接着就回到自己的房间工作去了。
Dào jiā yǐhòu, tā shǒuxiān gěi fùmǔ zuòhǎole fàn, jiēzhe jiù huídào zìjǐ de fángjiān gōngzuò qù le.

집에 도착한 후 그녀는 우선 부모님께 밥을 해드리고 이어서 자신의 방으로 돌아가 일을 하였습니다.

(3) 대등관계: 점층递进관계

후행절은 선행절이 나타내는 의미보다 더 심화된 내용을 나타낸다.

不但/不仅……，而且……。

(……뿐만 아니라, (또한) ……한다)

现在的手机不但可以打电话，而且可以听音乐、上网、玩儿《精灵宝可梦Go》。Xiànzài de shǒujī búdàn kěyǐ dǎ diànhuà, érqiě kěyǐ tīng yīnyuè, shàngwǎng, wánr 《Jīnglíng Bǎokěmèng Go》.

현재의 휴대폰은 전화를 할 수 있을 뿐만 아니라, 음악을 듣고 인터넷을 하고 '포켓몬고'를 할 수 있습니다.

学会了汉语以后，我不仅可以和中国人交流，而且了解了更多的中国文化。Xuéhuìle Hànyǔ yǐhòu, wǒ bùjǐn kěyǐ hé Zhōngguórén jiāoliú, érqiě liǎojiěle gèng duō de Zhōngguó wénhuà.

중국어를 배운 후에, 나는 중국인과 교류를 할 수 있을 뿐만 아니라, 더 많은 중국문화를 이해하게 되었습니다.

老师不仅鼓励我们，而且还给了我们很多帮助。
Lǎoshī bùjǐn gǔlì wǒmen, érqiě hái gěile wǒmen hěn duō bāngzhù.

선생님은 우리를 격려해주었을 뿐만 아니라, 많은 도움도 주었습니다.

(4) 대등관계: 선택选择관계

두 절 중의 하나를 선택하는 것을 나타낸다.

① 두 가지 대립되거나 대조되는 상황 중 반드시 어떤 하나임을 나타낸다.

不是……，就是……。

(……아니면, ……이다)

他不是在图书馆看书，就是在体育馆打球。
Tā bú shì zài túshūguǎn kàn shū, jiùshì zài tǐyùguǎn dǎ qiú.

그는 도서관에서 공부를 하지 않으면, 체육관에서 (구기)운동을 합니다.

他肯定不是在打球，就是在打游戏。
Tā kěndìng bú shì zài dǎ qiú, jiùshì zài dǎ yóuxì.

그는 틀림없이 (구기)운동을 하고 있지 않으면, 게임을 하고 있을 겁니다.

② 두 가지 대립되거나 대조되는 상황 중, 전자는 부정하고 후자는 긍정함을 나타낸다.

不是……, 而是……。 (……아니라, ……이다)

不是我不想让你去，而是那里太危险了。
Bú shì wǒ bù xiǎng ràng nǐ qù, ér shì nàli tài wēixiǎn le.

내가 너를 가지 못하게 하고 싶은 게 아니라, 거긴 너무 위험해.

我的理财方式不是炒股，而是投资房地产。
Wǒ de lǐcái fāngshì bú shì chǎogǔ, ér shì tóuzī fángdìchǎn.

나의 재테크 방식은 주식투자가 아니라, 부동산 투자입니다.

③ 주어진 선택 가능한 것 중에 아무거나 하나 선택해도 됨을 나타낸다.

要么……, 要么……。 (……이든지, ……이든지)

要么今天去，要么明天去，我都行。
Yàome jīntiān qù, yàome míngtiān qù, wǒ dōu xíng.

오늘 가든지 내일 가든지, 나는 다 괜찮아/다 좋아.

火车票要么买卧铺，要么买软座，硬座我受不了。
Huǒchēpiào yàome mǎi wòpù, yàome mǎi ruǎnzuò, yìngzuò wǒ shòu bu liǎo.

기차표는 침대칸을 사든지 푹신한 의자칸을 사든지 해. 딱딱한 의자칸은 난 견딜 수 없어.

(5) 종속관계: 전환转折관계

선행절이 어떤 한 사실을 나타내고 후행절은 그와 상반된 사실을 나타낸다.

虽然……, 但是/可是/不过……。 (비록……하지만, ……하다)

虽然那款手机很漂亮，但是太贵了。
Suīrán nà kuǎn shǒujī hěn piàoliang, dànshì tài guì le.

그 휴대폰은 예쁘긴 한데, 너무 비쌉니다.

虽然大家都说他是个坏人，但是我不这样认为。
Suīrán dàjiā dōu shuō tā shì ge huàirén, dànshì wǒ bú zhèyàng rènwéi.

모두들 그가 나쁜 사람이라고 말하지만, 나는 그렇게 생각하지 않습니다.

他虽然生病了，可是坚持来上课。
Tā suīrán shēngbìng le, kěshì jiānchí lái shàngkè.

그는 병이 났지만, 버티고 수업에 왔습니다.

……, 不过……。 (……하지만, ……하다)

这家餐厅的菜不便宜，不过味道确实不错。
Zhè jiā cāntīng de cài bù piányi, búguò wèidào quèshí búcuò.

이 식당의 요리는 싸지 않지만, 맛은 확실히 좋습니다.

这道菜看起来不错，不过味道却不好。
Zhè dào cài kàn qǐlái búcuò, búguò wèidào què bù hǎo.

이 요리는 보기에는 괜찮지만, 맛은 좋지 않습니다.

尽管……，但是/可是……。

尽管现在工作很忙，可是周末他仍然会约朋友去打球。
Jǐnguǎn xiànzài gōngzuò hěn máng, kěshì zhōumò tā réngrán huì yuē péngyou qù dǎ qiú.

他尽管身体不好，但是仍然坚持上班。
Tā jǐnguǎn shēntǐ bù hǎo, dànshì réngrán jiānchí shàngbān.

(비록(설령)……하지만(하더라도), ……하다)

지금 일이 바쁘긴 하지만, 주말에 그는 여전히 친구와 (구기)운동 약속을 할 겁니다.

그는 건강이 좋지 않으나, 여전히 견디고 출근합니다.

(6) 종속관계: 인과因果 관계
선행절은 원인을 나타내고 후행절은 결과를 나타낸다.

因为……，所以……。

因为路上堵得厉害，所以我迟到了。
Yīnwèi lùshang dǔ de lìhai, suǒyǐ wǒ chídàole.

因为天气冷，所以我没出去玩。
Yīnwèi tiānqì lěng, suǒyǐ wǒ méi chūqu wán.

由于……，(因此/所以)……。

由于家里的老人突然生病了，因此他们只好取消了旅行计划。
Yóuyú Jiā li de lǎorén tūrán shēngbìng le, yīncǐ tāmen zhǐhǎo qǔxiāole lǚxíng jìhuà.

(……하기 때문에, 그래서 ……하다)

길이 심하게 막혀서, 지각했습니다.

날씨가 추워서, 나가 놀지 않았어요.

(……하기 때문에, (이로 인해/그래서) ……하다)

집안의 어른이 갑자기 병이 나서, 그들은 여행계획을 취소할 수 밖에 없었습니다.

(7) 종속관계: 가정假设관계
선행절은 가정 혹은 가설을 나타내고, 후행절은 결과를 나타낸다.

如果……，就/便……。
/ 如果……，那么/那……。

如果一个人不相信自己，就很难成功。
Rúguǒ yí ge rén bù xiāngxìn zìjǐ, jiù hěn nán chénggōng.

如果他不去，那么谁去？ Rúguǒ tā bú qù, nàme shéi qù?

要是……，就……。
/ 要是……，……。

要是路上不堵车，一个小时就能到。
Yàoshi lùshang bù dǔchē, yí ge xiǎoshí jiù néng dào.

要是他不去，你去吗？ Yàoshi tā bú qù, nǐ qù ma?

(만약……라면, (그럼) ……하다)

만약 사람이 자신을 믿지 않는다면, 성공하기 어렵습니다.

만약 그가 가지 않는다면, 그럼 누가 가나요?

(만약……라면, ……하다)

길이 안 막히면, 1시간이면 도착할 수 있습니다.

만약 그가 가지 않으면, 네가 가겠니?

(8) 종속관계: 조건条件관계

선행절은 조건을 나타내고 후행절은 결과를 나타낸다.

① 어떤 유일한 조건하에서만 결과가 발생함을 나타낸다.

只有……, 才……。 (……해야만, 비로소……하다)

只有多练习，才能提高你的口语水平。
Zhǐyǒu duō liànxí, cái néng tígāo nǐ de kǒuyǔ shuǐpíng.

많이 연습해야만 너의 말하기 수준을 향상시킬 수 있어.

② 어떠한 조건이든지 결과는 변하지 않음을 나타낸다.

不管/无论……, 都/也……。 (……든지/라고 해도/일지라도/에도 불구하고, 그래도 ……하다)

'不管'은 입말에, '无论'은 글말에 주로 사용된다.

不管父母同意不同意，她都/也要和他结婚。
Bùguǎn fùmǔ tóngyì bù tóngyì, tā dōu/yě yào hé tā jiéhūn.

부모님이 동의하든 동의하지 않든, 그녀는 그와 결혼하려고 합니다.

黑色无论和什么颜色搭配，都不难看。
Hēisè wúlùn hé shénme yánsè dāpèi, dōu bù nánkàn.

검은색은 어떤 색이랑 맞춰도, 보기 싫지 않습니다.

③ 어떤 하나의 필요조건만 만족되면 결과가 발생함을 나타낸다.

只要……, 就……。 (……하기만 하면, ……이다)

只要你愿意，就可以去留学。
Zhǐyào nǐ yuànyì, jiù kěyǐ qù liúxué.

네가 원하기만 한다면, 유학을 가도 돼.

只要她父母同意，我们今年就可以结婚了。
Zhǐyào tā fùmǔ tóngyì, wǒmen jīnnián jiù kěyǐ jiéhūn le.

그녀 부모가 동의만 한다면, 우리는 올해 결혼할 수 있습니다.

(9) 종속관계: 양보让步관계

선행절에서는 어떤 사실을 인정하고 받아들인 후, 후행절에서는 이런 조건에서 발생한 결과를 나타낸다.

即使……, 也……。 (글말에서 주로 사용) (설령……하더라도, 그래도 ……하다)

做自己喜欢的事，即使再困难，也不会觉得辛苦。
Zuò zìjǐ xǐhuan de shì, jíshǐ zài kùnnan, yě bú huì juéde xīnkǔ.

자기가 좋아하는 일을 하면, 설령 아무리 어렵더라도, 고생이라고 느끼지 않을 겁니다.

你平时学习不错，即使这一次没及格，也不要放弃。
Nǐ píngshí xuéxí búcuò, jíshǐ zhè yí cì méi jígé, yě búyào fàngqì.

너는 평소 공부를 잘 했잖니, 설령 이번에 합격하지 못 하더라도, 포기하진 말아라.

哪怕……, 也/都……。 (입말에서 주로 사용) (설령……하더라도, 그래도 ……하다)

哪怕天气不好也要去。Nǎpà tiānqì bù hǎo yě yào qù.

설령 날씨가 나쁘더라도 가야 합니다.

哪怕工作到深夜，他都要抽出点时间学习汉语。
Nǎpà gōngzuò dào shēnyè, tā dōu yào chōuchū diǎn shíjiān xuéxí Hànyǔ.

늦은 밤까지 일을 하더라도, 그는 시간을 내서 중국어를 공부하려고 합니다.

就是……, 也……。 (일반적으로 사용)

(설령……하더라도, 그래도 ……하다)

就是我不在，也会有人帮助你的。
Jiùshì wǒ bú zài, yě huì yǒu rén bāngzhù nǐ de.

설령 내가 없더라도 누군가 너를 도울 거야.

就是老板亲自去，也解决不了这个问题。
Jiùshì lǎobǎn qīnzì qù, yě jiějué bu liǎo zhège wèntí.

설령 사장님이 직접 가더라도 이 문제는 해결할 수 없습니다.

(10) 종속관계: 목적目的관계

목적관계는 접속사를 사용하지 않고, 전치사 '为/为了'를 사용해서 나타낸다.

为/为了……, ……。

(……을 위해서, ……하다)

为保证安全，请大家系好安全带。
Wèi bǎozhèng ānquán, qǐng dàjiā jìhǎo ānquándài.

안전을 (보장하기) 위해서, 여러분 모두 안전벨트를 매주십시오.

为了锻炼身体，我现在每天走路去上班。
Wèile duànliàn shēntǐ, wǒ xiànzài měitiān zǒulù qù shàngbān.

체력을 단련하기 위해, 나는 현재 매일 걸어서 출근합니다.

4 압축문紧缩句의 유형

압축문(긴축문이라고도 함)이란 복문의 의미를 단문형식으로 압축해서 나타내는 문장을 가리킨다. 압축문은 고정적인 패턴으로 나타내는데, 상용하는 압축문의 유형은 다음과 같다.

순차관계 **一……就……。**

(……하자마자 ……하다)

宝宝一见妈妈就笑。
Bǎobao yí jiàn māma jiù xiào.

아기는 엄마만 보면 웃습니다.

점층관계 **越……越……。**

(……할수록 ……하다)

这孩子越长越可爱了。
Zhè háizi yuè zhǎng yuè kě'ài le.

이 아이는 커갈수록 점점 귀여워집니다.

가정관계 **不……不……。**

(……하지 않으면 ……하지 않는다)

你不把话说清楚就不要走。
Nǐ bù bǎ huà shuō qīngchu jiù búyào zǒu.

말을 명확히 하지 않으면 못간다.

没有……就没有……。
没有好身体就没有快乐的生活。
Méiyǒu hǎo shēntǐ jiù méiyǒu kuàilè de shēnghuó.

(……가 없으면 곧 ……는 없다)

건강한 몸이 없으면 즐거운 생활은 없다.

양보관계 不……也……。
你不想去也得去，没有其他选择。
Nǐ bù xiǎng qù yě děi qù, méiyǒu qítā xuǎnzé.

(……하지 않더라도 ……하다)

네가 가고 싶지 않아도 가야만 해. 다른 선택은 없어.

再……也/都……。
别人对你再好也是别人，你不能完全相信他。
Biérén duì nǐ zài hǎo, yě shì biérén, nǐ bù néng wánquán xiāngxìn tā.

改革再难也要向前推进。
Gǎigé zài nán yě yào xiàng qián tuījìn.

(또/다시 ……하더라도 역시/모두 ……하다)

남은 아무리 너에게 잘해주더라도 남이니, 그를 완전히 믿을 수는 없다.

개혁은 아무리 어려워도 앞으로 추진해 나가야 합니다.

괄호에 들어갈 알맞은 접속사를 보기에서 골라 봅시다.

보기   不仅 不是 无论 因为 只要

1. (   )你愿意, 就可以参加。

2. (   )我怎么说, 他都不听。

3. 老师(   )鼓励我们, 而且还给了我们很多帮助。

4. 他肯定(   )在打球, 就是在打游戏。

5. (   )天气冷, 所以我没出去玩。

조사

조사란 단어, 구, 문장의 뒤에 사용되어 문법적 의미나 관계를 나타내는 단어를 가리킨다. 조사는 실질적인 글자의 의미는 없으며 일반적으로 경성으로 발음한다.

1 기능

조사는 단독으로 문장성분이 되지 못하고 항상 단어나 구의 뒤, 혹은 문장 끝에 사용되어 문법적인 의미나 관계를 나타낸다. 조사는 실질적인 글자의 의미는 없으며 일반적으로 경성으로 발음한다.

2 분류

조사는 기능에 따라 크게 구조조사, 상조사, 어기조사로 분류할 수 있다.

구조조사	단어나 구의 뒤에 사용되어 문법적 관계를 나타내는 조사 '的, 地, 得'를 가리킨다.
상조사	'동태조사'라고도 부르며 주로 동사 뒤에 사용되어 동작의 상태와 관련된 부가적 의미를 나타내는 조사 '了, 着, 过'를 가리킨다.
어기조사	문장의 끝에 사용되어 여러 가지 어투와 느낌을 나타내는 조사 '了, 的, 呢, 啊, 吗, 吧' 등을 가리킨다.

구조조사 奶奶的眼镜 nǎinai de yǎnjìng
할머니의 안경
▶ 명사 뒤에서 관형어를 이끔.

구조조사 十分兴奋地谈论 shífēn xīngfèn de tánlùn
아주 흥분해서 토론하다
▶ 구 뒤에서 부사어를 이끔.

구조조사 他汉语说得挺流利。 Tā Hànyǔ shuō de tǐng liúlì.
그는 중국어를 무척 유창하게 합니다.
▶ 동사 뒤에서 보어를 이끔.

상조사 我买来了两本书。 Wǒ mǎi láile liǎng běn shū.
나는 책을 두 권 사왔습니다.
▶ 동사 뒤에서 완료상을 나타냄.

상조사 家里的门怎么开着呢? Jiā li de mén zěnme kāizhe ne?
집의 문이 어째서 열려 있지?
▶ 동사 뒤에서 지속상을 나타냄.

상조사 我去过中国两次。 Wǒ qùguo Zhōngguó liǎng cì.
나는 중국에 두 번 가봤습니다.
▶ 동사 뒤에서 경험상을 나타냄.

어기조사 他来吗? Tā lái ma?
그는 오나요?
▶ 문장 끝에서 의문을 나타냄.

어기조사 快走啊! Kuài zǒu a!
어서 가세요!
▶ 문장 끝에서 재촉을 나타냄.

3 구조조사 '的, 地, 得'

구조조사란 단어를 연결하여 특정한 문법적 구조관계로 만들어 주는 단어를 말하는데, 중국어에는 모두 세 개의 구조조사가 있다. 이들은 모두 [de]로 발음하지만 문장 안에서의 역할은 '관형어와 체언의 연결', '부사어와 용언의 연결', '용언과 보어의 연결'로 각기 다르다.

的	관형어 표지	관형어와 체언 연결 (관형어)+的+체언주어, 목적어
地	부사어 표지	부사어와 용언 연결 [부사어]+地+용언서술어
得	보어 표지	용언과 보어 연결 용언서술어+得+〈보어〉

```
(관형어的)    [부사어地]    (관형어的)
    ↓            ↓            ↓
   주어    +   서술어    +   목적어
                 ↑
             〈得 보어〉
```

(1) 的

① 관형어와 체언을 연결한다.

我<u>的</u>手机丢了。 Wǒ de shǒujī diūle.

这是我送你<u>的</u>生日礼物。 Zhè shì wǒ sòng nǐ de shēngrì lǐwù.

这几年来首尔旅游<u>的</u>中国人一天比一天多。
Zhè jǐ nián lái Shǒu'ěr lǚyóu de Zhōngguórén yì tiān bǐ yì tiān duō.

내 휴대폰을 잃어버렸습니다.

이것은 내가 너한테 주는 생일 선물이야.

요 몇 년 동안 서울에 여행 오는 중국인이 나날이 많아지고 있습니다.

② '的'는 또한 명사, 대체사, 형용사, 동사 등과 '的' 구문(……의 것/……한 것)를 이룰 수도 있다. '的' 구문의 역할은 명사와 유사하다.

주어 我们要<u>的</u>是燕京啤酒，不是青岛啤酒。
동사+的
Wǒmen yào de shì Yānjīng Píjiǔ, bú shì Qīngdǎo Píjiǔ.

주어 蓝<u>的</u>好看，红<u>的</u>也好看，两种我都要。
형용사+的
Lán de hǎokàn, hóng de yě hǎokàn, liǎng zhǒng wǒ dōu yào.

우리가 원하는 것은 燕京맥주이지, 青岛맥주가 아닙니다.

파란 건 예쁘고 붉은 것도 예쁘군요. 두 가지 다 주세요.

목적어 这部电影不是中国<u>的</u>，是美国<u>的</u>。
　　　　　　　　명사+的
Zhè bù diànyǐng bú shì Zhōngguó de, shì Měiguó de.

이 영화는 중국 것이 아니고, 미국 겁니다.

목적어 月饼是一种点心，是中秋节吃<u>的</u>。
　　　　　　　　　　　　동사+的
Yuèbing shì yì zhǒng diǎnxin, shì Zhōngqiūjié chī de.

월병(月饼)은 디저트의 일종으로 추석에 먹는 것입니다.

(2) 地

① 부사어와 용언을 연결한다.

房间慢慢<u>地</u>暖和起来了。Fángjiān mànmàn de nuǎnhuo qǐlái le.
他不高兴<u>地</u>出去了。Tā bù gāoxìng de chūqule.

방이 서서히 따뜻해졌습니다.

그는 불쾌해하며 나갔습니다.

② 부사어로 사용하는 2음절 형용사는 뒤에 일반적으로 '地'를 사용해야 하며, 중첩된 경우나 정도부사의 수식을 받은 경우에는 반드시 '地'를 사용해야 한다.

Jump 자세한 내용은 193쪽 '형용사와 地'를 참조하세요.

他高兴<u>地</u>说："真没想到你也来了。"
Tā gāoxìng de shuō: "Zhēn méi xiǎngdào nǐ yě lái le."
我们应该好好儿<u>地</u>利用这次机会练习说汉语。
Wǒmen yīnggāi hǎohāor de lìyòng zhè cì jīhuì liànxí shuō Hànyǔ.
张女士非常热情<u>地</u>接待了客人。
Zhāng nǚshì fēicháng rèqíng de jiēdàile kèrén.

그는 기뻐하며 "너도 올 줄은 정말 몰랐어"라고 말했습니다.
▶ 高兴: 2음절 형용사

우리는 이번 기회를 잘 이용하여 중국어 말하기를 연습해야 합니다.
▶ 好好儿: 중첩된 형용사, 2음절

张여사는 대단히 다정하게 손님을 맞이했습니다.
▶ 정도부사의 수식: '非常'이 '热情'을 수식

(3) 得

용언과 보어를 연결하여 'V得C' 형식의 술보구조를 형성한다.

① 정도보어

光化门附近堵<u>得</u>很。Guānghuà Mén fùjìn dǔ de hěn.

광화문 부근은 굉장히 막힙니다.

② 상태보어

他高兴<u>得</u>大笑起来。Tā gāoxìng de dà xiào qǐlái.
你最近生意做<u>得</u>怎么样? Nǐ zuìjìn shēngyi zuò de zěnmeyàng?
关于韩国的历史，大卫了解<u>得</u>比一般的韩国人还多。
Guānyú Hánguó de lìshǐ, Dàwèi liǎojiě de bǐ yìbān de Hánguórén hái duō.

그는 기뻐서 크게 웃기 시작했습니다.

요즘 사업이 어떤가요?

한국의 역사에 관해, 데이빗은 일반 한국 사람보다도 더 많이 알고 있습니다.

③ 가능보어

坐在后边也看得见。Zuò zài hòubian yě kàn de jiàn.

这儿放得下这么多行李吗?
Zhèr fàng de xià zhème duō xíngli ma?

뒤쪽에 앉아도 보입니다(볼 수 있습니다).
여기에 이렇게 많은 짐을 놓을 수 있나요?

4 상조사 '了, 着, 过'

조사 '了, 着, 过'는 동사 뒤에 출현하여 동작의 상태를 나타낸다. '동태조사动态助词'라고도 부른다.

'了, 着, 过'의 상 표현에 대해서는 87쪽 상(동태)를 참조하세요.

(1) 了

동사 뒤에 사용되어 동작이 이미 완료되었음을 나타낸다. 이러한 '了'는 과거, 현재, 미래 어느 때 일어난 동작이든 다 사용할 수 있다.

과거-완료 我昨天去商场买了我女朋友的生日礼物。
Wǒ zuótiān qù shāngchǎng mǎile wǒ nǚpéngyou de shēngrì lǐwù.

현재-완료 我买了两本书。Wǒ mǎile liǎng běn shū.

미래-완료 你先去吧, 我下了班就过去。
Nǐ xiān qù ba, wǒ xiàle bān jiù guòqu.

나는 어제 쇼핑센터에 가서 여자친구 생일선물을 샀습니다.

나는 책을 두 권 샀습니다.

너 먼저 가, 난 퇴근하면 바로 건너갈게.

(2) 着

동사 뒤에 사용되어 동작 발생 후 상태의 지속을 나타낸다.

他拿着很多花儿。 Tā názhe hěn duō huār.

桌子上放着两本书。Zhuōzi shàng fàngzhe liǎng běn shū.

그는 많은 꽃을 들고 있다.

책상 위에는 책이 두 권 놓여져 있습니다.

(3) 过

① 동사 뒤에 사용되어 어떤 동작이나 변화가 예전에 발생한 적이 있음을 나타낸다.

他曾经来过北京。Tā céngjīng láiguo Běijīng.

그는 일찍이 북경에 와본 적이 있습니다.

② 동사 뒤에 사용되어 동작이 완결되었음을 나타낸다. 이러한 '过'는 원래 성조인 제4성으로 읽으며, 결과보어에 가깝다.

吃过饭再走吧。Chīguò fàn zài zǒu ba.

밥 다 먹은 다음에 갑시다.

5 어기조사

어기조사는 문장의 끝에 사용되어 말하는 사람의 어투와 느낌을 나타낸다. 문장이 나타내는 느낌에 따라 어기조사를 분류해 보면 다음과 같다.

기능	문장의 종류	어기조사	의미
서술	평서문	了	사건이나 상황의 변화, 발생
		的	확신의 어감
		呢	동작의 진행
		啊	부드러운 어감
의문	의문문	吗	일반적인 의문, 반어문
		吧	추측성 의문
		呢	부드러운 어감, 생략형 의문문
		啊	부드러운 어감
명령	명령문	吧	부드러운 어감
		啊	재촉이나 경고의 어감
감탄	감탄문	啊	'真/多(么)……啊' 형식으로 출현, 감탄
		了	'太……了' 형식으로 출현, 감탄

(1) 평서문

① 了: 사건이나 상황의 변화, 발생을 나타낸다.

上课了，快进教室。Shàngkè le, kuài jìn jiàoshì.
院子里的花都开了。Yuànzi li de huā dōu kāi le.

> 수업 시작했습니다. 빨리 교실로 들어오세요/들어가세요.
> 정원 안의 꽃들이 다 피었습니다.

② 的: 확신의 어감을 나타낸다.

这件事儿我知道的。Zhè jiàn shìr wǒ zhīdào de.
我们不会忘记你的。Wǒmen bú huì wàngjì nǐ de.

> 이 일을 나는 압니다.
> 우리는 너를 잊지 않을 거야.

③ 呢: 동작의 진행을 나타낸다.

他睡觉呢。Tā shuìjiào ne.
我正在吃饭呢。Wǒ zhèngzài chī fàn ne.

> 그는 잠을 자고 있습니다.
> 나는 마침 밥을 먹고 있습니다.

④ 啊: 부드러운 어감을 나타낸다.

我也没说你全错了啊。Wǒ yě méi shuō nǐ quán cuòle a.

> 나도 네가 다 틀렸다고 말하지 않았어.

(2) 의문문

- ① 吗: 일반적인 의문, 반어문에서 사용한다.

    你去过北京吗? Nǐ qùguo Běijīng ma? 너 북경에 가본 적 있니?
    我没告诉过你吗? Wǒ méi gàosuguo nǐ ma? 내가 너한테 알려주지 않았던가?

- ② 吧: 추측성 의문에서 사용한다.

    你去过北京吧? Nǐ qùguo Běijīng ba? 너 북경에 가본 적 있지?
    他还没回来吧? Tā hái méi huílai ba? 그는 아직 돌아오지 않았죠?

- ③ 呢: 부드러운 어감을 나타낼 경우 또는 생략형 의문문에서 사용한다.

    你去不去呢? Nǐ qù bu qù ne? 너는 가니 안 가니?
    咱们吃什么呢? Zánmen chī shénme ne? 우리 뭐 먹을까?
    你去呢，还是不去呢? Nǐ qù ne, háishi bú qù ne? 너 가니? 아니면 가지 않니?
    我是韩国人，你呢? Wǒ shì Hánguórén, nǐ ne? (생략형 의문문) 나는 한국 사람이야, 너는?

- ④ 啊: 부드러운 어감을 나타낸다.

    谁啊? Shéi a? 누구세요?
    他什么时候来啊? Tā shénme shíhou lái a? 그는 언제 옵니까?
    他们去不去啊? Tāmen qù bu qù a? 그들은 갑니까 가지 않습니까?

(3) 명령문

- ① 吧: 부드러운 어감을 나타낸다.

    快走吧。 Kuài zǒu ba. 어서 갑시다.
    咱们吃饭吧。 Zánmen chī fàn ba. 우리 밥 먹자.

- ② 啊: 재촉이나 경고의 어감을 나타낸다.

    你可别告诉我女朋友啊! Nǐ kě bié gàosu wǒ nǚpéngyou a! 너 절대 내 여자친구한테 말하지 마라!
    说啊! 怎么不说话? Shuō a! Zěnme bù shuōhuà? 말해! 왜 말 안 해?
    你不要说谎啊! Nǐ búyào shuōhuǎng a! 너 거짓말 하지 마!

(4) 감탄문

- ① 啊: '真/多(么)……啊' 형식으로 출현하여 감탄을 나타낸다.

    天气多好啊! Tiānqì duō hǎo a! 날씨가 얼마나 좋은지!

学韩语真**啊**！ Xué Hányǔ zhēn nán a!

白天学习，晚上打工，好累**啊**！
Báitiān xuéxí, wǎnshang dǎgōng, hǎo lèi a!

② 了: '太……了' 형식으로 출현하여 감탄을 나타낸다.

这个题**太**难**了**！ Zhè ge tí tài nán le!

这社会也**太**复杂**了**！ Zhè shèhuì yě tài fùzá le.

(5) 부사와 어기조사의 결합

일부 정도부사는 특정한 어기조사와 어울려 사용한다.

① 真……啊

这里的风景**真**美**啊**！ Zhèli de fēngjǐng zhēn měi a!

明洞**真**热闹**啊**！ Míngdòng zhēn rènao a!

② 多(么)……啊

多好的朋友**啊**！ Duō hǎo de péngyou a!

这孩子**多么**可爱**啊**！ Zhè háizi duōme kě'ài a!

③ 太……了: 주관적인 느낌을 나타낸다.

那家餐厅的菜**太**贵**了**！ Nà jiā cāntīng de cài tài guì le!

你画得**太**棒**了**！ Nǐ huà de tài bàng le!

④ 可……了: 강조의 의미를 내포하고 있다.

他人**可**好**了**！ Tā rén kě hǎo le!

⑤ 挺……的: '非常'보다 조금 약한 정도이다.

那条街周末**挺**热闹**的**。 Nà tiáo jiē zhōumò tǐng rènao de.

心里**挺**不舒服**的**。 Xīnlǐ tǐng bù shūfu de.

⑥ 怪……的: 입말에서 주로 사용하며, '挺'과 비슷하다.

他现在**怪**可怜**的**。 Tā xiànzài guài kělián de.

怪不好意思**的**。 Guài bù hǎoyìsi de.

한국어 배우기는 진짜 어렵구나!
낮에는 공부하고, 밤에는 아르바이트하느라, 엄청 피곤합니다!

이 문제는 너무 어렵네요!

이 사회도 너무 복잡합니다!

(참/정말로 ……하다)

이곳의 풍경은 정말 아름답네요!
명동은 참 번화하군요!

(얼마나……한가)

얼마나 좋은 친구인가!

이 아이는 얼마나 귀여운가!

(너무/정말로 ……하다)

그 식당의 음식은 너무 비쌉니다!
너 그림 그리는 거 정말로 대단한데(너무나 잘 그렸다)!

(아주……하다)

그는 사람이 아주 좋습니다!

(매우……하다)

그 거리는 주말에 매우 붐빕니다.
마음이 매우 불편합니다.

(매우……하다)

그는 현재 매우 불쌍합니다.

꽤나 쑥스럽네요.

도전 실전 문제

괄호에 들어갈 알맞은 조사를 보기에서 골라 봅시다.

> 보기   地   的   得   过   了   着

1. 我(　　)手机丢了。

2. 我买(　　)两本书。

3. 他高兴(　　)大笑起来。

4. 他不高兴(　　)出去了。

5. 桌子上放(　　)两本书。

6. 我曾经来(　　)北京。

7. 这件事儿我知道(　　)。

감탄사

> 감탄사란 감탄, 환호, 응답을 나타내는 단어를 가리킨다.
> 각 감탄사는 일정한 감정과 소리를 나타내고 있어 상황에 맞지 않거나 부정확하게 사용하면 어색한 느낌을 준다.

감탄사란 감탄, 환호, 응답을 나타내는 단어를 가리킨다. 각 감탄사는 일정한 감정과 소리를 나타내고 있어 상황에 맞지 않거나 부정확하게 사용하면 어색한 느낌을 준다.

1 기능과 특징

(1) 실질적 의미가 없다.

독립적으로 사용되어 부르는 말, 대답하는 말, 놀람이나 찬탄의 느낌을 나타낸다.

- **부름** 喂！你是张明吗? Wèi! nǐ shì Zhāng Míng ma? — 여보세요! 张明입니까? ▶ 전화에서 부르는 소리.
- **대답** 嗯！我知道了。Ǹg! Wǒ zhīdào le. — 예! 알겠습니다.
- **놀람** 哎呀，我的帽子呢? Āiyā, wǒ de màozi ne? — 아이고, 내 모자는?
- **찬탄** 啊！万里长城！Ā! Wànlǐ Chángchéng! — 아! 만리장성!

(2) 휴지를 동반한다.

주로 문장의 앞에 출현하는데 간혹 문장 중간이나 문장 끝에 출현하기도 한다. 출현 위치에 상관없이 감탄사 앞과 뒤에는 휴지가 있다.

哦，我知道了。Ò, wǒ zhīdào le. — 어, 알겠어.

哎呀，你快去上学吧。Āiyā, nǐ kuài qù shàngxué ba. — 아이고, 너 빨리 등교하렴.

奶奶，咦，哪儿去了? Nǎinai, yí, nǎr qù le? — 할머니, 어, 어디 가셨지?

回头一望，哦，满山的红叶。Huítóu yí wàng, ò, mǎn shān de hóngyè. — 고개를 돌려 바라보니, 오, 온 산이 붉게 물들었구나.

春节过完了，又该上班了，唉! Chūnjié guòwán le, yòu gāi shàngbān le, ài! — 설이 지나고, 또 출근해야 하는구나, 에이 참!

你试试看，哼! Nǐ shìshi kàn, hng! — 네가 한 번 해봐, 흥!

(3) 독립성이 강하다.

독립성이 강해 문장의 주요 성분이 되지 않고 독립성분으로 사용되며 다른 문장성분과 구조상의 관계를 가지지도 않는다.

喂！你干什么哪？ Wèi! Nǐ gàn shénme na?   여보세요! 당신 뭐 합니까?

(4) 때로 다른 문장성분으로 활용되어 사용되기도 된다.

목적어 嘴张着，好像在喊"啊"。
Zuǐ zhāngzhe, hǎoxiàng zài hǎn 'ā'.

입을 벌리고 마치 "아"하고 소리치고 있는 듯합니다.

서술어 他突然"啊"了一声。
Tā tūrán 'ā' le yì shēng.

그는 갑자기 "아"하고 소리를 냈습니다.

관형어 电话里发出"喂喂"的声音。
Diànhuà li fāchū 'wèiwèi' de shēngyīn.

전화에서 "여보세요, 여보세요"라는 소리가 났습니다.

부사어 她唉唉地直叹气。
Tā āiāi de zhí tànqì.

그녀는 "하~"하며 줄곧 한숨을 쉽니다.

보어 他疼得直哎哟。
Tā téng de zhí āiyō.

그는 아파서 줄곧 "아야"합니다.

2 분류

감탄사는 나타내는 감정이나 느낌에 따라 다음과 같이 여러 가지로 분류할 수 있다.

(1) 놀람, 의아함

啊，下雨了！ Ā, xià yǔ le!   아, 비가 왔구나/오네!

啊，这么快呀！ Ā, zhème kuài ya!   야, 이렇게나 빠르구나!

啊，你刚才说什么？ Ā, nǐ gāngcái shuō shénme?   어, 너 조금 전 뭐라고 말했어?

啊，到底怎么回事？ Ā, dàodǐ zěnme huí shì?   이런, 도대체 어떻게 된 일인가요?

哎/哎呀/哎哟，你怎么又来了？ Āi/Āiyā/Āiyō, nǐ zěnme yòu láile?   에이/이런/아이고, 너 왜 또 왔니?

(2) 감탄, 찬탄

啊，太美了！ Ā, tài měi le!   와, 너무 아름답다!

(3) 의혹

啊，这怎么可能呢？ Ǎ, zhè zěnme kěnéng ne?   어, 이게 어떻게 가능합니까?

(4) 깨달음

啊，原来是这样啊！ À, yuánlái shì zhèyàng a! 아, 원래 그랬구나!

(5) 응답

啊，就这样吧！ À, jiù zhèyàng ba! 네, 그냥 이렇게 합시다!

啊，好吧！ À, hǎo ba! 네, 좋습니다!

唉，我这就来。 Āi, wǒ zhè jiù lái. 어, 나 이제 곧 갈게.

唉，我听见了。 Āi, wǒ tīngjiànle. 어, 나 들었어/들려.

嗯，我知道了。 Ng, wǒ zhīdào le. 응, 알겠어.

(6) 불만

哎，怎么搞的？ Āi, zěnme gǎo de? 아이고, 어떻게 된 겁니까?

哎，话可不能这么说啊！ Āi, huà kě bù néng zhème shuō a! 에이, 말을 그렇게 하면 안 돼죠!

(7) 안타까움

唉，这么好的机会又错过了！
Ài, zhème hǎo de jīhuì yòu cuòguò le! 아, 이렇게 좋은 기회를 또 놓쳐버렸군!

哎哟，太遗憾了！ Āiyō, tài yíhàn le! 어유, 너무 아깝다!

(8) 고통스러움

哎呀，难受死了！ Āiyā, nánshòu sǐ le! 어이구, 괴로워 죽겠다!

도전 실전 문제

괄호에 들어갈 알맞은 감탄사를 보기에서 골라 봅시다.

> 보기 啊 嗯 喂

1. (　　)！我知道了。

2. (　　)！你干什么哪？

3. (　　), 原来是这样啊！

 **의성사**

의성사란 음성语音으로 사물이나 자연계의 소리(물이 흐르거나 떨어지는 소리, 웃음 소리, 그릇 등 물체가 부딪치는 소리, 천둥 소리, 비오는 소리, 기계 돌아가는 소리, 바람부는 소리)를 흉내 내는 단어를 가리킨다.

1 기능과 특징

(1) 부사어

의성사는 주로 부사어로 사용하는데, 2음절 이상의 의성사는 '地'를 사용해도 되고 사용하지 않아도 된다.

水哗哗地流着。 Shuǐ huāhuā de liúzhe. — 물이 콸콸 흐르고 있습니다.

爸爸哈哈地笑了。 Bàba hāhā de xiàole. — 아버지가 하하 웃었습니다.

铃儿叮当叮当地响着。 Língr dīngdāng dīngdāng de xiǎngzhe. — 종이 딸랑딸랑 울리고 있습니다.

北风呼呼刮着。 Běifēng hūhū guāzhe. — 북풍이 윙윙 불고 있습니다.

一看见她，我的心就怦怦直跳。 Yí kànjiàn tā, wǒ de xīn jiù pēngpēng zhí tiào. — 그녀를 보자마자, 내 심장이 두근두근 계속 뜁니다.

墙上的钟嘀嗒嘀嗒地走着。 Qiáng shàng de zhōng dīdā dīdā de zǒuzhe. — 벽의 시계가 째깍째깍 가고 있습니다.

他们叽里咕噜说了半天，我什么也没听见。 Tāmen jīligūlū shuōle bàntiān, wǒ shénme yě méi tīngjiàn. — 그들이 수군수군 한참을 말했는데, 나는 아무것도 못 들었습니다.

(2) 관형어

의성사는 명사 앞에서 구조조사 '的'와 함께 관형어로 사용할 수 있다.

呼呼的北风吹得真冷。 Hūhū de běifēng chuī de zhēn lěng. — 쌩쌩 북풍이 정말 차갑게 붑니다.

你听到轰隆的雷声了吗？ Nǐ tīngdào hōnglōng de léishēng le ma? — 너 우르릉하는 천둥소리 들었니?

(3) 서술어와 보어

이 밖에도 의성사는 서술어와 보어로 사용할 수도 있다.

他跑得呼哧呼哧的。 Tā pǎo de hūchī hūchī de. — 그는 헉헉거리며 달립니다.

旗子在风中哗啦哗啦的。 Qízi zài fēng zhōng huālā huālā de. — 깃발이 바람에 펄럭입니다.

(4) 단독 사용

문장 내에서 단독으로 사용할 수도 있다.

哗哗, 泉水从山上流下来。
Huāhuā, quánshuǐ cóng shān shàng liú xiàlái.

哈哈, 我猜对了。Hāhā, wǒ cāiduìle.

轰隆轰隆, 打雷了。Hōnglōng hōnglōng, dǎ léi le.

咚咚, 咚咚, 有人在敲门。
Dōngdōng, dōngdōng, yǒu rén zài qiāo mén.

咣当! 桌子上的花瓶掉在地上摔碎了。
Guāngdāng! Zhuōzi shàng de huāpíng diào zài dì shàng shuāisuì le.

콸콸. 샘물이 산 위에서 흘러 내려 옵니다.

하하. 내가 맞췄습니다.

우르르 쾅. 천둥이 칩니다.

똑똑, 똑똑, 누가 문을 두드립니다.

꽈당! 탁자 위의 꽃병이 바닥에 떨어져 깨졌습니다.

(5) 의성사의 중첩

일부 의성사는 중첩할 수 있다. 중첩하는 방식은 ABAB, AABB, ABB 등으로 일정한 규칙은 없다.

ABAB형	AABB형	ABB형
嘀咕嘀咕	嘀嘀咕咕	
噼啪噼啪	噼噼啪啪	
哗啦哗啦		哗啦啦
叮当叮当	叮叮当当	叮叮当
轰隆轰隆	轰轰隆隆	轰隆隆
扑通扑通	扑扑通通	扑通通

2 분류

귀로 들리는 소리의 표현은 각 언어마다 다른데 중국어의 의성사는 다음과 같은 것들이 있다.

(1) 사람이 내는 소리

哈哈 /呵呵 /嘿嘿: 웃음 소리　　　哇哇: 어린아이의 울음 소리

呼哧: 크게 숨쉬는 (헐떡이는)소리　阿嚏: 재채기 소리

怦怦: 심장 뛰는 소리　　　　　　咕咕: 배 고플 때 '꼬르륵'하는 소리

咕嘟咕嘟: 물 마시는 소리

叽里咕噜: 잘 안들리는 (수군거리는) 말소리

(2) 동물이 내는 소리
　　汪汪: 개가 짖는 소리　　　　　喵: 고양이 우는 소리
　　咩: 양이 우는 소리　　　　　　嘎嘎: 오리, 기러기가 우는 소리
　　呱呱: 오리, 개구리가 우는 소리
　　叽叽喳喳: 새가 재잘재잘 지저귀는 소리
　　嗡嗡: 벌 등 곤충이 날아다니는 소리

(3) 자연현상에 의해 나는 소리
　　呼呼/萧萧: 바람 소리
　　淅沥: 비오는 소리, 바람(미풍), 낙엽 떨어지는 소리
　　轰隆: 천둥치는 소리, 기계 돌아가는 소리, 포탄이 터지는 소리
　　哗啦/哗哗/潺潺: 물 흐르는 소리
　　刷刷: 비가 오거나 바람이 불 때 나뭇잎 소리

(4) 일상생활의 사물에서 나는 소리
　　丁零: 종 소리, 작은 금속 물체가 부딪히는 소리
　　咔嚓/喀嚓: 나뭇가지 등 어떤 물체가 끊어지거나 부러지는 소리
　　嘀嗒: 시계 소리
　　噼里啪啦: 폭죽 터지는 소리
　　琅琅: 금속이 서로 부딪히거나 낭랑하게 글 읽는 소리
　　咚咚: 문이나 북을 두드리는 소리
　　叮当/咣当: 금속이나 사기그릇이 부딪히는 소리
　　扑通: 무거운 물건이 땅 혹은 물에 떨어지는 소리

도전 실전 문제

괄호에 들어갈 알맞은 의성사를 보기에서 골라 봅시다.

> **보기**　咚咚　哈哈　轰隆　呼呼　哗哗　怦怦

1. 爸爸(　　)地笑了。

2. (　　)的北风吹得真冷。

3. 一看见她, 我的心就(　　)直跳。

1. 괄호에 들어갈 알맞은 말을 보기에서 골라 봅시다.

   > **보기**
   >
   > 명사   실사   용언   조사   체언   허사

   1) 단어는 크게 '(   )'와 '(   )'로 나누는데 실질적인 의미를 가지고 문장 속에서 단독으로 문장성분을 담당할 수 있는 단어를 '(   )', 그렇지 못한 단어는 '(   )'라고 한다.

   2) 문장에서 주로 주어나 목적어의 기능을 담당하는 명사, 대체사, 수사, 양사를 '(   )'이라고 하고 문장에서 서술어의 기능을 담당하는 동사와 형용사를 '(   )'이라고 한다.

2. 괄호에 들어갈 알맞은 단어를 보기에서 골라 봅시다.

   > **보기**
   >
   > 才   跟   就   但是   而且   虽然   所以   为了   只是   只有

   1) (   )锻炼身体, 我现在每天走路去上班。

   2) (   )多练习, (   )能提高你的口语水平。

   3) (   )那款手机很漂亮, (   )太贵了。

3. 주어진 단어를 알맞게 배열하여 문장을 만들어 봅시다.

   1) 明天 / 还 / 来 / 我 / 想 / 再 / 。

      ➡ 明天 _____

   2) 你 / 吃 / 吃 / 就 / 什么 / 什么 / 喜欢 / 。

      ➡ 你 _____

   3) 游客 / 来 / 自 / 各地 / 世界 / 。

      ➡ 游客 _____

4. 다음 문장을 제시된 조건에 맞게 바꾸어 봅시다.

   1) 这个题不太难。

      ➡ 긍정문 _____

   2) 我想和你谈一会儿话。

      ➡ 부정문 _____

   3) 这里可以抽烟。

      ➡ 긍정부정의문문 _____

5. 다음 단어를 이용하여 문장을 만들어 봅시다.

   1) 나는 혼자 해변을 산책하는 것을 아주 좋아합니다. (喜欢)

      ➡ _____

   2) 张여사는 대단히 다정하게 손님을 맞이했습니다. (热情地)

      ➡ _____

   3) 그를 어디선가 만난 적이 있는 듯합니다. (似乎/哪儿)

      ➡ _____

6. 다음 문장의 잘못된 부분을 찾아 고쳐 봅시다.

   1) 我一定想去北京留学。

      ➡ _____

   2) 他热情地和我握手了握手。

      ➡ _____

   3) 我们在书寻找什么?

      ➡ _____

부록

실력확인, 탄탄연습 정답
이합동사 예문
참고 문헌

PART 1   도전 실전 문제

UNIT 1
1. 昨, 天, 的, 事 / 她, 看, 电, 视
2. 昨天, 的, 事 / 她, 看, 电视
3. 昨天的事 / 看电视
4. 他看电视。

UNIT 2
1. 她:주어, 看电视:서술어 / 她:주어, 看:서술어(동사), 电视:목적어
2. 我:주어, 很忙:서술어 / 我:주어, 很:부사어, 忙:서술어(형용사)

UNIT 3
1. 地震, 个儿高, 我很累。
2. 上课, 唱中国歌, 有两个孩子。
3. 提高, 好极了, 吃完了。, 再说一遍。
4. 火车, 电动车, 特别高兴, 中国名茶
5. 天地, 唱歌、跳舞, 今天和明天

탄탄 연습
1. 1) 형태소   2) 단어   3) 문장
2. 1) 巧克力:주어, 很好吃:서술어 / 巧克力:주어, 很:부사어, 好吃:서술어(형용사)
   2) 我:주어, 听不懂她的话:서술어 / 我:주어, 听:서술어(동사), 不懂:보어(가능보어), 她的:관형어, 话:목적어
   3) 我们学校:주어, 很大:서술어 / 我们:관형어, 学校:주어, 很:부사어, 大:서술어(형용사)
3. 1) 주술 구조
   2) 有/两个孩子:술목 구조, 两个/孩子:수식구조
   3) 说/一遍:술보 구조, 再/说:수식구조
   4) 병렬 구조   5) 술보 구조
   6) 술목 구조

UNIT 2
1. 你累吗?
2. 这个房间大不大?
3. 这个苹果不甜。

UNIT 3
1. 现在不是下午三点。
2. 今天是不是星期五?
3. 他是上海人吗?

UNIT 4
1. 我头不疼。
2. 你爸爸工作忙吗?
3. 他手机坏没(有)坏? / 他手机坏了没有?

CHAPTER 2   UNIT 1
1. 명령문   2. 감탄문   3. 평서문

UNIT 2
1. 什么   2. 哪   3. 几   4. 谁

탄탄 연습
1. 1) 동사서술어문   2) 주술서술어문   3) 평서문
2. 1) 很   2) 请   3) 什么
3. 1) 这个苹果很甜。
   2) 现在是下午三点吗?
   3) 你看没看今天的报纸?
4. 1) 我没喝咖啡。
   2) 她爸爸工作很忙。
   3) 他吃不吃饺子?
5. 1) 你去还是他去?
   2) 韩国人爱吃辣的吧?
   3) 这儿夏天不凉快, 冬天不暖和。
6. 1) 我儿子今年两岁。
   2) 地铁站人非常多。
   3) 这个房间很大。

PART 2   도전 실전 문제

CHAPTER 1. UNIT 1
1. 你去吗?
2. 你喝不喝咖啡?
3. 我没听懂。

PART 3   도전 실전 문제

CHAPTER 1. UNIT 1
1. 老师喜欢我们。 / 我们喜欢老师。
2. 这是什么?
3. 学习汉语不容易。

UNIT 2
1. 她是我姐姐。
2. 这件毛衣五百块钱。
3. 他眼睛很大 。

UNIT 3
1. 我吃苹果。
2. 你喝什么?
3. 我女朋友喜欢跳舞。
4. 王老师教我们汉语口语。
5. 我们问了老师不少问题。/ 老师问了我们不少问题。
6. 小李告诉小张一件事。/ 小张告诉小李一件事。
7. 我借了他不少钱。/ 他借了我不少钱。
8. 我们都叫他王叔叔。

CHAPTER 2 UNIT 1
1. 我妈妈是老师。
2. 我买了新手机。
3. 我吃了三个包子。

UNIT 2
1. 我们在这儿歇一会儿。
2. 他仔细看新手机。
3. 我今天休息。

CHAPTER 3. UNIT 1
1. 我刚考完HSK。
2. 你听懂了我的话没有?
3. 今天的考试我做错了不少题。
4. 我没听懂你的话。
5. 你听没听懂我的话?

UNIT 2
1. 他刚回家来。
2. 她回中国去了。
3. 外面突然下起雨来了。
4. 他转过身来看着我。
5. 孩子们高兴地唱起歌来、跳起舞来。

UNIT 3
1. 我这几天睡得不好。
2. 兔子跑得快不快?
3. 他汉字写得很慢。

UNIT 4
1. 广州的夏天闷得要命。
2. 孩子们吵闹得不行。
3. 这件衣服漂亮极了。
4. 果园里的苹果都熟透了。

UNIT 5
1. 今天的作业我做不完。
2. 他看得懂看不懂中国电影?
3. 我一个人吃不了这么多的菜。

UNIT 6
1. 我们休息十分钟。
2. 你学汉语学了多长时间?
3. 我等你半天了!
4. 我来中国半年了。

UNIT 7
1. 我吃过一次北京烤鸭。
2. 他来找过你两回。
3. 猪肉比牛肉便宜一点儿。

탄탄 연습
1. 1) 문장성분   2) 서술어   3) 보어
2. 1) 来/去   2) 出   3) 起来
3. 1) 我汉字写得很慢。
   2) 我们问了老师不少问题。
   3) 我们在这儿歇一会儿吧。
4. 1) 我没听懂你的话。
   2) 我写得很好。
   3) 兔子跑得快吗?
5. 1) 广州的夏天热得要命。
   2) 今天的作业很多,一个小时做不完。
   3) 这部电影我看了两遍。
6. 1) 他跑回学校去了。
   2) 外面很冷,你又在发烧,不能出去。
   3) 他来找过你两回。

PART 4   도전 실전 문제

UNIT 1
1. 我看了一部电影。
2. 他已经决定去中国旅行。
3. 我每天只吃一顿饭。

UNIT 2
1. 现在他不工作了。
2. 同屋明天就要回国了。
3. 他喝了一瓶白酒了。

UNIT 3

1. 我没去过上海。
2. 他们喝过了茶就去书店了。
3. 我去国外旅游过一次。

UNIT 4
1. 他拿着很多花儿。
2. 教室的门开着。
3. 我没(有)带着伞。

UNIT 5
1. 请等一会儿，他正开会呢。
2. 他在贴中国地图。
3. 我正在戴着帽子呢。

UNIT 6
1. 我们要出国旅游了。
2. 火车八点就要开了。
3. 春天快到了。

UNIT 7
1. 起来   2. 下去   3. 来着

탄탄 연습
1. 1) 완료상 2) 지속상 3) 임박상
2. 1) 着   2) 过   3) 了
3. 1) 他们喝过了茶就去书店了。
   2) 我去国外旅行过一次。
   3) 天马上就要黑了。
4. 1) 我没买中国地图。
   2) 你学没学过汉语？/ 你学过汉语没有？
   3) 我去过上海。
5. 1) 他喜欢喝着茶听音乐。
   2) 孩子们在唱歌、跳舞。
   3) 他们明年就要毕业了。
6. 1) 地球总是在不停地运转。
   2) 我昨天去中国银行取了点儿钱。
   3) 我们等了他一个多小时了。

PART 5   도전 실전 문제

UNIT 1
1. 王女士是我们的汉语老师。
2. 他是上海人，不是北京人。
3. 我家旁边儿是一个公园。

UNIT 2
1. 他们不是坐飞机来的。
2. 我是昨天在商场看见他的。
3. 这个钱包是在地铁上捡的。

UNIT 3
1. 我们每天都坐公交车上学。
2. 他常常来我家喝茶。
3. 我打电话叫他过来。

UNIT 4
1. 他昨天请我们吃饭。
2. 父亲不让我们这样做。
3. 屋子里有人说话。

UNIT 5
1. 他比我喜欢运动。
2. 广州的天气不比上海冷。
3. 新娘跟新郎一样高。
4. 我说汉语没有他那么好。
5. 跟西瓜相比，我更喜欢吃苹果。

UNIT 6
1. 桌子上放着一个花瓶。
2. 前面开过来一辆车。
3. 对面走来一位老人。

UNIT 7
1. 他已经把车修好了。
2. 我把钱存在银行了。
3. 他把那本书借来了。
4. 她把这本书翻译成汉语了。
5. 我没(有)把自行车停在楼下。

UNIT 8.
1. 他被一辆车撞了。/ 他被一辆车撞伤了。
2. 那本书被他借走了。
3. 她的小腿叫狗咬了。
4. 那本书没有被孩子撕破。
5. 那棵树被刮倒了。

탄탄 연습
1. 1) 是   2) 연동문   3) 겸어문
2. 1) 把   2) 被   3) 比
3. 1) 对面走来一位老人。
   2) 我们请你唱一首韩语歌。
   3) 我去图书馆借了两本书。
4. 1) 他的身高跟你一样。
   2) 父亲不让我们这样做。
   3) 他能把那本书看完吗？
5. 1) 他把那本书读了两遍。
   2) 他被老师批评了一顿。
   3) 今天比昨天高4度。

6. 1) 我们下午去外面散散步吧。
   2) 那本书被他借走了。
   3) 这件事是老师告诉我的。

PART 6　도전 실전 문제

UNIT 1
1. 韩国, 学校, 银行, 汽车, 今天, 朋友, 爸爸
2. 来, 吃, 学, 看, 听, 喜欢, 散步, 过guò
3. 大, 小, 高, 白, 漂亮, 方便
4. 我, 这, 哪, 谁, 你们
5. 不, 很, 都, 也, 还, 已经
6. 的, 地, 得, 了, 着, 过guo, 吗, 呢, 吧

UNIT 2
1. 주어　　2. 목적어　　3. 서술어
4. 관형어　5. 부사어

UNIT 3
1. 你喝水吗?
2. 请你帮帮忙吧。
3. 我想跟他结婚。
4. 这是我喜欢看的书。
5. 妈, 您太辛苦了, 多休息休息！

UNIT 4
1. 可以　2. 应该　3. 会　4. 要　5. 能

UNIT 5
1. 这个房间不大。
2. 他的手冰凉冰凉的。
3. 他清楚地回答了我们的问题。
4. 我今天早来了二十分钟。
5. 他的病是急性的。

UNIT 6
1. 一九八八年
2. 五万两千一百二十元
3. 六七个
4. 一百多个
5. 中秋节前后

UNIT 7
1. 口　2. 个　3. 件　4. 辆　5. 张
6. 条　7. 座　8. 支　9. 台　10. 幅
11. 朵　12. 家　13. 件　14. 只　15. 本

UNIT 8
1. 谁/什么　2. 怎么/为什么　3. 什么
4. 哪里　5. 为什么/怎么

UNIT 9
1. 也许他已经回来了。/他也许已经回来了。
2. 小王今天又没来上课。
3. 明天我不去看电影了。
4. 我还想听一会儿音乐。
5. 我看了一遍就记住了。

UNIT 10
1. 为　2. 对　3. 往　4. 把　5. 和
6. 在　7. 由　8. 对　9. 向　10. 给

UNIT 11
1. 只要　2. 无论　3. 不仅　4. 不是　5.因为

UNIT 12
1. 的　2. 了　3. 得　4. 地　5. 着
6. 过　7. 的

UNIT 13
1. 嗯　2. 喂　3. 啊

UNIT 14
1. 哈哈　2. 呼呼　3. 怦怦

탄탄 연습
1. 1) 실사, 허사　2) 체언, 용언
2. 1) 为了　2) 只有, 才　3) 虽然, 但是
3. 1) 明天我还想再来。
   2) 你喜欢吃什么就吃什么。
   3) 游客来自世界各地。
4. 1) 这个题很难。
   2) 我不想和你谈话。
   3) 这里可(以)不可以抽烟?
5. 1) 我很喜欢一个人在海边散步。
   2) 张女士非常热情地接待了客人。
   3) 我似乎在哪儿见过他。
6. 1) 我一定要去北京留学。
   2) 他热情地和我握了握手。
   3) 我们在书里寻找什么?

搬家	帮忙	报名	毕业	吵架	吃惊	出差	出国	出门	出院	打包
打车	打架	打折	打针	倒车	道歉	点名	动手	读书	堵车	发烧
放假	放心	放学	分手	干杯	过年	害怕	滑雪	加班	加油	减肥
见面	讲话	降价	结婚	就业	开车	开会	开玩笑	开学	看病	考试
离婚	理发	聊天	留学	留言	没事	免费	排队	排名	跑步	起床
签名	签字	请假	请客	入学	散步	伤心	上班	上课	上网	上学
生病	生气	睡觉	说话	跳舞	停车	洗澡	下班	下课	休假	有名
着急	照相	住院	走路	做客	做梦					

- **搬家**：이사를 하다

这里太吵了，他们准备搬家。여긴 너무 시끄러워 그들은 이사할 작정이다.

上个月我搬了家。지난 달에 나는 이사를 했습니다.

他在北京生活了三十年，一共搬了五次家。그는 北京에서 30년 살았는데 모두 다섯 번 이사를 했습니다.

- **帮忙**：돕다

有什么需要我帮忙的，尽管告诉我。뭔가 내 도움이 필요한 게 있으면 얼마든지 나한테 이야기하세요.

请你帮个忙，行吗？저를 좀 도와주시겠습니까？

他经常帮朋友们的忙。그는 늘 친구를 도와 줍니다.

我有点事想请你帮帮忙。내가 너에게 도움을 부탁하고 싶은 일이 좀 있어.

- **报名**：신청을 하다

我打算报名参加这次运动会。나는 이번 운동회에 참가 신청을 할 예정입니다.

这次运动会，我们班几乎所有的人都报了名。이번 운동회는 우리 반 거의 모든 사람이 다 신청했습니다.

我们已经报过名了，你也快去吧。우리는 이미 신청 했어. 너도 빨리 가렴(가서 신청 하렴).

- **毕业**：졸업을 하다

我今年毕业。나는 올해 졸업합니다.

你毕了业准备干什么？넌 졸업을 한 후에 무엇을 할 계획이니?

我毕业于北京大学中文系。나는 북경대학 중문과를 졸업했습니다.

- **吵架**：다투다(말다툼을 하다), 싸우다(말싸움을 하다)

你们怎么又吵架了？너희 왜 또 싸웠니?

开学第一天，我就和同学吵架了。개학 첫날에 나는 학교 친구와 다퉜습니다.

我们从小就认识，从没吵过架。우리는 어릴 때부터 아는 사이로 여태껏 싸운 적이 없습니다.

有话好好说，吵什么架呢？할 말이 있으면 좋게

말하지 다투긴 뭘 다투니?

- ☐ **吃惊**: 놀라다
  这个消息真令人吃惊。이 소식은 사람을 참 놀라게 하는군요(사람들이 다들 그 소식에 놀랐습니다).
  这次汉语考试的结果让大家吃了一惊，上次考得很差的王强竟然考了满分。이번 중국어 시험 결과에 모두가 놀랐습니다. 지난 번 시험을 아주 형편없이 본 王强이 뜻밖에도 100점을 받았거든요.

- ☐ **出差**: 출장을 가다
  我爸爸到上海出了一趟差。우리 아버지가 上海로 출장을 한 번 다녀오셨습니다.
  这种事情打个电话就行了，还出什么差啊？이런 일은 전화를 하면 되지 무슨 출장까지 갑니까?

- ☐ **出国**: 출국을 하다
  出了国你就是一个人了，要处处小心。해외에 나가면 넌 혼자가 되니 매사에 조심해야 한다.

- ☐ **出门**: (집)밖으로 나가다
  出门在外，千万要注意安全。집을 나가 밖에 있으면 절대로 안전에 주의해야 합니다.
  在家里有父母兄弟，出了门就要靠朋友啦！집에서는 부모형제가 있지만 집을 나가서는 친구한테 의지해야 하지!
  他从来没有出过远门，还真有点儿想家。그는 이제까지 한번도 집을 떠나 멀리 가본 적이 없어서 사실 집 생각이 좀 나긴 합니다.

- ☐ **出院**: 퇴원을 하다
  他病好出院了。그는 병이 다 나아서 퇴원했습니다.
  他出了院就去工作了。그는 퇴원하자마자 일하러 갔습니다.
  如果医生不同意，他就出不了院。만약 의사가 동의하지 않으면 그는 퇴원할 수 없습니다.

- ☐ **打包**: 포장을 하다
  这些剩下的食物可以打成两个包。이 남은 음식들은 두 개로 포장할 수 있습니다.

- ☐ **打车**: 택시를 타다
  时间太紧了，我们打个车去吧。시간이 너무 촉박하니, 우리 택시 타고 가요.

- ☐ **打架**: 싸우다
  有话好说，不要打架。좋게 말로 해요, 싸우지 말고.
  我们兄弟俩从没吵过架，更没打过架。우리 형제 둘은 여태껏 말다툼을 한 적도 없고 싸움은 더구나 하지 않았습니다.
  他又瘦又小，但打起架来很厉害。그는 마르고 왜소하지만 싸웠다 하면 대단해요.

- ☐ **打折**: 할인을 하다
  动车的学生票打几折？고속열차의 학생표는 몇 퍼센트 할인합니까?

- ☐ **打针**: 주사를 놓다
  她发烧了，必须打针。그녀는 열이 나니 반드시 주사를 맞아야 해요.
  他已经打了退烧针，很快会好起来的。그는 이미 해열제 주사를 맞았으니 곧 좋아지기 시작할 겁니다.

- ☐ **倒车**: (차를) 갈아타다(환승하다) dǎochē
  我还得倒一次车才能到家。나는 차를 한 번 더 갈아타야 집에 도착할 수 있습니다.

- **道歉** : 사과를 하다, 미안하다고 말하다

  我跟他道歉了，他也原谅了我。제가 그에게 사과를 했고 그 역시 저를 용서했습니다.

  他知道自己错了，上午向我道了歉，我们又和好了。그는 자신이 잘못한 걸 알고는 오전에 나에게 미안하다고 했고, 우리는 다시 사이가 좋아졌습니다.

  道个歉有这么难吗？你赶紧去吧！미안하다고 하는 게 그렇게 어렵나요? 어서 가세요!

  不过是件小事，道什么歉啊？사소한 일일 뿐인데 무슨 용서를 빕니까?

- **点名** : 호명하다(이름을 부르다, 출석을 부르다)

  点名的时候，老师把她的名字读错了。출석을 부를 때 선생님이 그녀의 이름을 잘못 읽었습니다.

  你来晚了，老师已经点过名了。너 늦었네. 선생님께서 이미 출석을 불렀어.

  老师每天上课之前点一次名。선생님은 매일 수업 시작 전에 출석을 한 번 부릅니다.

- **动手** : 착수하다(어떤 일에 손을 대다), 주먹다짐을 하다(싸우다)

  早点儿动手早点儿做完。일찍 시작하면 일찍 마칩니다.

  你们好好说，千万别动手。너희들 좋게 말로 해, 절대로 주먹다짐하면 안 돼.

  两个人越闹越凶，最后竟然动起手来。두 사람은 점점 험하게 다투더니 마지막에는 결국 (뜻밖에도) 주먹다짐을 하기 시작했습니다.

  他这辈子，从来没跟人吵过架，动过手。그는 평생 남과 말다툼을 하거나 주먹다짐을 한적이 없습니다.

- **读书** : 책을 읽다, 공부하다

  当时我还在大学里读书，一点儿工作经验都没有。그 당시 나는 아직 대학교에서 공부하고 있어서 일해 본 경험이 전혀 없었습니다.

  我们在同一个小学读过书。우리는 같은 초등학교에 다녔었습니다.

  因为家里穷，他只读了几个月的书就辍学了。집이 가난해서 그는 몇 개월만 공부하고 학교를 그만뒀습니다.

- **堵车** : (길, 도로가) 차로 막히다

  因为堵车，他迟到了。차가 막혀서 그는 지각했습니다.

  上下班时间，这个路口堵车堵得厉害。출퇴근 시간에 이 길목은 차가 심하게 막힙니다.

- **发烧** : 열이 나다

  小李生病了，一直发高烧。小李는 병이 나서 계속 고열이 납니다.

  昨晚他发了一夜的高烧，今早好些了。어제 저녁 그는 밤새도록 고열이 났는데 오늘 아침은 좀 좋아졌습니다.

- **放假** : 방학을 하다, (휴가로) 쉬다

  明天就放假了，我想跟同学们一起去旅行。내일이면 방학하는데, 나는 친구들과 함께 여행을 가고 싶습니다.

  我最近还有很多事情要做，等放了假再去吧！나 요즘 해야 할 일이 아직도 많이 있으니, 휴가 때 가요.

  今年春节放九天假呢。올해 설은 9일 쉽니다.

- **放心** : 마음 놓다(안심하다)

  没事儿，请放心。별일 아닙니다, 마음 놓으세요.

  紧张了这么长时间，终于能放下心来了。그렇게나 오랜 시간 긴장했는데 마침내 마음을 놓을 수 있게 되었습니다.

儿子一个人在家，她总放不下心。 아들 혼자 집에 있어서 그녀는 늘 마음을 놓을 수가 없습니다.

孩子这么小就离开家，父母怎么能放得下心？ 아이가 이렇게 어린데 집을 떠나니 부모가 어찌 마음을 놓을 수 있을까요?

- □ **放学** : 수업을 마치다, 학교가 끝나다

    上了一天的课，我们终于放学了。 온 종일 수업을 하고, 마침내 (수업을) 마쳤습니다.

    他放了学以后常到操场打篮球。 그는 학교가 끝난 후 자주 운동장에 가서 농구를 합니다.

- □ **分手** : 헤어지다, 갈라서다

    我们在这儿分手吧，早点回家休息。 우리 여기에서 헤어져요. 일찍 집에 가서 쉬세요.

    虽然早已分了手，但我还是忘不了他。 비록 진작에 헤어졌지만, 나는 아직도 그를 잊을 수가 없습니다.

- □ **干杯** : 건배하다, 잔을 비우다

    为大家的健康干杯。 모두의 건강을 위해 건배합시다.

    为了我们的友谊，干杯！ 우리의 우정을 위해, 건배!

    来，我们共同干一杯。 자, 우리 함께 건배합시다.

    先干了这杯再说。 이 잔 먼저 비우고 이야기해요.

- □ **过年** : 설을 쇠다

    所有商店都在卖年货，很有过年的气氛。 모든 상점이 다 새해맞이 용품을 파니 설을 쇠는 분위기가 많이 나네요.

    今年我们是在海南过的年。 올해 우리는 海南에서 설을 쇠었습니다.

    过了年，春天就来了。 설을 쇠고 나면 봄이 곧 옵니다.

- □ **害怕** : 겁이 나다, 겁을 내다

    你最害怕的是什么？ 당신은 가장 겁나는 게 무엇입니까?

    你为什么总害怕麻烦别人？ 당신은 왜 늘 다른 사람에게 폐를 끼칠까 걱정합니까?

    害什么怕呀，这么多人在！ 뭘 겁내요. 이렇게 많은 사람이 있는데.

- □ **滑雪** : 스키를 타다

    他经常和儿子一起去滑雪。 그는 자주 아들과 함께 스키를 타러 갑니다.

    他一边滑着雪，一边欣赏着周围的美景。 그는 스키를 타면서 주위의 아름다운 풍경을 감상합니다.

    我这次去日本一连滑了四天的雪，没做别的。 난 이번에 일본에 가서 다른 건 안하고 4일 내내 스키를 탔습니다.

- □ **加班** : 초과근무(시간 외 근무, 야간 근무, 휴일 근무)를 하다

    这么多的活儿，今晚不加班恐怕干不完。 이렇게 일이 많은데 오늘 저녁에 야근을 하지 않으면 마무리 못할 것 같습니다.

    我昨晚加夜班了，今天上午休息。 나는 어제 저녁에 야간 근무를 해서 오늘 오전에는 쉽니다.

    公司停电了，看来今晚加不了班了。 회사가 정전이 되어서 오늘 저녁에는 야근을 할 수 없을 듯합니다.

- □ **加油** : 더 노력하다, 응원하다, 파이팅

    马上要比赛了，大家为运动员鼓掌加油。 곧 시합이 시작되는데, 모든 사람들은 선수들을 위해 박수로 응원합니다.

    你最好加把油，抓住这次机会。 좀 더 애써서 이번 기회를 잡도록 해 봐요.

☐ 减肥：살을 빼다(다이어트하다), 체중을 줄이다
运动减肥是最科学有效的减肥方法。 운동 다이어트는 가장 과학적이고 효과적인 다이어트 방법입니다.
这个孩子太胖了，应该减减肥了。 이 아이는 너무 뚱뚱하네요, 살을 좀 빼야겠습니다.
你也为喜欢的人减过肥吗？ 너도 좋아하는 사람을 위해서 다이어트를 한 적이 있니?

☐ 见面：만나다
我跟老同学已经很多年没见面了。 나는 옛 동창들과 이미 여러 해 동안 만나지 못했습니다.
我们俩曾经在上海见过面。 우리 둘은 예전에 上海에서 만난 적이 있습니다.
我跟她见过几次面，但不是很熟。 나는 그녀와 몇 번 만난 적이 있지만 잘 알진 못합니다.

☐ 讲话：말(발언, 연설)을 하다
下面请校长讲话。 다음은 총장님/교장선생님의 말씀이 있겠습니다.
会议上总经理讲了话，副总经理作了报告。 회의에서 사장님이 연설을 하시고, 부사장님이 보고를 했습니다.

☐ 降价：가격을 낮추다(인하하다), 할인하다
周末时，这家百货商店的东西常常降价。 주말에 이 백화점의 물건은 자주 가격을 인하합니다.
这些商品已经降过价了，不能再便宜了。 이 상품들은 이미 할인한 거라 더 이상 싸게 안됩니다.

☐ 结婚：결혼을 하다
他们俩上大学时就开始谈恋爱，现在终于结婚了。 그들 둘은 대학 다닐 때부터 연애를 시작해서 이제 마침내 결혼을 합니다.
她不顾家人的反对，与王明结了婚。 그녀는 가족의 반대를 무릅쓰고 王明과 결혼을 했습니다.
他这辈子总共结了五次婚。 그는 평생 동안 모두 다섯 번 결혼했습니다.
他1978年结的婚，那年才十八岁。 그는 1978년 결혼했는데 그 해 겨우 열 여덟 살이었습니다.

☐ 就业：취업하다, 취직하다
最近几年大学毕业生太多，就业形势很严峻。 최근 몇 년 동안 대학졸업생이 너무 많아서 취업 상황이 심각합니다.
弟弟不想上大学，父母只好让他就了业。 남동생이 대학진학을 원하지 않아서 부모님은 어쩔 수 없이 그에게 취업을 하도록 했습니다.
现在经济形势不好，很多大学生毕业后就不了业。 지금은 경제상황이 좋지 않아서 많은 대학생들이 졸업 후 취업을 할 수 없습니다.
他去年就的业，在那儿差不多有一年了。 그는 작년에 취업했는데, 그곳에서 (일한 지) 거의 1년 되었습니다.

☐ 开车：차를 몰다, 운전하다
开车要注意安全。 운전할 때 안전에 주의해야 합니다.
他开车开得很快。 그는 차를 빨리 몹니다.
驾照拿了六年了，但基本没开过车。 운전면허증을 딴 지 6년 되었지만, 거의 운전을 해 본 적이 없습니다.

☐ 开会：회의를 하다
他们正在开会。 그들은 회의를 하고 있습니다.
今早我们开了一小时会。 오늘 아침 우리는 한 시간 동안 회의를 했습니다.
我们部门每个月开两次会。 우리 부서는 매월 두 번 회의를 합니다.

이합동사 예문

☐ **开玩笑** : 농담을 하다

他这样开玩笑有点儿过份。 그가 그렇게 농담을 한 건 좀 지나쳤어.

我只是想和你开个玩笑, 没想到你当真了。 난 그저 너한테 농담으로 한 건데 네가 진담으로 여길 줄 몰랐어.

☐ **开学** : 개학하다

你们不是已经开学了吗？怎么还没去学校啊？ 너희 이미 개학하지 않았니? 왜 아직도 학교에 안 갔어?

孩子开了学以后妈妈就轻松了。 아이가 개학을 한 후 엄마는 수월해졌습니다(여유가 생겼습니다).

☐ **看病** : 진찰을 하다, 진찰을 받다

他今天身体不舒服, 去医院看病了。 그는 오늘 몸이 안 좋아서 병원에 진찰받으러 갔습니다.

王大夫现在不在, 他给病人看病去了。 왕선생님은 지금 안 계십니다. 환자 진료 가셨어요.

我去那个医院看过几次病, 服务态度很好。 내가 그 병원에 가서 몇 번 진찰을 받았었는데 서비스가 좋더군요.

☐ **考试** : 시험을 보다

考试不及格的同学下星期可以参加一次补考。 시험에 합격하지 못한 학생들은 다음 주 보충시험에 한 번 참가할 수 있습니다.

星期五我考完试陪你玩儿个痛快, 好不好？ 금요일에 시험 다 보고 나서 너랑 신나게 놀아주게, 어때?

☐ **离婚** : 이혼하다

他们结婚才半年就因为感情不合离婚了。 그들은 결혼한 지 겨우 반년 만에 성격이 맞지 않아 이혼했습니다.

她和丈夫离了婚, 跟孩子住在上海。 그녀는 남편과 이혼하고 아이와 上海에서 삽니다.

我离过婚, 知道离婚的痛苦。 나는 이혼을 해 봐서 이혼의 고통을 압니다.

☐ **理发** : 이발하다, 머리를 깎다

学校旁边就有个理发店, 我经常去那儿理发。 학교 옆에 이발관이 하나 있는데 나는 자주 그곳에 가서 이발을 합니다.

妈妈说她小时候五毛钱就可以理一次发。 어머니가 어렸을 때 50전이면 머리를 한 번 깎을 수 있었다고 말씀하시더군요.

等他理完发出来, 我们才发现他留短发其实也挺帅的。 그가 머리를 깎고 나오자, 우리는 비로소 그가 머리를 짧게 깎아도 사실은 꽤 멋있다는 것을 알았습니다.

他理了发、刮了胡子, 整个人精神多了。 그는 이발을 하고 면도를 했더니, 완전 생기가 넘칩니다.

☐ **聊天** : 한담하다(가볍고 편하게 이야기를 나누다)

奶奶最爱跟人聊天。 할머니는 사람들과 이야기 나누는 걸 제일 즐깁니다.

他们在电话里聊起天来。 그들은 전화로 이야기를 나누기 시작했습니다.

他们聊完天才发现天已经黑了。 그들은 이야기를 마치고서야 날이 이미 어두워진 것을 알았습니다.

你们已经聊了半天了, 还在聊啊？ 너희는 이미 반나절을 이야기했는데 아직도 이야기하고 있니?

☐ **留学** : 유학하다

我打算毕业后去中国留学。 나는 졸업 후 중국에 유학 갈 계획입니다.

他在加拿大留过学。 그는 캐나다에서 유학한 적이 있습니다.

他在国外留了五年学。그는 외국에서 5년 유학했습니다.

☐ 留言 : 메시지를 남기다

先生，您需要留言吗？ 선생님, 메시지를 남기시겠습니까?

我给宾馆前台留了言，说了我到北京的时间和联系电话。 호텔 프런트에 내가 北京에 도착한 시간과 연락 전화번호를 메시지로 남겼습니다.

☐ 没事 : 일이 없다

他最近没事，每天在家闲着。그는 요즘 일이 없어서 매일 집에서 놀고 있습니다.

忙的时候一天都很忙，不忙的时候一天都没什么事做。 바쁠 때는 하루 종일 바쁜데, 바쁘지 않을 때는 하루 종일 별로 할 일이 없습니다.

☐ 免费 : 비용을 면제하다, 돈을 받지 않다, 무료로 하다

世界上没有真正的免费午餐。 세상에는 완전한 공짜 점심은 없습니다.

银行卡免年费和小额管理费了。 은행 카드가 연회비와 소액관리비를 면제해 주었습니다.

☐ 排队 : 줄을 서다

大家排队上车，不要挤。 여러분 줄을 서서 차에 타십시오. 밀지 마시고요.

演唱会结束后，大家排着队请他签名。 콘서트가 끝난 후 모두들 줄을 서서 그에게 사인을 요청했습니다.

周末来买东西的人很多，每个收银台前都排着长长的队。 주말에 물건을 사러 오는 사람이 많아서 모든 계산대 앞에는 줄이 길게 서 있습니다.

☐ 排名 : 순위에 이름을 올리다

他在比赛中排名第五。 그는 시합에서 5위를 차지했습니다.

世界富豪排名榜中马云排在第20名。 세계 부호 순위 명단에 马云이 20위에 올랐습니다.

☐ 跑步 : 달리기를 하다

我妈妈喜欢晚上去操场跑步。 우리 어머니는 저녁에 운동장에 가서 달리기하는 것을 좋아합니다.

我出去跑会儿步，马上回来。 나 나가서 달리기 좀 하고 금방 돌아 올게.

我每天早上都要跑半小时步。 나는 매일 아침 30분 동안 달리기를 합니다.

☐ 起床 : 기상하다(잠자리에서 일어나다)

他每天总是天刚亮就起床。 그는 매일 늘 날이 새자마자 일어납니다.

爸爸像往常一样，按时起了床去工作了。 아버지는 예전처럼 정해진 시간에 일어나 일하러 가셨습니다.

昨天晚上睡那么早，怎么今天还起不来床？ 어제 저녁에 그렇게 일찍 잠들었는데 어째서 오늘 아직도 못 일어나지?

他爷爷已经病得起不了床了。 그의 할아버지는 편찮으셔서 이미 자리에서 일어나질 못하십니다.

☐ 签名 : 서명하다, 사인하다

签了名的CD更有价值。 사인을 한 CD가 더 가치 있습니다.

我想请他给我签个名。 나는 그에게 사인을 받고 싶습니다.

请在这个地方签上你的名字。 여기에 당신의 이름을 서명해 주세요.

☐ **签字** : 서명하다, 사인하다
双方在合同上签字了。양측은 계약서에 사인했습니다.
文件是张经理签的字。문서는 张사장이 사인했습니다.
麻烦你在这儿签个字好吗？번거롭겠지만 여기에 사인 좀 해 주시겠습니까?

☐ **请假** : (휴가·조퇴·외출·결근·결석 등의 허락을) 신청하다
你生病了就别去上课了，我帮你请假。아프면 수업하러 가지마. 내가 너 대신 결석신고서를 낼 게.
妈妈生病了，我向老板请了三天假，回家照顾妈妈。어머니가 아프셔서 사장님께 3일 휴가를 신청하고, 집에 가서 어머니를 보살폈습니다.
去年我没有请过一次假。작년에 나는 휴가를 한 번도 신청한 적이 없습니다.

☐ **请客** : 손님으로 청하다(대접하다), 한턱내다
非常感谢你来首尔看我，今天我请客！서울에 날 보러 와주셔서 고맙습니다. 오늘 제가 대접하겠습니다 (사겠습니다).
女儿满月时，他在香格里拉饭店请了十桌客。딸이 태어난 지 한 달이 되었을 때, 그는 샹그릴라 호텔에서 테이블 10개를 빌린 후 손님을 초청해서 대접했습니다.
我考上了北京大学，爸爸说要请大家的客。내가 北京대학에 합격하자 아버지는 모두에게 한턱내야 한다고 말했습니다.
他很小气，从没请过客。그는 쩨쩨해서 이제껏 한턱낸 적이 없습니다.

☐ **入学** : 입학하다
明天体检合格的话，后天就可以入学。내일 신체검사에 합격하면 모레 입학할 수 있습니다.
入了学，就不能再这样整天玩儿了。입학하면 더 이상 이렇게 온종일 놀 수 없게 됩니다.
孩子才六岁，入得了学吗？아이가 겨우 여섯 살인데 입학할 수 있을까요?
不交钱就入不了学！돈을 내지 않으면 입학할 수 없습니다!

☐ **散步** : 산책을 하다
他出去散步了，你坐下等会儿吧。그는 산책하러 나갔으니 앉아서 잠시 기다리세요.
每天吃完晚饭，他都要出去散会儿步。매일 저녁밥을 먹은 후에 그는 늘 잠깐 동안 산책하러 나갑니다.
我们俩刚出去散了步，就不去了，你们去吧！우리 둘은 막 산책하러 나갔다 와서 안 갈래. 너희끼리 가렴!
爷爷散了一下午的步，刚回来。할아버지는 오후 내내 산책을 하고 막 돌아오셨습니다.

☐ **伤心** : 상심하다, 속상하다, 속이 썩다, 속을 썩이다
听了男朋友说要分手，她伤心极了。남자친구의 헤어지겠다는 말을 듣고 그녀는 엄청 속상합니다.
张经理，你这样说话太伤人心了。张 사장님, 그렇게 말씀하시니 제가 너무 속상하네요.
你太自私，只为自己考虑，这次真是伤了她的心。넌 너무 이기적이야, 자기만 생각하잖아. 이번엔 정말 그녀의 마음에 상처를 줬어.
你伤谁的心都可以，妈妈的心可不能伤。네가 누구의 마음을 상하게 해도 괜찮지만 어머님의 마음은 결코 상하게 해서는 안돼.

☐ **上班** : 출근하다
我今天不想上班。나는 오늘 출근하고 싶지 않습니다.

他每个月都得上一次晚班。그는 매달 한 번은 야간 조로 근무해야 합니다.

他今天病得厉害，恐怕上不了班了。그는 오늘 병이 심해서 아무래도 출근할 수 없을 듯합니다.

☐ **上课**：수업하다, 수업을 듣다
今天是周末，学生们不需要上课。오늘은 주말이리서 학생들은 수업할 필요가 없습니다.

我们每天上六个小时的课。우리는 매일 여섯 시간 수업을 합니다.

金老师曾经给我们上过一堂汉语阅读课。김 선생님은 예전에 우리에게 중국어독해 수업을 해주신 적이 있습니다.

☐ **上网**：인터넷을 하다, 인터넷에 접속하다
学习者只要上网就可以完成课前预习和课后复习。학습자는 인터넷에 접속만 하면 수업 전 예습과 수업 후 복습을 할 수 있다.

网络连接上了，却上不了网，怎么办？네트워크는 연결됐지만 인터넷에 접속할 수 없네요, 어떻게 하죠?

你这几天上了多长时间网？너 요며칠 몇 시간 동안 인터넷을 했니?

☐ **上学**：학교에 가다, 초등학교에 입학하다
孩子不愿意上学怎么办？아이가 학교에 가기 싫다고 하니 어쩌죠?

因为家里穷，他没有上过学。집이 가난해서 그는 학교를 다닌 적이 없습니다.

他曾经在北京大学上过学。그는 예전에 北京대학을 다닌 적이 있습니다.

这个孩子没有上过一天学，却能背好几百首诗。이 아이는 하루도 학교를 다닌 적이 없지만 시를 몇 백수나 외울 수 있습니다.

上了学就不能天天玩儿了。입학하면 날마다 놀 수가 없게 됩니다.

穷地方的孩子总是上不起学。가난한 지역의 아이들은 늘 (돈이 없어서) 학교에 다니질 못합니다.

☐ **生病**：병이 나다
弟弟生病了，我得带他去医院。남동생이 병이 나서 제가 동생을 데리고 병원에 가야 합니다.

孩子生了病，妈妈非常着急。아이가 병이 나서 엄마가 대단히 애가 탑니다.

他是淋了雨以后生的病。그는 비를 맞은 후 병이 났습니다.

☐ **生气**：화가 나다, 화를 내다
他有时候让我高兴，有时候让我生气。그는 때로는 나를 기쁘게 하고 때로는 나를 화나게 합니다.

我们正在聊天，不知道他为什么就生了气，转身就走了。우리는 이야기를 나누고 있었는데, 그가 왜 화가 나서 돌아서서 가버렸는지 모르겠습니다.

你还在生我的气吗？너 아직 나한테 화가 나 있니?

他还在生今天早上的气。그는 아직도 오늘 아침의 일로 화가 나 있습니다.

我没想到我的话让她生了这么大的气。내 말로 인해 그녀가 이렇게 크게 화를 낼 줄은 생각도 못했다.

☐ **睡觉**：잠을 자다
我每天十点半睡觉。나는 매일 열 시 반에 잠을 잡니다.

由于工作压力太大，他最近晚上总是睡不着觉。업무 스트레스가 너무 심해서 그는 요즘 저녁에 늘 잠을 못 이룹니다.

昨天是星期六，他睡了一上午觉。어제는 토요일이라 그는 오전 내내 잤습니다.

祝你晚上睡个好觉。저녁에 잘 주무시길 빕니다.

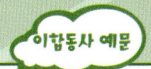

- **说话** : 말을 하다

  他人很老实，但不太会说话。그는 사람은 착실하나 말주변이 별로 없습니다.

  他感动得说不出话来。그는 감동해서 말도 할 수 없었습니다.

  我说了半天话，嗓子都干了。한참을 말을 했더니 목이 다 말랐네요.

- **跳舞** : 춤을 추다, 무용을 하다

  我很喜欢跳舞。나는 춤 추는 것을 좋아합니다.

  我没跟他跳过舞。나는 그와 춤 춘 적이 없습니다.

  他不喜欢别的运动，就是平时去体育中心跳跳舞。그는 다른 운동은 좋아하지 않습니다. 다만 평소에 스포츠센터에 가서 춤을 좀 춥니다.

- **停车** : 차를 멈추다, 차를 주차하다

  下一站是无锡，停车五分钟。다음 역은 无锡역입니다. 5분간 정차합니다.

  城市里停车很难，所以我很少开车进城。시내는 주차하기 힘들어서 나는 거의 차를 가지고 시내에 가지 않습니다.

  你先把车停在停车场吧。우선 차를 주차장에 주차하십시오.

- **洗澡** : 샤워하다

  小猫很喜欢洗澡。고양이는 목욕을 매우 좋아합니다.

  我通常洗了澡才睡觉。나는 대개 샤워를 하고 나서야 잠을 잡니다.

  我爷爷喜欢洗冷水澡。우리 할아버지는 찬물로 목욕하는 것을 좋아합니다.

- **下班** : 퇴근하다

  现在还不到下班时间呢。지금은 아직 퇴근 시간이 안 되었습니다.

  他每天下了班就回家。그는 매일 퇴근하면 바로 집에 갑니다.

- **下课** : 수업이 끝나다, 수업을 마치다

  我下了课就回家。수업 마치면 바로 집에 갑니다.

  等下了这节课，我就去找你。이 수업 마치고 내가 널 찾아 갈게.

- **休假** : 휴가를 내다

  我今天本来要找他帮忙，结果很不巧，他正在休假。나는 오늘 본래 그를 찾아가 도움을 청하려 했는데 (결과가) 아쉽게도 그는 휴가 중이었습니다.

  她生了孩子，休了两个月的假。그녀는 아이를 낳고 2개월 휴가를 냈습니다.

- **有名** : 이름이 나다(유명하다)

  他是中国有名的画家。그는 중국의 유명한 화가입니다.

  他虽然早就有了名，但是一直很谦虚。그는 진작부터 유명했지만 줄곧 겸손합니다.

  这个牌子还是有点儿名的。이 브랜드는 그래도 좀 이름이 있습니다.

- **着急** : 조급해하다, 안타까워하다

  别着急，慢慢说。조급해하지 말고 천천히 말씀하십시오.

  还有半小时呢，你着什么急呀？아직 30분이나 남았는데 뭘 그렇게 조급해하니?

- **照相** : 사진을 찍다

  我想和你一起照相。당신과 함께 사진을 찍고 싶습니다.

  我给你照个相吧。제가 사진을 찍어 드리겠습니다.

  我给你照张相吧。제가 사진 한 장 찍어 드리겠습니다.

照这张相时，我才八岁。이 사진을 찍을 때 저는 겨우 여덟 살이었습니다.

☐ 住院：병원에 입원하다
他生病住院了。그는 병이 나서 입원했습니다.
他是因为心脏病复发而住的院。그는 심장병이 재발해서 입원했습니다.
今年一年，他已经住过三次院了。올해 1년 동안 그는 이미 세 번이나 입원했습니다.
她都住了一个多月的院了，还是不见好转。그녀는 한 달 넘게 입원을 했는데도 여전히 호전될 기미가 안 보입니다.

☐ 走路：길을 걷다
他常常一边走路，一边思考问题。그는 자주 길을 걸으면서 문제를 생각합니다.
从你家到学校，走路要走多长时间？너희 집에서 학교까지 걸어서 얼마나 걸리니?
走了两天的路，我都累坏了。이틀 동안 길을 걸었더니 나 완전 힘들어.
老年人应该多走走路，多晒晒太阳。나이 드신 분들은 좀 많이 걷고 햇볕도 좀 많이 쬐어야 합니다.
走你自己的路，让别人说去吧。남이 뭐라 하든 당신 자신의 길을 가세요.

☐ 做客：남의 집에 손님으로 방문하다
欢迎你到我家做客。우리 집에 손님으로 오는 것을 환영합니다/우리 집에 놀러 오셔요.
我去王老师家做过客，知道他家在哪里，我带你去吧。王선생님 댁에 손님으로 간 적이 있어서 선생님 집이 어디인지 알아. 내가 너를 데리고 갈게.
我正在别人家做着客呢，这事儿以后再谈吧。지금 다른 사람 집에 손님으로 와 있으니 이 일은 다음에 다시 이야기합시다.

☐ 做梦：꿈을 꾸다
他这几天每晚睡觉做梦。그는 요 며칠 매일 저녁 자면서 꿈을 꿉니다.
我以前做过同样的梦。예전에 같은 꿈을 꾼 적이 있습니다.
怎么了，又做恶梦了。왜 그래요? 또 악몽을 꿨어요?
你昨天晚上做了什么梦？어제 저녁에 무슨 꿈을 꿨습니까?
昨晚我做了一晚上的梦。어제 저녁 밤새 꿈을 꿨습니다.
祝你今晚做个好梦！오늘 밤 좋은 꿈 꾸시기 바랍니다!

《국립국어원 표준국어대사전》, http://stdweb2.korean.go.kr/main.jsp
《박샘의 친절한 중문법》, 박정구 저, 다락원, 2005
《언어유형론 1: 품사/문장유형/어순/기본문형》, 송경안·이기갑 외, 도서출판 월인, 2008
《언어유형론 2: 격/부치사/재귀구문/접속표현》, 송경안·이기갑 외, 도서출판 월인, 2008
《언어유형론 3: 시제와 상/양상/조동사/수동태》, 송경안·이기갑 외, 도서출판 월인, 2008
《언어유형론이란 무엇인가》, 金立鑫 지음, 최재영·안연진·김동은 옮김, 한국문화사, 2015
《왜?라는 질문에 속 시원히 답해주는 중국어 문법책(개정2판)》, 원저 相原茂·石田知子·戶沼市子, 감수 김준헌, 해설 박귀진·민병석, ㈜시사중국어사, 2012
《외국인을 위한 한국어문법 1(체계 편)》, 국립국어원 지음, 커뮤니케이션북스, 2005
《중국어 학습자의 문법오류연구》, 周小兵·朱其智·邓小宁 등 저, 유재원·최재영·정연실·노지영·백지훈 역, 한국문화사, 2014
《중국어의 비밀》, 박종한·양세욱·김석영 지음, 궁리, 2012
《표준 중국어 문법(수정2판)》, 찰스 N.리·샌드라 A.톰슨 지음, 박정구·박종한·백은희·오문의·최영하 옮김, 한울 아카데미, 2011

《对外汉语教学核心语法》, 杨德峰 编著, 北京大学出版社, 2009
《对外汉语教学实用语法(修订本)》, 卢福波 著, 北京语言大学出版社, 2011
《对外汉语教学语法讲义》, 吕文华 著, 北京大学出版社, 2014
《对外汉语教学语法探索(增订本)》, 吕文华 著, 北京语言大学出版社, 2008
《对外汉语教学语法体系研究》, 吕文华 著, 北京语言文化大学出版社, 1999
《汉语教与学词典》, 施光亨·王绍新 主编, 商务印书馆, 2011
《汉语水平等级标准与语法等级大纲》, 国家对外汉语教学领导小组办公室汉语水平考试部, 高等教育出版社, 1996
《汉语语法》, 石毓智 著, 商务印书馆, 2010
《汉语语法分析问题》, 吕叔湘 著, 商务印书馆, 2005
《汉语语法概要》, 赵永新 编著, 北京语言学院出版社, 1992
《汉语语法教程》, 孙德金 著, 北京语言文化大学出版社, 2002
《轻轻松松学语法-对外汉语教学语法纲要》, 吴颖 著, 北京语言大学出版社, 2011
《什么是语言类型学》, 金立鑫 著, 上海外语教育出版社, 2011
《实用对外汉语教学语法》, 陆庆和 著, 北京大学出版社, 2006
《实用汉语教学语法》, 吴勇毅·吴忠伟·李劲荣 主编, 北京大学出版社, 2016
《实用现代汉语语法(增订本)》, 刘月华·潘文娱·故韦华 著, 商务印书馆, 2001

《图示汉语语法》，耿二岭 编著，北京语言大学出版社，2010

《外国人实用汉语语法(修订本)》，李德津·程美珍 编著，北京语言大学出版社，1988

《外国人学汉语语法偏误研究》，周小兵·朱其智·邓小宁 等 著，北京语言大学出版社，2007

《现代汉语(增订本)》，北京大学中文系现代汉语教研室 编，商务印书馆，2012

《现代汉语(增订四版)》，黄伯荣·廖序东 主编，高等教育出版社，2007

《现代汉语八百词(增订本)》，吕叔湘 主编，商务印书馆，1999

《现代汉语词典(第7版)》，中国社会科学院语言研究所词典编辑室 编，商务印书馆，2016

《现代汉语规范词典(第3版)》，李行健 主编，外语教学与研究出版社，2014

《现代汉语描写语法》，张斌 主编，商务印书馆，2010

《现代汉语学习词典》，商务印书馆辞书研究中心 编，商务印书馆，2010

《现代汉语语法答问(上)》，杨玉玲·应晨锦 著 北京大学出版社 2011

《现代汉语语法答问(下)》，杨玉玲 著，北京大学出版社，2011

《现代汉语语法研究教程(第四版)》，陆剑明 著，北京大学出版社，2013

《语法答问》，朱德熙 著，商务印书馆，1985

《语法讲义》，朱德熙 著，商务印书馆，1982

《语言类型学教程》，陆丙甫·金立鑫 主编，北京大学出版社，2015

《征服HSK汉语语法》，徐昌火 编著，北京大学出版社，2005

《中级汉语语法讲义》，徐晶凝 著，北京大学出版社，2008

《HSK 考前强化-语法(初、中等)》，苗东霞 编著，北京语言大学出版社，2003

《HSK考试大纲》(一级~六级)，孔子学院总部/国家汉办 编制，人民教育出版社，2015

《HSK应试语法》，梁鸿雁 编著，北京大学出版社，2004

《HSK语法指要与训练》，韩志刚·张文贤 编著，北京大学出版社，2004

외국어 출판 40년의 신뢰
외국어 전문 출판 그룹
동양북스가 만드는 책은 다릅니다.

40년의 쉼 없는 노력과 도전으로 책 만들기에 최선을 다해온 동양북스는
오늘도 미래의 가치에 투자하고 있습니다.
대한민국의 내일을 생각하는 도전 정신과 믿음으로 최선을 다하겠습니다.

📖 동양북스 추천 교재

일본어 교재의 최강자, 동양북스 추천 교재

회화 코스북

일본어뱅크 다이스키
STEP 1·2·3·4·5·6·7·8

일본어뱅크
좋아요 일본어 1·2·3·4·5·6

일본어뱅크 도모다찌
STEP 1·2·3

분야서

일본어뱅크
좋아요 일본어 독해 STEP 1·2

일본어뱅크
일본어 작문 초급

일본어뱅크
사진과 함께하는
일본 문화

일본어뱅크
항공 서비스 일본어

가장 쉬운 독학
일본어 현지회화

수험서

일취월장 JPT
독해·청해

일취월장 JPT
실전 모의고사 500·700

일단 합격하고 오겠습니다
JLPT 일본어능력시험
N1·N2·N3·N4·N5

일단 합격하고 오겠습니다
JLPT 일본어능력시험
실전모의고사 N1·N2·N3·N4/5

단어·한자

특허받은
일본어 한자 암기박사

일본어 상용한자 2136
이거 하나면 끝!

일본어뱅크
좋아요 일본어 한자

가장 쉬운 독학
일본어 단어장

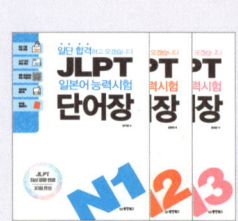
일단 합격하고 오겠습니다
JLPT 일본어능력시험
단어장 N1·N2·N3

중국어 교재의 최강자, 동양북스 추천 교재

중국어뱅크 북경대학 신한어구어
1·2·3·4·5·6

중국어뱅크 스마트중국어
STEP 1·2·3·4

중국어뱅크 집중중국어
STEP 1·2·3·4

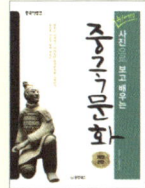
중국어뱅크
뉴! 버전업 사진으로
보고 배우는 중국문화

중국어뱅크
문화중국어 1·2

중국어뱅크
관광 중국어 1·2

중국어뱅크
여행실무 중국어

중국어뱅크
호텔 중국어

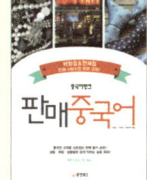
중국어뱅크
판매 중국어

중국어뱅크
항공 실무 중국어

정반합 新HSK
1급·2급·3급·4급·5급·6급

일단 합격 新HSK 한 권이면 끝
3급·4급·5급·6급

버전업! 新HSK
VOCA 5급·6급

가장 쉬운 독학
중국어 단어장

중국어뱅크
중국어 간체자 1000

특허받은
중국어 한자 암기박사

📖 동양북스 추천 교재

기타외국어 교재의 최강자, 동양북스 추천 교재

중고급 학습

- 첫걸음 끝내고 보는 프랑스어 중고급의 모든 것
- 첫걸음 끝내고 보는 스페인어 중고급의 모든 것
- 첫걸음 끝내고 보는 독일어 중고급의 모든 것
- 첫걸음 끝내고 보는 태국어 중고급의 모든 것
- 첫걸음 끝내고 보는 베트남어 중고급의 모든 것

단어장

  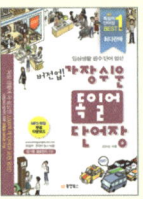 

- 버전업! 가장 쉬운 프랑스어 단어장
- 버전업! 가장 쉬운 스페인어 단어장
- 버전업! 가장 쉬운 독일어 단어장
- 가장 쉬운 독학 베트남어 단어장

여행 회화

- NEW 후다닥 여행 중국어
- NEW 후다닥 여행 일본어
- NEW 후다닥 여행 영어
- NEW 후다닥 여행 독일어
- NEW 후다닥 여행 프랑스어
- NEW 후다닥 여행 스페인어
- NEW 후다닥 여행 베트남어
- NEW 후다닥 여행 태국어

수험서 · 교재

- 한 권으로 끝내는 DELE 어휘·쓰기·관용구편 (B2~C1)
- 수능 기초 베트남어 한 권이면 끝!
- 버전업! 스마트 프랑스어
- 일단 합격하고 오겠습니다 독일어능력시험 A1·A2·B1·B2